DEUTSCH ALS FREMDSPRACHE

ANNE WICHMANN

# deutsch.com 3

## LEHRERHANDBUCH

Hueber Verlag

3.   2.   1.            Die letzten Ziffern
2016   15   14   13   12    bezeichnen Zahl und Jahr des Druckes.
Alle Drucke dieser Auflage können, da unverändert, nebeneinander benutzt werden.
1. Auflage
© 2012 Hueber Verlag GmbH & Co. KG, 85737 Ismaning, Deutschland
Verlagsredaktion: Anna Hila, Dorothée Kersting, Hueber-Verlag, Ismaning
Zeichnungen: Lutz Kasper, Köln; Jörg Saupe, Düsseldorf
Grundlayout: Hueber Verlag
Layout und Satz: Sieveking print & digital GmbH
Druck und Bindung: Auer Buch + Medien GmbH, Donauwörth
Printed in Germany
ISBN 978–3–19–041660-8

# Ein Lehrwerk für Deutsch als *Folge*fremdsprache?

Fremdsprachenlernen wird in der globalisierten Welt immer wichtiger. Der Fremdsprachenunterricht in der Schule muss deshalb auf das lebenslange Weiterlernen von Fremdsprachen vorbereiten.

In den letzten Jahrzehnten hat sich aufgrund der politischen Entwicklungen das Englische als „Weltverkehrssprache" rund um den Globus durchgesetzt. Auch im Schulbereich wird es fast überall als erste Fremdsprache angeboten. Deutsch wird daher heute in vielen Ländern in den Schulen als sogenannte „Folgefremdsprache" – als zweite oder dritte Fremdsprache – unterrichtet.

Schüler, die Deutsch als Folgefremdsprache zu lernen beginnen, sind in einer *anderen Lernsituation* als diejenigen, die Deutsch als erste Fremdsprache erlernen:

- ☺ Sie sind keine Kinder mehr, sondern eher *im jugendlichen Alter und verfügen schon über andere Lebenserfahrungen*, d.h. sie sind an anderen Themen, aber auch an anderen Aufgabenstellungen interessiert.

- ☺ Sie haben bereits *grundlegende Erfahrungen mit dem Erlernen von Fremdsprachen* – in den meisten Fällen Englisch – gemacht, d.h. sie wissen, dass man, wenn man eine Fremdsprache lernt, Wörter und Grammatik „pauken" muss, dass Aussprache und Rechtschreibung wichtig sind, und dass nur „Übung den Meister macht". Vom Erlernen der ersten Fremdsprache bringen sie Erfahrung mit bestimmten *Lerntechniken und Lernstrategien* mit (wie man z.B. effizient neue Wörter lernt).

  Es ist für das erfolgreiche Erlernen von Folgefremdsprachen sehr hilfreich, wenn man im Unterricht immer wieder bespricht, wie man diese schon vorhandenen Lerntechniken und -strategien bewusst einsetzen und erweitern kann, um den eigenen Lernprozess wirkungsvoller zu gestalten.

  Lerntechniken und Lernstrategien werden deshalb in deutsch.com systematisch aufgegriffen und weiterentwickelt. Sie bereiten außerdem auf das lebenslange Weitererlernen von Fremdsprachen vor.

- ☺ Wer über Grundkenntnisse einer Fremdsprache verfügt und Deutsch zu lernen beginnt, wird bald merken, dass es zwischen den Sprachen Ähnlichkeiten gibt (etwa im Wortschatzbereich und bei den Grammatikstrukturen). Man kann also „Sprachbrücken" bauen, nicht nur zwischen den Fremdsprachen, sondern auch zur Muttersprache, mit deren Hilfe man leichter den Zugang zur neuen Fremdsprache findet.

Beispiel: Englisch und Deutsch
Englisch und Deutsch sind nah verwandte Sprachen. Man findet viele Ähnlichkeiten, etwa im Bereich der Grammatikstrukturen, z.B.:
engl.: I am 16 years old. Who is that? Are you American or Canadian?
dt.: Ich bin 16 Jahre alt. Wer ist das? Bist du Amerikaner oder Kanadier?

Besonders viele „Brücken" kann man aber im Wortschatzbereich bauen. Viele Wörter stammen aus einer gemeinsamen germanischen Wurzel, in beiden Sprachen finden sich viele gemeinsame Internationalismen, die auf Latein bzw. Griechisch zurückzuführen sind, und das Deutsche hat viele Wörter aus dem Englischen aufgenommen. Viele Themenbereiche des deutschen Alltags (z.B. Speisen/Getränke, Kleidung, Verwandtschaftsbezeichnungen, Monatsnamen, Körperteile, Schulfächer, Farben, Sport, Kommunikationsmedien, Jugendkultur etc.) lassen sich deshalb recht gut erschließen, wenn man auf diesen „gemeinsamen Wortschatz" zurückgreift und ihn bewusst macht.

Mithilfe des Sprachvergleichs kann man so vor allem im Anfangsunterricht im Verstehensbereich schnell, unaufwendig und effizient elementare Kenntnisse aktivieren und einen relativ großen grundlegenden „gemeinsamen Parallelwortschatz" aufbauen.

Wer lernt,

◌ die Ähnlichkeiten zwischen den Sprachen aktiv zu nutzen und
◌ die schon vorhandenen Lernstrategien zu aktivieren und zu erweitern,

dem erschließen sich ganz neue Zugangsmöglichkeiten zum Deutschen und zum Deutschlernen.

In Band 1 von deutsch.com haben wir deshalb das Starter-Modul (3 Lektionen mit je 2 Doppelseiten) so angelegt, dass bereits vorhandenes Sprachmaterial in grundlegenden Themen- und Wortfeldern aufgebaut wird. Wir regen die Schüler auch in den folgenden Modulen durch Aufgabenstellungen immer wieder dazu an, die sprachlichen Mittel, die sie schon „im Kopf" haben, beim Deutschlernen zu aktivieren.

## deutsch.com: Näher am Leben – neue Erfahrungen, neue Kommunikationsformen, neue Themen

Verändert haben sich in den letzten Jahrzehnten aber nicht nur die Verbreitung der Sprachen, sondern vor allem auch die Informations- und Kommunikationsmöglichkeiten. Für die Jugendlichen von heute ist die Benutzung von Internet und Handy selbstverständlich. Daraus haben sich neue Informationsmöglichkeiten und Kommunikationsformen entwickelt (etwa E-Mail und SMS schreiben; chatten). Mithilfe dieser Textsorten erscheinen vertraute Themen aus der Sicht der Jugendlichen oft in einer neuen Perspektive. Darüber hinaus lassen sich auch neue Themenbereiche erschließen. In deutsch.com greifen wir diese modernen Informationsmöglichkeiten und Kommunikationsformen immer wieder auf und üben sie ein.

## Aufbau des Lehrwerks

deutsch.com ist in drei Bände gegliedert, die zu den Niveaustufen A1, A2 und B1 des Gemeinsamen Europäischen Referenzrahmens (GER) für Sprachen führen und auf die relevanten Prüfungen vorbereiten.
Band 3 besteht aus 6 Modulen. Jedes Modul besteht aus zwei Lektionen mit je 8 Seiten. Jede Lektion enthält einen jeweils dreiseitigen A- und B-Teil, eine Journal-Seite (C) und eine Übersichtsseite (D). Die Zählung der Module wird fortgesetzt.

◌ Modul 13: Kommunikativ
◌ Modul 14: Kreativ
◌ Modul 15: Zusammen
◌ Modul 16: Informiert
◌ Modul 17: Engagiert
◌ Modul 18: Emotional

Ziel ist der schrittweise Aufbau der Sprachsysteme (Grammatik, Wortschatz und Redemittel) sowie die Entwicklung der rezeptiven und produktiven Fertigkeiten (Hören/Lesen – Sprechen/Schreiben).

# Kursbuch

Das Lehrwerk wurde auf der Grundlage des kommunikativen Ansatzes entwickelt. Es erweitert ihn um die genannten Elemente der Mehrsprachigkeitsdidaktik und -methodik.
Der transparente und systematische Aufbau der Lektionen und die Zusammenfassung der Lernstoffe am Ende jeder Lektion ermöglichen eine schnelle Orientierung. Grammatik, Redemittel und Wortschatz werden in einer flachen Progression angeboten.

## Lektionsaufbau

In deutsch.com 3 enthält jede Lektion einen jeweils dreiseitigen A- und B-Teil, in dem ein übergreifendes Thema (setting) eingeführt wird und das zur Bearbeitung nötige Sprachmaterial übersichtlich zur Verfügung steht: Einführungstexte mit Bildern, Übungen und Aufgaben sowie Grammatikspots, Sprachtipps, Lernstrategien etc.
Die dreiseitigen A- oder B-Teile stellen eine in sich geschlossene Einheit dar und können in einer überschaubaren Zeiteinheit durchgenommen werden.
Die Journal-Seite (C) fördert Lesestrategien und lädt zu einem authentischen Umgang mit der Sprache ein. Eine kreative/produktive Aufgabe, die Anregungen zu weiterführender Arbeit enthält, schließt die Übungssequenz ab.
Die Übersichtsseite (D) mit den Lernzielen der Lektion kann zum Nachschlagen, aber auch zur Wiederholung (Testvorbereitung) verwendet werden.

## Themenvielfalt

Da wir die Themen aus der Sicht der Jugendlichen entwickeln und auf ihre veränderten Kommunikationsgewohnheiten (z. B. Nutzung von Handy und Internet) eingehen, ergeben sich bei vielen Themen interessante und neuartige Perspektiven. Mit deutsch.com kann man deshalb einen abwechslungsreichen Unterricht gestalten. Dazu trägt nicht zuletzt auch das anregende und interessante Bildmaterial zu den jeweiligen Themen bei.

## Grammatik „an Ort und Stelle"

Grammatik taucht in deutsch.com in den Lektionen bei den Übungen und Aufgaben immer dort auf, „wo man sie gerade braucht" – als Tabelle oder einfache Regel, in der das jeweilige grammatische Phänomen klar gekennzeichnet ist.
Wo immer es möglich ist, ermuntern wir die Schüler, für sich selbst Merkregeln zu formulieren.
Wie in Band 2 verweist ein Smiley auf bereits bekannte Grammatikstrukturen.
Der D-Teil bietet zum Abschluss jeder Lektion einen systematischen Überblick über den Lernstoff.

## Aufgaben und Übungen

Sie sind lernzielorientiert: Die Übungen dienen der Entwicklung der Sprachsysteme (Grammatik/Wortschatz/Aussprache und Intonation/Rechtschreibung). Die Aufgaben sind kurz, selbsterklärend und fertigkeitsbezogen. Sie versuchen, wo immer möglich, die Schüler zum selbst entdeckenden Lernen anzuregen. Im Arbeitsbuch werden dazu binnendifferenzierende Übungen angeboten.
Die Übungssequenzen sind so angelegt, dass am Ende der Lektionsteile A, B oder C in einer übergreifenden Transfer-Aufgabe die freie Sprachproduktion im Rahmen des jeweiligen Themas angeregt wird. Dadurch sollen die Schüler lernen, die Sprache Deutsch möglichst einfach und unkompliziert in der Alltagskommunikation zu verwenden.

## Arbeitsbuch mit Audio-CD

Das Arbeitsbuch kann als Ergänzung für den Unterricht oder zum Selbststudium zu Hause eingesetzt werden.
Es enthält:

- ⚙ Übungen zu Grammatik, Wortschatz und Redemitteln,
- ⚙ kontrastive Übungen für den Vergleich mit einer bereits gelernten Fremdsprache und der Muttersprache,
- ⚙ Übungen zur Aussprache,
- ⚙ Aufgaben zur Selbstkontrolle (mit Lösungsschlüssel).

Bei jeder Übung ist am Rand vermerkt, nach welchem Teilschritt in den Lektionen (A1, A2 ..., B1, B2 ...) sie bearbeitet werden soll. Ein Piktogramm weist auf den Schwerpunkt der Übung hin (WS, GR, ...) und ermöglicht so eine schnelle Orientierung.

Ein Plateau am Ende jedes Moduls wiederholt die Themen des gesamten Moduls

- ⚙ mit Fokus auf Fertigkeitstraining und Strategien,
- ⚙ mit Prüfungsvorbereitung und zusätzlichen landeskundlichen Informationen,
- ⚙ mit Projektvorschlägen und
- ⚙ mit einer Seite Selbstevaluation, welche die Kann-Bestimmungen des GER aufgreift.

Ein wichtiges Anliegen der Plateaus ist es auch, die Reflexion über das Lernen und den eigenen Lernfortschritt anzuregen.

## Lehrerhandbuch

Seine Aufgabe ist es, die Stundenplanung optimal zu gestalten. Methodisch-didaktische Hinweise zeigen an, wie man das Lernangebot je nach Lerngruppe variieren kann, wie man am besten Wiederholungsschleifen einbaut und den Unterricht durch zusätzliche Tests und Spielideen abwechslungsreich gestaltet.

Prof. Dr. Gerhard Neuner

## A Früher und heute

### A1 Wortschatz: Kommunikation

1 Lassen Sie einzelne Schüler (Sch) die Wörter aus dem Wortfeld „Kommunikation" vorlesen. Klären Sie unbekannte Wörter. Vergleichen Sie dann die Wörter in der Muttersprache und auf Deutsch. Gibt es Kommunikationsmittel, die in beiden Sprachen dieselbe Bezeichnung haben?

2 In Partnerarbeit versuchen die Sch, je einen Überbegriff zu den Kommunikationsmitteln in den drei Spalten zu finden. Schreiben Sie die Begriffe bei einem kurzen Feedback im Plenum auf die Folie (Post – Telefon – Internet). Verweisen Sie dann auf die Lernstrategie im Buch und übersetzen Sie diese mit den Sch in die Muttersprache. Die Sch notieren die Strategie im Arbeitsbuch auf S. 159.

3 Lesen Sie die Fragen von a) vor. Verweisen Sie auf die Wortschatzhilfe und den gelben Notizzettel. Die Sch haben nun 2 Minuten Zeit, um sich still Notizen zu machen.

4 Zwei Sch lesen dann laut den Dialog von Aufgabe b) vor. Lenken Sie die Aufmerksamkeit der Sch dafür noch einmal auf den gelben Notizzettel. Schreiben Sie den *wenn*-Satz an die Tafel und unterstreichen Sie das Verb. Fragen Sie einen guten Sch: *Wie oft schreibst du Karten und wann?* Korrigieren Sie die Antwort gegebenenfalls.

5 Jeweils zwei Sch befragen sich gegenseitig. Gehen Sie herum und korrigieren Sie Fehler individuell.

Arbeitsbuch: S. 6, Ü1–5

### A2 Globales Hören: Kommunikation früher und heute

1 Die Sch sehen sich die drei Bilder an. Fragen Sie: *Was glaubt ihr? Wie alt sind die drei Personen? Worum wird es im Hörtext wohl gehen?* Die Sch stellen in ihrer Muttersprache Vermutungen an.

2 Spielen Sie Teil 1 des Hörtextes vor. Die Sch lösen die Aufgabe während des Hörens. Besprechen Sie danach die Lösung im Plenum.

**!** Die Sch arbeiten motivierter im Unterricht mit, wenn sie vor dem Lösen einer Aufgabe Vermutungen anstellen (Bewahrheiten sich meine Aussagen?). Deshalb ist es manchmal sinnvoll, Aufgaben schon vorab lösen zu lassen und dann erst z. B. den Text zu lesen oder den Hörtext vorzuspielen.

### A3 Selektives Hören: Kommunikation früher und heute

1 Lesen Sie die Arbeitsanweisung von a) vor und bitten Sie die Sch, die Fragen und Antwortmöglichkeiten still zu lesen. Klären Sie unbekannten Wortschatz. Gehen Sie dabei auch kurz auf die Smileys von Frage 5 ein. Welche Gefühle sollen sie wiederspiegeln?

2 Besprechen Sie gemeinsam mit den Sch die erste Frage. Erklären Sie, dass pro Frage nur eine Antwort richtig ist. Spielen Sie dazu Teil 2 des Hörtextes bis „... *mehr Briefe durfte man ja nicht schreiben."* vor. Die Sch unterstreichen die Wörter, die sie im Hörtext hören. Besprechen Sie im Plenum, welche Antwort richtig ist. Verweisen Sie auf die Lernstrategie im Buch und übersetzen Sie diese mit den Sch in die Muttersprache. Die Sch notieren die Strategie im Arbeitsbuch auf S. 159.

3 Spielen Sie Teil 2 des Hörtextes nun in voller Länge vor. Die Sch lösen die Aufgabe beim Hören. Dann vergleichen sie ihre Ergebnisse mit denen ihres Nachbarn. Besprechen Sie danach die Lösung im Plenum.

4 Schreiben Sie *verwandt* und darunter *Peter Munz schreibt an seine Verwandten.* an die Tafel. Unterstreichen Sie die Endung des Nomens und erklären Sie, dass das der Plural ist. Schreiben Sie daneben *bekannt* und regen Sie die Sch an, den Beispielsatz *Peter Munz schreibt an seine ...* mit diesem Adjektiv als Nomen im Plural zu ergänzen (*Bekannten*).

5 Verweisen Sie auf den Infospot zur Grammatik *Adjektive als Nomen* und weisen Sie auf das Smiley bei der Infobox hin, das die Sch schon aus *deutsch.com 2* kennen (Wiederholung der Grammatik). Schreiben Sie *deutsch* und/oder *jugendlich* an die Tafel. Die Sch arbeiten zu zweit und notieren nach den Beispielen im Infospot die Nominativ-Formen dieser beiden Adjektive: *die deutsche Person, der/die Deutsche, die Deutschen ...* Korrigieren Sie die Ergebnisse im Plenum.

6 Lesen Sie die Arbeitsanweisung von Aufgabe b) vor. Die Sch lesen still die Aussagen. Lassen Sie die Sch Vermutungen darüber anstellen, welche Sätze richtig und welche falsch sein könnten. Spielen Sie dann Teil 3 des Hörtextes vor und korrigieren Sie das Ergebnis im Plenum. Fragen Sie bei falschen Sätzen: *Wie heißt der Satz richtig?* Spielen Sie bei Unklarheiten den Hörtext noch einmal vor. Die Sch melden per Handzeichen, wenn die entsprechende Information im Text genannt wird.

Arbeitsbuch: S. 6, Ü6; S. 7, Ü7–8

**A4** **Grammatik: Temporale Präpositionen mit Dativ**

*Folie von A4a)*

1 Lassen Sie die Sch in Partnerarbeit Aufgabe a) lösen. Ein Paar trägt seine Lösung gleich auf der Folie ein. Korrigieren Sie die Aufgabe dann gemeinsam im Plenum.
2 Lassen Sie die Sätze aus a) nochmals laut vorlesen. Bitten Sie die Sch, die temporalen Präpositionen zu nennen und markieren Sie diese auf der Folie.
3 Fragen Sie: *Was haben diese temporalen Präpositionen gemeinsam?* Machen Sie die Sch auf den Kasus aufmerksam, indem Sie als Hilfe auf die Artikel zeigen, an denen man den Dativ erkennen kann. Verweisen Sie die Sch auf die beiden Infospots zu temporalen Präpositionen mit Dativ. Lassen Sie die Sch die beiden neuen Präpositionen *seit* und *vor* in ihre Muttersprache übersetzen.
4 Lesen Sie die Sätze von Aufgabe b) vor. Erklären Sie, dass man mit *seit* auf die Frage *seit wann* und mit *vor* auf die Frage *wann* antwortet. In Partnerarbeit stellen sich die Sch mit den Fragewörtern aus dem Schüttelkasten gegenseitig Fragen zu den Sätzen 1 bis 7. Gehen Sie herum und korrigieren Sie Fehler.

*Arbeitsbuch: S. 7, Ü9–10; S. 8, Ü11–13*

**A5** **Grammatik: Verben mit zwei Objekten**

1 Schreiben Sie an die Tafel: *Ich habe meiner Freundin das Päckchen geschickt.*
  Fragen Sie: *Was ist das Akkusativ-Objekt? Was ist das Dativ-Objekt?* Unterstreichen Sie auf Zuruf die Dativergänzung blau, die Akkusativergänzung grün.
2 Fragen Sie: *Wie heißt das Personalpronomen für „meiner Freundin"?* Schreiben Sie das Pronomen *ihr* blau unter die Ergänzung.
3 Fragen Sie: *Wie heißt das Personalpronomen für „das Päckchen"?* Schreiben Sie das Pronomen *es* in Klammern und grün unter die Ergänzung und ergänzen Sie den zweiten Beispielsatz unter den ersten. Fragen Sie: *Wie verändert sich der Satzbau?*
4 Veranschaulichen Sie durch Pfeile, wie sich der Satzbau ändert, sobald ein Akkusativpronomen im Satz steht. Die Sch übertragen das Tafelbild in ihr Heft.

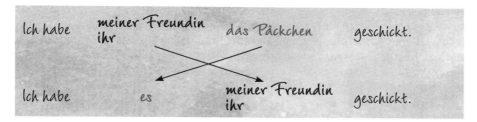

5 Die Sch lösen zu zweit Aufgabe b) und ergänzen den „Meine-Regel"-Kasten. Besprechen Sie die Regel im Plenum.

*Arbeitsbuch: S. 8, Ü14; S. 9, Ü15–16*

**A6** **Grammatik: Dativ- und Akkusativpronomen**

1 Lesen Sie die ersten zwei Sätze der Anweisung vor. Lenken Sie die Aufmerksamkeit der Sch auf den Satz unter dem ersten Foto und schreiben Sie diesen an die Tafel. Verwenden Sie dazu dieselben Farben wie in A5. Verweisen Sie dann auf den gelben Notizzettel. Fragen Sie: *Wofür steht hier „es"? Wofür steht „ihm"?* Schreiben Sie auf Zuruf einen Beispielsatz zum ersten Foto an die Tafel.
2 Teilen Sie die Klasse in Gruppen von drei bis sechs Sch ein und lesen Sie die letzten zwei Sätze der Anweisung vor. Die Sch haben nun 5 Minuten Zeit, um so viele Sätze wie möglich zu den vier Bildern aufzuschreiben. Betonen Sie, dass nur Sätze mit korrektem Satzbau und korrektem Kasus einen Punkt bringen.
3 Reihum liest jede Gruppe einen Satz vor, bis alle Sätze vorgelesen wurden. Die anderen Gruppen korrigieren, wo nötig. Notieren Sie die Punkte für richtige Sätze an der Tafel.

*Arbeitsbuch: S. 9, Ü17*

**A7** Sprechen: Wörter erklären

*leere Kärtchen, Stifte*

1 Erklären Sie den Sch, dass sie nun eine Wortschatzaktivität selbst erstellen und danach spielen werden. Die Sch öffnen ihr Buch. Lenken Sie die Aufmerksamkeit der Sch auf die Illustration mit dem Kärtchen. Ein Sch liest die Spielregel 1 vor. Entwickeln Sie gemeinsam mit der Klasse ein Beispiel. Schreiben Sie *Handy* an die Tafel. Fragen Sie: *Wie kann man dieses Wort am besten erklären?* Notieren Sie zwei „Tabuwörter" darunter (z. B. *Telefon, SMS*). Erläutern Sie noch einmal, dass diese „Tabuwörter" nicht verwendet werden dürfen, um den Begriff zu erklären.

2 Teilen Sie die Klasse in vier Gruppen. Jede Gruppe bekommt einen Satz Kärtchen und schreibt Begriffe rund um das Wortfeld „Medien" einzeln auf diese Kärtchen. Zu jedem gesammelten Begriff notiert die Gruppe zwei „Tabuwörter". Gehen Sie herum, um gegebenenfalls zu helfen.

3 Lenken Sie die Aufmerksamkeit der Sch noch einmal auf das Buch. Ein Sch liest die Spielregel 2 vor. Dann lesen zwei Sch den Modelldialog vor.

4 Sammeln Sie die von den Gruppen erstellten Kärtchen und sortieren Sie doppelte aus. Erläutern Sie, dass die Sch nun die Begriffe erraten müssen. Lassen Sie hierfür einen Sch von Gruppe A ein Kärtchen ziehen. Gruppe A erklärt den Begriff den anderen Gruppen. Wird der Begriff erraten, bekommt Gruppe A einen Punkt. Wird bei der Erklärung ein Tabubegriff verwendet, verliert die Gruppe einen Punkt. Sie können als „SpielleiterIn" eine Punkteliste führen und kontrollieren, ob die Tabuwörter auch nicht verwendet werden.

*Arbeitsbuch: S. 9, Ü18*

---

**B** Vernetzt

**B1** Globales Hören: Internetnutzung

1 Die Sch betrachten die Bilder und lesen still die Begriffe dazu. Lassen Sie dann die Sch die Begriffe in der Muttersprache erklären.

2 Lesen Sie die Arbeitsanweisung vor und spielen Sie den Anfang des Hörtextes vor (CD1, Track 5). Stoppen Sie nach Michaels erster Aussage (*...besuche ich auch sehr gern und sehr oft.*). Lösen Sie das erste Beispiel gemeinsam im Plenum.

3 Die Sch lesen still die weiteren Aussagen durch und stellen Vermutungen an, was in die Lücken passt. Spielen Sie dann den kompletten Hörtext vor. Die Sch ergänzen die Aussagen während des Hörens. Besprechen Sie anschließend das Ergebnis im Plenum.

*Arbeitsbuch: S. 10, Ü19*

**B2** Selektives Hören: Internetnutzung

1 Fragen Sie (bei einer eher leistungsschwächeren Klasse in der Muttersprache), was man in einem Online-Netzwerk, in einem Chatraum, mit dem Instant-Messenger und mit Skype alles machen kann. Sammeln Sie die Aussagen als Stichpunkte an der Tafel.

2 Die Sch lesen die Aussagen 1 bis 9. Klären Sie unbekannten Wortschatz.

3 Spielen Sie den Hörtext noch einmal vor. Die Sch kreuzen während des Hörens an und vergleichen anschließend ihre Lösung mit der ihres Nachbarn. Vergleichen Sie dann die Ergebnisse im Plenum. Spielen Sie den Hörtext bei Unklarheiten noch einmal in Abschnitten vor.

*Arbeitsbuch: S. 10, Ü20–21*

**B3** Sprechen: Kommunikationsformen in Deutschland

1 Lenken Sie die Aufmerksamkeit der Sch auf die Verben im Schüttelkasten. Lesen Sie dann die Aufgabe vor. Die Sch sehen sich den gelben Notizzettel an und haben 2 Minuten Zeit, um eine Rangliste zu erstellen. Weisen Sie die Sch darauf hin, dass sie ihre Ranglisten aufheben sollen (für den zweiten Teil der Aufgabe und für B6).

2 Fragen Sie: *Wie kann man auf Deutsch Vermutungen äußern?* Sammeln Sie auf Zuruf Redemittel an der Tafel. Ergänzen Sie die Tafelanschrift um die Redemittel aus dem Buch, die nicht genannt werden. Lassen Sie diese Redemittel für die nächsten Arbeitsschritte und B6 an der Tafel stehen.

3 Verweisen Sie auf die Lernstrategie im Buch und übersetzen Sie diese mit den Sch in die Muttersprache. Die Sch notieren die Strategie im Arbeitsbuch auf S. 159. Teilen Sie dann die Klasse in vier Gruppen und verteilen Sie an jede Gruppe einen Satz Kärtchen. Lenken Sie die Aufmerksamkeit der Sch noch einmal auf die gesammelten Redemittel an der Tafel und bitten Sie die Gruppen, auf jedes Kärtchen ein Redemittel zu notieren. Bitten Sie die Sch, die Kärtchen (für B6) aufzuheben.

Verweisen Sie dann auf den Infospot zur Grammatik und fragen Sie, wo im Nebensatz mit *dass* das Verb steht. Wiederholen Sie kurz die Regel.

4   In Zweiergruppen erzählen sich die Sch gegenseitig, welche Vermutungen sie zu den Kommunikationsgewohnheiten deutscher Jugendlicher haben und benutzen dabei die neuen Redemittel. Gehen Sie herum und korrigieren Sie individuelle Fehler.

*großes Blatt Papier*

5   **Zusatzaktivität:** Lassen Sie die Sch mithilfe einer Klassenumfrage eine Rangliste ihrer eigenen Kommunikationsgewohnheiten erstellen. Benutzen die Sch noch andere Arten, um im Internet zu kommunizieren (z. B. Twitter)? Welche lokalen Online-Netzwerke gibt es? Hängen Sie die Rangliste im Klassenzimmer auf.

*Arbeitsbuch: S. 10, Ü22–23; S. 11, Ü24*

**B4**   **Globales Lesen: Textabschnitte und Fragen zuordnen**

1   Lenken Sie die Aufmerksamkeit der Sch auf die Textsorte, indem Sie fragen: *Was ist das für ein Text? Wo kann man ihn finden? Woran erkennt ihr das?* (Artikel in einer Zeitung, Bericht über eine Studie; Überschrift, Einleitung/Zusammenfassung, Fußnote)

2   Fragen Sie: *Wie ist der Text aufgebaut? Wie viele Abschnitte hat er?* Klären Sie, dass auch die Einleitung als ein Abschnitt zählt.

3   Ein Sch liest die vier Fragen vor. Klären Sie wenn nötig unbekannten Wortschatz (z. B. *eine Rolle spielen*). Bitten Sie die Sch, die Schlüsselwörter in den Fragen zu nennen (*Unterschiede, Internetnutzung, JIM-Studie, Rolle, nutzen*). Erklären Sie den Sch, dass je eine Frage zu einem Textabschnitt gehört.

4   Lösen Sie die erste Zuordnungsaufgabe gemeinsam mit den Sch. Ein Sch liest die Einleitung laut vor. Dann lesen die Sch die Fragen still noch einmal und ordnen eine davon dem Abschnitt 1 zu (*Einleitung – Was ist die JIM-Studie?*). Stellen Sie klar, dass es zunächst ausreicht, wenn die Sch das Thema eines Abschnitts erfassen; sie müssen dazu nicht jedes einzelne Wort des Textes verstanden haben. Lassen Sie sich die Lösung auf Zuruf nennen. Fragen Sie nach Belegstellen im Text (*JIM = Jugend, Information, (Multi-)Media; Sie zeigt …*).

5   Die Sch lesen nun still den Text Abschnitt für Abschnitt durch, markieren Belegstellen und ordnen die restlichen Fragen den Absätzen zu. Anschließend vergleichen sie ihre Ergebnisse in Partnerarbeit. Kontrollieren Sie die Lösung im Plenum.

*Arbeitsbuch: S. 11, Ü25–26; S. 12, Ü27*

**B5**   **Selektives Lesen: Falsche Aussagen korrigieren**

1   Ein Sch liest die Aussagen laut vor. Klären Sie unbekannte Wörter. Weisen Sie die Sch darauf hin, dass alle Aussagen falsch sind und von den Sch korrigiert und manchmal auch umformuliert werden müssen.

2   Lenken Sie die Aufmerksamkeit der Sch dann auf den Infospot zur Grammatik und erinnern Sie sie daran, dass es sich um eine Wiederholung handelt, indem Sie z. B. gemeinsam überlegen, wie der Komparativ von *gern/gut* etc. heißt.

*Folie von Lesetext B4 und Aussagen B5*

3   Lesen Sie Aussage 1 noch einmal vor und markieren Sie auf Zuruf die Schlüsselwörter auf der Folie. Die Sch suchen still nach Schlüsselwörtern im Text. Unterstreichen Sie dann auf Zuruf die richtigen Informationen im Text. Die Sch formulieren im Plenum eine korrekte Aussage. Ein Sch schreibt diese an die Tafel. Lassen Sie verschiedene Antwortmöglichkeiten zu (z. B. bei Aussage 4: *Mädchen spielen und telefonieren nicht so oft online wie Jungen.* oder *Jungen spielen und telefonieren öfter online als Mädchen.*). Gehen Sie dabei noch einmal auf die Formulierung von Vergleichen ein.

4   Verfahren Sie ebenso mit den restlichen Aussagen. Weisen Sie die Sch auf die Worterklärungen am Ende des Lesetextes hin und geben Sie wenn nötig Hilfestellung. Die Sch vergleichen ihre Ergebnisse mit denen ihres Nachbarn. Kontrollieren Sie anschließend die Ergebnisse mithilfe der Folie im Plenum.

5   **Zusatzaktivität:** Die Sch arbeiten zu dritt zusammen und sprechen über die Themen von Aussage 5. Je zwei Sch sprechen über ihr Nutzungsverhalten, der dritte Sch formuliert daraufhin einen Vergleich, z. B.: Sch 1: *Ich spiele drei Stunden online pro Tag.* Sch 2: *Ich spiele nur zwei Stunden online pro Tag.* Sch 3: *Sch 1 spielt länger online pro Tag als Sch 2.*

*Arbeitsbuch: S. 12, Ü28*

**B6** **Selektives Lesen: Eine Grafik verstehen**

1 Die Sch sehen sich im Buch die Grafik an. Sichern Sie das Verständnis, indem Sie die Bedeutung der grafischen Elemente (Balken, Prozentzahlen, Legende) besprechen und auf deren Zuordnung zu den aufgelisteten Kommunikationsmitteln hinweisen (z. B. *Instant Messenger = 71 %*, vgl. Z. 25 im Text B4).

2 Die Sch lesen den Artikel und lösen Aufgabe a). Ein Sch löst die Aufgabe an der Tafel und vergleicht dann sein Ergebnis mit dem Plenum.

3 Gehen Sie nochmals auf die Redemittel ein, die noch von B3 an der Tafel stehen. Fragen Sie: *Wie sagt man das in der Vergangenheit? (Ich habe gedacht/vermutet/geglaubt/angenommen, dass ... Aber ...)*

4 Die Sch finden sich wieder in den vier Gruppen aus B3 zusammen und holen ihre Kärtchensätze mit den Redemitteln hervor. Auf den Kärtchen ergänzt jede Gruppe die jeweilige Vergangenheitsform. Dann holen die Sch ihre Ranglisten von B3 hervor und vergleichen in den Gruppen ihre Vermutungen mit der Grafik B6. Die Sch formulieren Vergleiche mithilfe der Redemittel und des Infospots zur Grammatik. (*Es ist genauso, wie ich vermutet habe. / Das Internet ist für deutsche Jugendliche wichtiger, als ich gedacht habe.*)

**B7** **Wortschatz: Ausdrücke mit Genitiv**

*Folie von B7a) und Lesetext von B4*

1 Lesen Sie die Aufgabe vor. Fragen Sie dann: *Wie viel Prozent sind „fast die Hälfte"?* Verbinden Sie auf Zuruf 47 % und *a* auf der Folie. Ein Sch liest dann alle Begriffe vor. Klären Sie eventuell unklare Ausdrücke (*gut die Hälfte*). Ein Sch kommt nach vorne und verbindet auf Zuruf die restlichen Prozentzahlen.

2 Weisen Sie die Sch auf den Infospot zu den Ausdrücken mit Genitiv hin. Wiederholen Sie gegebenenfalls kurz den Genitiv. Erklären Sie, dass alle Mengenangaben aus B7 a) mit dem Genitiv stehen.

3 Legen Sie die Folie des Lesetextes auf und gehen Sie mit den Sch nochmals den Text durch. Unterstreichen Sie auf Zuruf (Zeilenangaben) die Prozentzahlen und Mengenangaben im Text.

4 Erklären Sie Aufgabe b). Besprechen Sie Satz 1 mit den Sch und weisen Sie auf den gelben Notizzettel hin. Die Sch lösen die Aufgabe in Partnerarbeit. Vergleichen Sie anschließend die Ergebnisse im Plenum.

5 Ein Sch liest nochmals die Lösung von Satz 2 vor. Verweisen Sie auf den Infospot zur Grammatik. Sagen Sie dann verschiedene Sätze mit *länger als* (z. B. *Ich lese jeden Tag länger als eine Stunde. Klaus kann länger als drei Stunden schwimmen. Susi joggt immer länger als 30 Minuten. Das Lied dauert länger als vier Minuten.*) und lassen Sie sie in einer Redekette mit dem Ausdruck *über* umformulieren.

**!** Haben Sie eine Klasse, in der es lernstarke und lernschwache Sch gibt, empfiehlt es sich, bei Partnerarbeiten darauf zu achten, wer zusammenarbeitet. Bei Grammatikaufgaben z. B. ist es oft hilfreich, wenn ein lernstarker und ein lernschwacher Sch zusammen üben; so kann der lernstarke dem lernschwachen Sch die Grammatik nochmals in anderen Worten erklären, falls nötig. Bei Konversationsaufgaben dagegen ist es besser, wenn gleich „starke" Sch zusammen arbeiten. Andernfalls kann es vorkommen, dass vor allem der lernstarke Sch zu Wort kommt, weil der lernschwache Angst hat, Fehler zu machen, und deshalb nicht spricht.

*Arbeitsbuch: S. 12, Ü29; S. 13, Ü30–31*

**B8** **Sprechen: Über eine Grafik sprechen und diskutieren**

1 Lenken Sie die Aufmerksamkeit der Sch auf die Redemittel aus a) und lassen Sie zwei oder drei der Redemittel beispielhaft ausformulieren.

2 Teilen Sie die Klasse in drei Gruppen. Erklären Sie, dass die Sch jetzt ihre eigene Meinung äußern sollen und weisen Sie dann auf die Redemittel in b) hin. Ein Sch liest sie laut vor. Klären Sie unbekannte Wörter und lassen Sie ein oder zwei Beispiele im Plenum formulieren. Dann arbeiten die Sch in Gruppen weiter. Jede Gruppe hat ca. 10 Minuten Zeit für die Diskussion. Gehen Sie währenddessen herum und geben Sie Hilfestellung. Notieren Sie sich häufig auftretende Fehler und besprechen Sie diese anschließend im Plenum.

*Arbeitsbuch: S. 13, Ü32; S. 14, Ü33–35*

## C Sicheres Surfen

### C1 Sprechen: Im Internet surfen

1 Die Sch haben ihr Buch geschlossen. Schreiben Sie das Verb *surfen* an die Tafel. Fragen Sie: *Aus welcher Sprache kommt dieses Verb?* (Englisch: to surf) Fragen Sie die Sch: *Surfst du gern? Kann es beim Surfen auch Probleme geben?* Ermuntern Sie die Sch, auf Deutsch zu antworten.

2 Die Sch öffnen das Buch und sehen sich die Internetseite an. Lesen Sie die Aufgabe vor. Die Sch stellen Vermutungen an. Machen Sie an der Tafel auf Zuruf Notizen von den Inhalten, die die Sch verstehen.

### C2 Globales Lesen: Internetseite

1 Teilen Sie die Klasse in Gruppen zu vier bis sechs Sch ein. Ein Sch liest die Fragen 1–3 der Aufgabe vor. Dann lesen die Sch in Gruppen die Einleitung und die Überschriften der Webseiteneinträge und suchen die Antworten. Besprechen Sie die Ergebnisse im Plenum.

2 Die Sch lesen still den kompletten Text. Machen Sie sie auf eventuelle Internationalismen aufmerksam und stellen Sie klar, dass in Deutschland im Computer-Kontext meistens die englischen Begriffe verwendet werden.

### C3 Wortschatz: Computersprache

*Folie von Worttabelle*

1 Die Sch lesen die englischen und die deutschen Wörter still durch. Gemeinsam mit ihrem Nachbarn lösen sie Aufgabe a). Lassen Sie sich die Ergebnisse zurufen und verbinden Sie auf der Folie.

2 Lassen Sie die Wörter im Plenum in die Muttersprache der Sch übersetzen. Notieren Sie sie auf der Folie. Anschließend übertragen die Sch die Wörter in ihr Heft.

### C4 Schreiben: Sicherheit im Netz

*Internet – Falls kein Zugang: C4b) als Hausaufgabe*

1 Gehen Sie mit den Sch die Redemittel der Aufgabe a) durch. Geben Sie exemplarisch ein Beispiel vor. (*Einmal habe ich bei Facebook einem Unbekannten etwas an die Pinnwand geschrieben. Ich wollte nur einen neuen Freund haben. Ich wusste nicht ...*)

2 Lesen Sie die Aufgaben a) und b) vor. Jeder Sch wählt, welche Aufgabe er lieber beantworten möchte. Bilden Sie dann zwei Gruppen.

*leere Zettel*

3 Erklären Sie den Sch der Gruppe a) eine sinnvolle Vorgehensweise: 1. Notizen machen zu ihrer schlechten Erfahrung im Netz. 2. Notizen strukturieren und in eine sinnvolle Reihenfolge bringen. 3. Schreiben. Mithilfe der Redemittel schreiben die Sch (jeder einzeln oder in Partnerarbeit) einen anonymen Bericht.

4 Die Sch der Gruppe b) gehen auf die entsprechende Internetseite und sammeln Tipps für mehr Sicherheit im Netz. Helfen Sie, indem Sie den Sch eine Struktur für einen kleinen Vortrag geben: *Einleitung (= Thema) / Hauptteil (= Tipps) / Schluss (= Zusammenfassung).* Sammeln Sie die Berichte von Gruppe A und die Tipps für mehr Sicherheit von Gruppe B ein und korrigieren Sie sie bis zur nächsten Stunde.

5 Geben Sie zu Beginn der nächsten Stunde den Sch etwas Zeit, dass Gruppe a) die korrigierten Berichte abschreibt und Gruppe b) ihren Vortrag vorbereiten kann (z.B. Wer übernimmt welchen Teil des Vortrags). Anschließend erstellen die Sch aus Gruppe a) mit ihren Berichten eine Klassen-Pinnwand. Die Sch aus Gruppe b) stellen ihre Tipps der Klasse vor.

## A Mehrsprachig

### A1 Sprechen: Sprachkenntnisse verschiedener Personen

1 Lenken Sie die Aufmerksamkeit der Sch auf die Fotos der vier Personen. Fragen Sie: *Wen kennt ihr? Woher?* Weisen Sie auf den Steckbrief zu Michelle Hunziker hin. Lesen Sie die Aufgabe a) vor. Lassen Sie die Sch die Fragen am Beispiel von Michelle Hunziker in Stichpunkten im Plenum beantworten und notieren Sie die Stichpunkte an der Tafel.

2 Die Sch sehen sich die drei anderen Fotos und Steckbriefe an. Klären Sie gegebenenfalls unbekannte Wörter (*Umgebungssprache*), indem Sie sie an die Tafel schreiben. Unterstreichen Sie die Wortkomponenten und übersetzen Sie sie mit den Sch in ihre Muttersprache.

3 Teilen Sie die Klasse in drei Kleingruppen, die je einen Steckbrief zugeteilt bekommen. Die Gruppen sammeln dann in Stichpunkten Informationen. Gehen Sie herum und geben Sie bei Bedarf Hilfestellung.

4 Verweisen Sie auf die Redemittel zu Aufgabe a), mit deren Hilfe die Gruppen ihre Ergebnisse im Plenum präsentieren.

5 Ein Sch liest Aufgabe b) vor. Machen Sie die Sch auf die Redemittel zu Aufgabe b) aufmerksam. Die Sch tauschen sich innerhalb ihrer Gruppen aus. Machen Sie anschließend eine kurze Besprechung im Plenum. Fragen Sie: *Wer kennt bekannte mehrsprachige Persönlichkeiten? Warum haben diese Personen diese Sprachen gelernt?*

Arbeitsbuch: S. 16, Ü1–4

### A2 Globales Lesen: Vermutungen anstellen

1 Die Sch werfen einen kurzen Blick auf den Text. Fragen Sie: *Um welche Textsorte handelt es sich? Woran erkennt man das? (Zeitungsinterview, Fragen – Antworten)*

2 Die Sch lesen die Aufgabe. Machen Sie sie kurz darauf aufmerksam, dass sie schon etwas über Frau Hufeisen wissen (*Steckbrief B; Sie ist Wissenschaftlerin/Professorin. Jetzt kommt ein Interview mit ihr.*). Verweisen Sie auf die Lernstrategie im Buch und übersetzen Sie diese mit den Sch in die Muttersprache. Die Sch notieren die Strategie im Arbeitsbuch auf S. 159.

3 Schreiben Sie die Fragen an Frau Hufeisen aus dem Interview an die Tafel. Die Sch stellen Vermutungen an, was Frau Hufeisen wohl antworten wird. In Partnerarbeit machen sie sich Notizen. Besprechen Sie das Ergebnis im Plenum und sammeln Sie die Vermutungen in Stichpunkten an der Tafel.

### A3 Selektives Lesen: Mehrsprachigkeit

Die Sch lesen still die Arbeitsanweisung und das komplette Interview. Klären Sie gegebenenfalls unbekannte Wörter. Die Sch machen sich zu den drei Aspekten Notizen und tragen diese dann stichpunktartig im Plenum vor. Vergleichen Sie die Ergebnisse mit denen an der Tafel. Haben die Sch richtig vermutet? Machen Sie einen Haken neben jede richtige Vermutung, wischen Sie die falschen Vermutungen weg.

Arbeitsbuch: S. 17, Ü5–9; S. 18, Ü10–11

### A4 Grammatik: Finale Nebensätze mit *um ... zu*

1 Die Sch lösen Aufgabe a). Helfen Sie wenn nötig, indem Sie auf den entsprechenden Absatz im Text hinweisen (Mitte der zweiten Antwort von Frau Hufeisen). Lenken Sie die Aufmerksamkeit der Sch auf den Infospot zur Grammatik. Ein Sch liest die Frage vor und ergänzt die Antwort dazu.

2 Schreiben Sie die richtige Antwort (c) an die Tafel. Fragen Sie die Sch: *Wo steht das Modalverb „können"? In welcher Form steht es im Satz?* Unterstreichen Sie das Modalverb und schreiben Sie *Infinitiv* daneben. Schreiben Sie anschließend auch die Sätze a) und b) an die Tafel. Fragen Sie auch hier: *Wo steht das Verb im Satz? In welcher Form steht es?*

3 Bitten Sie einzelne Sch an die Tafel, um in den drei Sätzen jeweils *um* und *zu* zu markieren.

4 Die Sch lösen Aufgabe b). Besprechen Sie die Lösung im Plenum.

5 Die Sch ergänzen den „Meine-Regel"-Kasten in Aufgabe c). Korrigieren Sie kurz im Plenum. Schreiben Sie dann *aufstehen, einsteigen, abwaschen* an die Tafel und machen Sie gegebenenfalls klar, dass es sich dabei um trennbare Verben handelt. Fragen Sie: *Wo steht bei diesen Verben das „zu"?* Schreiben Sie die Verbformen auf Zuruf an die Tafel.

6 Fragen Sie: *Wozu lernst du Deutsch?* Die Sch antworten in einer Redekette. Notieren Sie einzelne Antworten der Sch an der Tafel, in denen die drei verschiedenen Positionen von *zu* sichtbar werden. Falls eines der Beispiele nicht genannt wird, geben Sie fiktive Beispiele und lassen Sie die Sch im Plenum damit einen Satz mit *um ... zu* formulieren, z. B.: *Ich lerne Deutsch, um in Deutschland zu studieren. /..., um im Urlaub in Deutschland Deutsche kennenzulernen. /.... um im Urlaub in Deutschland mit den Menschen auf Deutsch reden zu können.*

Arbeitsbuch: S. 19, Ü12–14

**A5** **Grammatik: Finale Nebensätze mit *um ... zu***

1 Die Sch sehen sich die Illustrationen an. Lassen Sie zwei Sch zu Illustration A eine passende Frage und Antwort finden. Korrigieren Sie gegebenenfalls.
2 Die Sch überlegen sich Fragen und Antworten zu den weiteren Illustrationen. In Partnerarbeit stellen sie dann abwechselnd Fragen und geben Antworten nach dem im Plenum gegebenen Beispiel. Gehen Sie herum und notieren Sie sich Fehler.
3 Nennen Sie gegebenfalls die Fehler, die Sie während der Aktivität gehört haben, im Plenum und lassen Sie sie die Sch korrigieren.

**!** Um nicht einzelne Schüler zu demotivieren, bieten sich bei der Fehlerkorrektur im Plenum unpersönliche Formulierungen an wie *Ich habe gerade gehört ...*

**A6** **Lesen: Gründe finden**

*Folie des Lesetextes von A6*

1 Die Sch sehen sich den Text an. Fragen Sie: *Um welche Art von Text handelt es sich? (Forumsbeitrag/Kommentar auf der Internetseite z. B. einer Zeitschrift)* Gehen Sie auch kurz auf die Form ein (*Anrede, meist kurzer Text, ab und zu Abschiedsgruß und/oder Name*).
2 Die Sch lesen still den Forumsbeitrag. Klären Sie unbekannte Wörter. Lesen Sie die Arbeitsanweisung vor und fragen Sie: *Wie kann man auf Fragen mit „Wozu?" antworten?* (*mit „um ... zu" oder „damit"*). Die Sch gehen noch mal durch den Text und markieren die Gründe. Ein Sch markiert auf der Folie. Vergleichen Sie die Ergebnisse im Plenum.

*Arbeitsbuch: S. 19, Ü15–16; S. 20, Ü17*

**A7** **Grammatik: Finale Nebensätze mit *um ... zu* und *damit***

1 Die Sch lesen und lösen Aufgabe a). Schreiben Sie währenddessen die beiden Sätze an die Tafel. Besprechen Sie kurz die Lösung im Plenum.
2 Lenken Sie dann die Aufmerksamkeit der Sch auf die Sätze an der Tafel. Fragen Sie: *Was ist das Subjekt?* Markieren Sie *Johanna* und *ihr Vater* in verschiedenen Farben.
3 Die Sch lösen Aufgabe b) und ergänzen den Regelkasten. Besprechen Sie die Lösung im Plenum.

*Arbeitsbuch: S. 20, Ü18–20*

**A8** **Grammatik: Finale Nebensätze bilden**

1 Die Sch sehen sich Illustration A an. Lassen Sie zwei Hauptsätze zu den Stichpunkten unter der Illustration bilden: *Der Mann hat Chinesisch gerlernt. Er macht in China Geschäfte.* Schreiben Sie die beiden Sätze an die Tafel. Fragen Sie: *Was ist in den beiden Sätzen jeweils das Subjekt? Wie kann man die Sätze verbinden: mit „um ... zu" oder „damit"? Wie heißt dann der Satz?* (*Der Mann hat Chinesisch gelernt, um in China Geschäfte zu machen.*)
2 Nach diesem Beispiel formulieren die Sch schriftlich Sätze zu den anderen Illustrationen.
3 Einzelne Sch tragen ihre Lösung im Plenum vor. Falls ein Satz falsch ist, korrigieren Sie ihn mit den Sch schrittweise an der Tafel nach dem ersten Beispiel.

**A9** **Sprechen: Seine Meinung sagen**

*leere Kärtchen*

1 Die Sch arbeiten in Partnerarbeit. Still lesen sie die Rollen A und B und einigen sich, wer welche Rolle übernimmt. Verteilen Sie währenddessen die leeren Kärtchen.
2 Verweisen Sie auf die Lernstrategie im Buch und übersetzen Sie diese mit den Sch in die Muttersprache. Die Sch notieren die Strategie im Arbeitsbuch auf S. 159 und dann die Redemittel auf ihr Kärtchen. Dann überlegt sich jeder still mindestens drei Argumente.
3 Die Partner beginnen mit ihrer Diskussion und versuchen, sich gegenseitig von ihrer Meinung zu überzeugen. Gehen Sie herum und geben Sie wenn nötig Hilfestellung.

*Arbeitsbuch: S. 21, Ü21–22*

## B Interkulturell

### B1 Lesen: Literatur

1 Lenken Sie die Aufmerksamkeit der Sch auf das Buch-Cover. Fragen Sie: *Was ist auf dem Bild? Was wisst ihr über die Autorin?* Weisen Sie darauf hin, dass Lena Gorelik zu Beginn des Kapitels A vorkam.

2 Lesen Sie Aufgabe a) einschließlich der Stichpunkte vor. Anschließend lesen die Sch still den Text zum Buchcover und die Kurzbiografie von Lena Gorelik. Klären Sie unbekannten Wortschatz. Dann lösen die Sch die Aufgabe im Plenum.

3 Lesen Sie Aufgabe b) vor. Die Sch lesen noch mal Text A und machen sich Notizen. Besprechen Sie das Ergebnis im Plenum. Notieren Sie Stichpunkte an der Tafel.

*Arbeitsbuch: S. 21, Ü23*

### B2 Globales Lesen: Textausschnitt aus *Meine weißen Nächte*

1 Ein Sch liest die Aufgabe vor. Verweisen Sie auf die Lernstrategie und übersetzen Sie diese mit den Sch in die Muttersprache. Die Sch notieren die Strategie im Arbeitsbuch auf S. 159.

2 Die Sch lesen still den Text. Falls nach unbekannten Wörtern gefragt wird, weisen Sie nochmals auf die Lesestrategie hin und ermuntern Sie die Sch, trotz der unbekannten Wörter zu versuchen, das Thema des Textes zu verstehen.

3 Besprechen Sie im Plenum den Inhalt des Buchausschnitts und machen Sie Notizen an der Tafel – neben den Notizen aus B1. Die Sch vergleichen, ob der Textinhalt mit ihren Vermutungen aus B1 b) übereinstimmt.

### B3 Wortschatz: Erklärungen zuordnen

1 Erklären Sie die Aufgabe: Lassen Sie die Sch zuerst still alle Antwortmöglichkeiten lesen und klären Sie unbekannten Wortschatz. Sagen Sie dann, dass die Sch die Aussagen 1–5 den Erklärungen zuordnen sollen. Lesen Sie Aussage 1 vor. Fragen Sie: *Was bedeutet das wohl? Welche Antwort ist richtig?* Die Sch suchen Aussage 1 im Text. Zum Verständnis des Ausdrucks bitten Sie die Sch, die ganze erste Spalte zu lesen. Verweisen Sie gegebenenfalls auf die Schlüsselwörter *für sich* (erster Satz) und *hingegen (Deutsche Mütter ... Russische Mütter hingegen ..., z. 12)* als Hilfe. Die Sch lösen im Plenum die erste Zuordnung.

2 Die Sch ordnen die Aussagen 2–5 in Stillarbeit zu und vergleichen dann ihr Ergebnis mit dem ihres Nachbarn. Haben Sie lernschwache Sch in der Klasse, lassen Sie diese Aufgabe in Partnerarbeit lösen und immer einen lernstarken und einen lernschwachen Sch zusammenarbeiten. Kontrollieren Sie anschließend kurz die Lösung im Plenum.

### B4 Selektives Lesen: Fragen beantworten

1 Zwei Sch lesen die Aufgabe vor. Lassen Sie die Sch exemplarisch die erste Frage im Plenum beantworten.

2 Die Sch machen sich dann in Stillarbeit Notizen zu den anderen Fragen und vergleichen ihre Antworten mit denen ihres Nachbarn. Korrigieren Sie die Antworten im Plenum. Lassen Sie die Sch ihre Antworten durch Schlüsselwörter im Text belegen.

*Arbeitsbuch: S. 21, Ü24–25; S. 22, Ü26*

### B5 Besprechen: Übertreibung

1 Erklären Sie in der Muttersprache der Sch das Wort *übertreiben*. Lesen Sie dann die Aufgabe vor.

2 Die Sch suchen Textstellen, an denen man sehen kann, dass die Autorin übertreibt (z. B. *Sie sagen das ständig ...,* *Sie sagen das tagtäglich ... Sie treiben uns damit in den Wahnsinn ...*) und erklären diese in der Muttersprache.

### B6 Grammatik: Finale Präposition *zum* + substantivierter Infinitiv

1 Lenken Sie die Aufmerksamkeit der Sch auf die Smileys und klären Sie so die Verben *schimpfen* und *plaudern*. Die Sch lesen die Aufgabe a) und lösen sie im Plenum.

2 Schreiben Sie *zum Schimpfen* an die Tafel. Unterstreichen Sie das „S" des substantivierten Infinitivs. Fragen Sie: *Warum wird das Verb „schimpfen" hier großgeschrieben?* Erklären Sie, dass man im Deutschen aus jedem Verb einen substantivierten Infinitiv machen kann. Ergänzen Sie dazu die Tafelanschrift: *zum Schimpfen = um zu schimpfen*.

3 Ein Sch liest Aufgabe b) vor. Lassen Sie den ersten Satz exemplarisch im Plenum lösen (*um mit ihnen zu kochen > um zu kochen > zum Kochen*). Dann lösen die Sch den Rest der Aufgabe in Stillarbeit. Korrigieren Sie die Lösungen im Plenum.

4 **Zusatzaktivität:** Bereiten Sie verschiedene Kärtchen vor. Auf die Vorderseite eines Kärtchens kopieren Sie die Illustration eines Verbs, mit dem man auf die Frage *Warum triffst du deine Freunde?* antworten kann (z. B. *Musik hören, reden, lernen, Computer spielen*). Auf die Rückseite notieren Sie die substantivierte Form des Verbs. Jeder Sch bekommt ein Kärtchen. Die Sch gehen im Klassenraum herum und suchen einen Partner. Sch A zeigt Sch B die Vorderseite seines Kärtchens (z. B. die Illustration zu *Musik hören*) und fragt: *Warum triffst du deine Freunde?* Sch B antwortet mit einem ganzen Satz und benutzt dabei *zum* + substantivierten Infinitiv: *Ich treffe meine Freunde zum Musikhören.* Sch A kontrolliert die Antwort (er sieht dabei auf die Rückseite seines Kärtchens) und korrigiert wenn nötig. Dann zeigt Sch B sein Kärtchen und fragt, Sch A antwortet. Anschließend tauschen sie ihre Kärtchen aus und suchen sich neue Partner.

*Arbeitsbuch: S. 22, Ü27–29; S. 23, Ü30*

**B7** **Sprechen: Kulturelle Hintergründe**

*Folie des Familienfotos*

1 Die Sch sehen sich das Foto der Familie an. Ein Sch liest die Fragen vor. Die Sch stellen Vermutungen an.
2 Fragen Sie: *Kennt ihr Familien mit verschiedenen kulturellen Hintergründen?* Die Sch erzählen kurz im Plenum, eventuell in ihrer Muttersprache.

**B8** **Globales Hören: Multikulturalität**

1 Stimmen Sie die Sch darauf ein, dass sie jetzt eine Reportage von Jugendlichen für Jugendliche hören werden. Die Sch lesen die Aufgaben. Klären Sie unbekannten Wortschatz (*sich verlieben, eine Familie gründen*).
2 Spielen Sie Teil 1 des Hörtextes vor. Die Sch lösen die Aufgabe und tragen ihre Ergebnisse im Plenum vor. Sollten viele Sch die falsche Lösung angekreuzt haben, spielen Sie diesen Teil des Hörtextes noch einmal vor.

**B9** **Selektives Hören: Eine multikulturelle Familie**

1 Sagen Sie den Sch, dass sie jetzt das Interview mit Sven und Sushila, den Eltern auf dem Foto, hören werden. Die Sch lesen still die Sätze der Aufgabe. Klären Sie wenn nötig unbekannten Wortschatz.
2 Die Sch hören Teil 2 des Hörtextes und kreuzen während des Hörens an. Einzelne Sch lesen ihre Lösung bei der anschließenden Besprechung vor. Spielen Sie den Hörtext nur bei Unklarheiten noch einmal in Abschnitten vor.

*Arbeitsbuch: S. 23, Ü31–33*

**B10** **Grammatik: Nebensatz mit *ohne ... zu* und *ohne dass***

1 Schreiben Sie mit einigem Abstand die beiden Beispielsätze aus Aufgabe a) an die Tafel und unterstreichen Sie *ohne ... zu* und *ohne dass*. Lösen Sie die Nebensätze auf: *... ohne viel zu überlegen.* = *Sie überlegt nicht viel.* / *... ohne dass jemand aus der Familie dabei war.* = *Niemand aus der Familie war dabei.* Fragen Sie: *Was ist jeweils das Subjekt im Hauptsatz, was im Nebensatz?* Ein Sch unterstreicht die Subjekte an der Tafel.
2 Die Sch ergänzen den „Meine-Regel"-Kasten und vergleichen mit ihrem Nachbarn. Machen Sie eine Ergebniskontrolle im Plenum. Lenken Sie dann die Aufmerksamkeit der Sch auf den zweiten Satz im „Meine-Regel"-Kasten: *Subjekt ist im Haupt- und Nebensatz gleich oder verschieden.* Geben Sie ein Beispiel: *Sie durfte nicht mit einem Mann ausgehen, ohne dass jemand aus der Familie dabei war.* / *... ohne dass sie vorher ihre Eltern um Erlaubnis gefragt hat.*
3 Fragen Sie die Sch zur Wiederholung: *Ist das Subjekt in einem Nebensatz mit „um ... zu" gleich oder verschieden? Wie ist es bei einem Satz mit „damit"?* Geben Sie an der Tafel zwei Beispiele vor:
*Julia lernt Englisch. / Sie studiert in England.* (um ... zu)
*Julia hilft ihrem Bruder. / Er schreibt bessere Noten.* (damit)
Die Sch verbinden die Sätze. Ein Sch notiert die Sätze an der Tafel.
4 Erklären Sie den Sch Aufgabe b). Die Sch sollen die beiden Sätze verbinden. Zuerst unterstreichen die Sch jeweils die Subjekte der beiden Sätze, dann entscheiden sie, ob sie die Sätze mit *ohne dass* oder *ohne ... zu* oder mit beiden Konjunktionen verbinden können. Sagen Sie, dass diese Möglichkeit bei zwei der drei Sätze besteht.
5 Die Sch lösen still die Aufgabe und vergleichen anschließend ihre Sätze mit denen ihres Nachbarn. Anschließend tragen sie die Ergebnisse als Lesekette im Plenum vor. Schreiben Sie die möglichen Lösungen an die Tafel.

*Arbeitsbuch: S. 23, Ü34; S. 24, Ü35–36*

**B11** **Schreiben: Forumsbeitrag**

1 Die Sch sehen sich den Text an. Fragen Sie: *Um welche Art von Text handelt es sich?* Erinnern Sie die Sch gegebenenfalls, dass diese Textsorte schon im A-Teil vorkam. Fragen Sie: *Wer hat schon einmal selbst einen Forumsbeitrag geschrieben?*

2 Lesen Sie den Forumsbeitrag und anschließend noch einmal einzeln die drei Fragen im Text vor. Sichern Sie das Verständnis der Sch, indem Sie unbekannte Wörter erklären.

3 Als Vorbereitung auf die Schreibaufgabe machen sich die Sch Notizen zu den drei Fragen und sammeln passenden Wortschatz und Ausdrücke. Gehen Sie herum und geben Sie Hilfestellung wenn nötig.

4 Jeder Sch schreibt einen Forumsbeitrag zu seinen Erfahrungen. Sammeln Sie die Beiträge ein, korrigieren Sie sie und besprechen Sie sie in der nächsten Stunde.

## C Interkulturelle Gesten

**C1** **Lesen: Gesten interpretieren**

*beschriftete Kärtchen*

1 Bereiten Sie sechs Kärtchen mit Äußerungen vor: *Du bist doof! / Super! / ...* Verteilen Sie die Kärtchen an sechs Sch, die nacheinander die Geste zu der Äußerung auf ihrer Karte vorspielen, die anderen raten.

2 Die Sch schlagen das Buch auf und sehen sich die Illustrationen an. Fragen Sie: *Welche dieser Gesten kennt ihr? Welche macht ihr auch? In welcher Situation?*

3 Die Sch lesen die Antwortmöglichkeiten und wählen die ihrer Ansicht nach zutreffende aus. Klären Sie unbekannten Wortschatz wenn nötig.

**C2** **Sprechen: Seine Meinung begründen**

1 Ein Sch liest Aufgabe a) vor. Erarbeiten Sie mit den Sch Redemittel, die für die Aufgabe hilfreich sind. (Hier Redemittel, mit denen man seine Meinung ausdrücken kann.) Schreiben Sie diese zur Hilfe an die Tafel (z. B.: *Ich denke, dass ... / Ich vermute, dass ..., / Es ist vielleicht auch möglich, dass ... / Ich nehme an, dass ..., weil ...*).

2 Teilen Sie die Klasse in Gruppen zu vier bis sechs Sch. Mithilfe der Redemittel an der Tafel vergleichen die Sch innerhalb der Gruppe ihre Ergebnisse. Gehen Sie herum und geben Sie Hilfestellung wenn nötig.

3 Lesen Sie Aufgabe b) vor. Die Sch lesen die Auflösung. Fragen Sie: *Was findet ihr daran interessant? Was ist für euch normal?* Die Sch diskutieren in ihren Gruppen.

**C3** **Sprechen: Eigene Erfahrungen**

1 Fragen Sie die Sch in ihrer Muttersprache zur Einstimmung: *Welche Gesten sind euch vertraut? Welche davon gebraucht ihr am häufigsten?* Die Sch antworten kurz im Plenum. Gehen Sie anschließend mit der Klasse die Fragen 1–5 durch. Einzelne Sch erzählen im Plenum.

2 Weisen Sie darauf hin, dass dieselbe Geste in einem Land etwas Positives und in einem anderen etwas Negatives bedeuten kann. Deshalb kann es Missverständnisse geben. Fragen Sie die Sch: *Habt ihr schon einmal solche Probleme gehabt?* Die Sch erzählen im Plenum.

## A Kreativ arbeiten

### A1 Sprechen: Vermutungen äußern

*Fotos von kreativen Menschen (z.B. Maler, Musiker, Fotograf)*

1 Die Sch sehen sich die Bilder an. Fragen Sie: *Was haben diese Menschen gemeinsam?* Lenken Sie das Gespräch gegebenenfalls in Richtung „kreatives Arbeiten". Sammeln Sie mit den Sch weitere Berufe, in denen man kreativ arbeitet.
2 Die Sch öffnen die Bücher, betrachten die Fotos und äußern Vermutungen darüber, was Monika beruflich macht und wie deren Alltag aussieht.
3 Stimmen Sie die Sch darauf ein, dass sie anschließend ein Zeitungsinterview mit Monika lesen werden, und erinnern Sie an die Eigenschaften der Textsorte: kurze Einleitung, dann Fragen eines Journalisten an eine Person. Fragen Sie: *Worum geht es wohl in dem Interview?*
4 Sammeln Sie die Ideen der Sch an der Tafel und schreiben Sie den Lektionstitel *Kreativ arbeiten* darüber.

### A2 Globales Lesen: Fragen und Antworten zuordnen

1 Die Sch lesen still die Einleitung des Interviews. Klären Sie gegebenenfalls unbekannte Wörter. Ein Sch liest sukzessive die sechs Interviewfragen vor. Nach jeder Frage fragen Sie nach den Fragepronomen (W-Wörtern) und den Schlüsselwörtern. Schreiben Sie diese auf Zuruf an die Tafel neben die Vermutungen der Sch.
2 Erklären Sie die Aufgabenstellung, indem Sie den Anfang der ersten Antwort an die Tafel schreiben: *Mein Hauptgrund war: Ich wollte einfach kreativ arbeiten …* Unterstreichen Sie *Hauptgrund* und fragen Sie nach dem Fragepronomen auf diese Antwort *(Warum).* Lenken Sie die Aufmerksamkeit der Sch auf die Beispielfrage inklusive Antwort im Buch und lesen Sie sie vor. Lassen Sie die Sch weitere Schlüsselwörter aus der ersten Antwort nennen, die auf die Frage hinweisen *(z. B. Neue Medien, Studiengang Kommunikationsdesign).*
3 Erklären Sie, dass die Sch nach diesem Muster die restlichen Fragen den Antworten zuordnen sollen. Weisen Sie auf die Worterklärungen am Ende des Textes hin und besprechen Sie diese kurz mit den Sch im Plenum.
4 Die Sch lesen still die Antworten und ordnen die Fragen zu. Gehen Sie herum und geben Sie wenn nötig Hilfestellung. Dann vergleichen die Sch ihre Ergebnisse mit denen ihres Nachbarn. Kontrollieren Sie die Ergebnisse im Plenum und lassen Sie die Sch ihre Zuordnung durch Schlüsselwörter belegen. Fragen Sie zum Abschluss: *Waren eure Vermutungen richtig?*

**!** Ermutigen Sie die Sch, selbstständig unbekannten Wortschatz herzuleiten. Dabei helfen die bekannten Techniken (Herleiten aus dem Kontext, phonetische Ähnlichkeiten, Internationalismen, Wortfamilien).

*Arbeitsbuch: S. 30, Ü1–3*

### A3 Wortschatz: Definitionen zuordnen

1 Erklären Sie Aufgabe a), indem Sie die erste Definition vorlesen und die Sch das passende Nomen im Schüttelkasten suchen lassen *(die Fachhochschule).* Verweisen Sie auf die Zeilenangabe hinter dem Begriff und lassen Sie die Sch die entsprechende Textstelle suchen.
2 Die Sch lesen die restlichen Definitionen und die Wörter im Schüttelkasten und lösen Aufgabe a) in Stillarbeit.
3 Besprechen Sie das Ergebnis, indem Sie die Definitionen und die dazugehörigen Begriffe vorlesen lassen. Nennen Sie bei Unklarheiten den entsprechenden Abschnitt im Text und lassen Sie die Sch auf Zuruf die Lösung durch Textstellen belegen.
4 Lesen Sie Satz 1 von Aufgabe b) vor und schreiben Sie das kursive Wort *(verrät)* an die Tafel. Fragen Sie: *Was bedeutet dieses Wort? Das findet ihr am Ende der Einleitung (Z. 10). Welcher Satz in der rechten Spalte der Übung hat dieselbe Bedeutung?* Erklären Sie den Sch, dass sie durch den Kontext versuchen sollen, die Bedeutung zu verstehen *(Sie erzählt … und verrät …).*
5 Die Sch lesen still die Antwortmöglichkeiten. Klären Sie wenn nötig unbekannten Wortschatz. Dann lösen die Sch die restliche Aufgabe und suchen gegebenenfalls die Sätze im Text. Überprüfen Sie die Lösungen, indem Sie einzelne Sch bitten, die Satzpaare vorzulesen.

*Arbeitsbuch: S. 30, Ü4; S. 31, Ü5*

# Lektion 39

**A4**  **Lesen: Informationen im Text suchen**

1 Fragen Sie: *Was findet Monika interessant?* Lenken Sie die Aufmerksamkeit der Sch auf Antwort a) und lassen Sie sich die Lösung zurufen *(Kunst, Neue Medien)*. Ein Sch liest dann den ersten Satz der Aufgabe und setzt die Lösung ein.

2 Die Sch lösen die Aufgabe in Stillarbeit. Weisen Sie die Sch darauf hin, dass nur Nomen gesucht werden.

3 Korrigieren Sie die Aufgabe mit einer Lesekette im Plenum. Lassen Sie die Sch bei Unklarheiten die Stellen im Text suchen und die Lösung belegen.

*Arbeitsbuch: S. 31, Ü6–7*

**A5**  **Grammatik: Reflexivpronomen im Akkusativ und Dativ**

1 Übertragen Sie das Raster der Tabelle an die Tafel und schreiben Sie hinein: *Ich kann mich morgens nicht konzentrieren.* Markieren Sie das Reflexivpronomen und erklären Sie, dass es im Akkusativ steht. Wiederholen Sie die Reflexivpronomen im Akkusativ, indem Sie nacheinander verschiedene Subjekte vorgeben *(Peter, meine Eltern, wir ...)* und die Sch den Beispielsatz entsprechend umformulieren lassen *(Peter kann sich morgens nicht konzentrieren.)*.

2 Schreiben Sie *Ich konnte mir kein Atelier leisten.* neben die Tabelle an die Tafel und übertragen Sie auf Zuruf die Satzkomponenten ins Raster. Helfen Sie gegebenenfalls. Fragen Sie: *Was sind die Unterschiede zwischen den beiden Sätzen?* (Akkusativergänzung in Satz 2, keine in Satz 1; Reflexivpronomen unterscheiden sich). Fragen Sie: *Wie heißt das Reflexivpronomen der ersten Person im Dativ* (mir) *und wie heißt es im Akkusativ* (mich)?

3 Lenken Sie die Aufmerksamkeit der Sch auf den Grammatikspot zu den Reflexivpronomen. Fragen Sie: *Welche Reflexivpronomen sind im Akkusativ und im Dativ gleich? Welche unterscheiden sich?* Verweisen Sie dann auf die Lernstrategie und übersetzen Sie sie mit den Sch in die Muttersprache. Die Sch übertragen die Lernstrategie ins Arbeitsbuch auf S. 159.

4 Die Sch lesen still den „Meine-Regel"-Kasten aus b) und kreuzen an. Kontrollieren Sie das Ergebnis im Plenum.

5 In Partnerarbeit formulieren die Sch Sätze mit den Verben mit Akkusativergänzung aus dem „Meine-Regel"-Kasten. Gehen Sie herum und korrigieren Sie gegebenenfalls.

6 Schreiben Sie einen Beispielsatz an die Tafel: *Ich interessiere mich für Kunst.* Unterstreichen Sie das Reflexivpronomen und in einer anderen Farbe *für Kunst*. Verweisen Sie auf die Präpositionen und erklären Sie, dass es sich um Präpositionalergänzungen handelt. Fragen Sie: *In welchem Kasus steht das Reflexivpronomen immer, wenn es eine Präpositionalergänzung gibt? Im Akkusativ oder im Dativ (Akkusativ)?* Die Sch antworten.

7 Die Sch lösen Aufgabe c) in Partnerarbeit. Kontrollieren Sie die Ergebnisse anschließend im Plenum, indem Sie die vollständigen Sätze von einzelnen Sch vorlesen lassen.

*Kärtchen, Blu Tack / Klebeband*

8 **Zusatzaktivität:** Die Sch schließen ihr Buch. Kleben Sie die Kärtchen, auf denen einzeln folgende Wörter stehen, ungeordnet auf die linke Seite der Tafel: *sich – für – etwas – interessieren , sich – um – etwas – kümmern, sich – mit – etwas – beschäftigen, sich – mit – etwas – auskennen, sich – auf – etwas – freuen*. Bitten Sie einen Sch, ein reflexives Verb mit der passenden Präpositionalergänzung auf der rechten Seite der Tafel zu befestigen. Fordern Sie weitere Sch auf, bis alle Karten verbraucht sind.

**!** Gehen Sie bei der Erklärung von Grammatik und Wortschatz auf die unterschiedlichen Lernertypen ein. Visuelle Lerntypen können gut mit strukturierten Tafelbildern, farbigen Markierungen und Hervorhebungen arbeiten. Auditive Lerner prägen sich neuen Lernstoff am besten über den Klang ein, d.h. über möglichst viele Beispielsätze, die laut vorgelesen werden. Kognitive Lerner erschließen sich neuen Lernstoff am besten mithilfe von Grammatikregeln oder Vergleichen von der Zielsprache mit der Muttersprache.

*Arbeitsbuch: S. 32, Ü8–9*

**A6**  **Grammatik: Akkusativ- und Präpositionalergänzungen**

*Folie der E-Mail bzw. des Lückentextes*

1 Lassen Sie einen Sch die Aufgabe vorlesen. Fragen Sie: *Was für eine Ergänzung ist „Einen konkreten Beruf" (Akkusativergänzung)? Was für eine Ergänzung ist „mit Fotografie" (Präpositionalergänzung)?*

2 Erklären Sie die Vorgehensweise: Zuerst suchen die Sch die Ergänzung in den Sätzen und markieren diese mit den entsprechenden Farben. Dann ergänzen sie das richtige Reflexivpronomen. Verweisen Sie auch auf die Wortschatzhilfe.

3 Die Sch lösen die Aufgabe und vergleichen ihre Lösung mit der ihres Nachbarn. Korrigieren Sie anschließend mithilfe der Folie im Plenum.

*Arbeitsbuch: S. 32, Ü10–11; S. 33, Ü12–14*

**A7** **Schreiben: Traumberuf**

1 Schreiben Sie *Arbeitsbedingungen* als Wortigel an die Tafel. Stellen Sie sicher, dass jeder Sch den Begriff versteht. Fragen Sie: *Unter welchen Arbeitsbedingungen arbeitet Monika Breitkreuz (in einem Atelier, mit flexiblen Arbeitszeiten ...)?* Falls die Sch sich nicht mehr erinnern, schlagen Sie noch einmal kurz das Interview von A2 auf. Sammeln Sie Stichpunkte an der Tafel.

2 Lenken Sie die Aufmerksamkeit der Sch auf den Kasten mit den sechs Kriterien für Arbeitsbedingungen und den dazugehörigen gelben Notizzettel. Ein Sch liest die Kriterien vor, Sie den Notizzettel. Erklären Sie, dass Notiz 1 zum ersten Punkt *(Aufgaben)* und Notiz 2 zum zweiten Punkt *(Gehalt)* gehören.

3 Die Sch machen sich nun selbst mindestens eine Notiz zu jedem der sechs Punkte. Stellen Sie klar, dass es nicht nur darum geht, was die Sch für wichtig halten, sondern dass sie auch Beispiele dafür notieren sollen, was sie nicht für wichtig halten. Gehen Sie herum und helfen Sie gegebenenfalls.

4 Schreiben Sie *Traumberuf* an die Tafel. Klären Sie gegebenenfalls den Begriff, indem Sie die beiden Wortkomponenten unterstreichen und erklären. Fragen Sie ins Plenum: *Was ist dein Traumberuf?* Die Sch antworten im Plenum.

5 Die Sch sollen nun einen Text über ihren Traumberuf schreiben. Gehen Sie dafür mit ihnen die Redemittel zu den einzelnen Punkten durch und klären Sie wenn nötig unbekannten Wortschatz. Dann liest ein Sch den Beispieltext von Aufgabe b) vor.

6 Die Sch nehmen ihre Notizen von Schritt 3 und schreiben mithilfe der Redemittel einen Text über ihren Traumberuf. Gehen Sie herum und helfen Sie bei Bedarf. Sammeln Sie danach die Texte ein und korrigieren Sie sie bis zur nächsten Stunde.

*selbstklebende Notizzettel (Post-its)*

7 **Zusatzaktivität:** Überfliegen Sie die Texte der Sch und wählen Sie 4–5 Traumberufe aus, die Sie jeweils auf einen Notizzettel schreiben. Rufen Sie zunächst einen Sch zu sich und kleben Sie ihm einen Zettel auf die Stirn. Nun muss der Sch durch Ja-Nein-Fragen herausfinden, welchen Traumberuf er hat: *Arbeite ich zu Hause? Habe ich ein hohes Gehalt? ...* Die anderen Sch dürfen nur mit *Ja* oder *Nein* antworten. Wenn der Sch den Traumberuf erraten hat, darf er sich das Kärtchen von der Stirn nehmen, und der nächste Sch ist dran.

*Arbeitsbuch: S. 33, Ü15*

## B Graffiti

**B1** **Sprechen: Diskussion**

*eine Spraydose oder ein Bild einer Spraydose auf Folie*

1 Zeigen Sie den Sch die Spraydose und fragen Sie: *Was ist das? Was fällt euch dazu ein? Was macht man damit?* Schreiben Sie als Hilfe das Wort *Spraydose* an die Tafel und lenken Sie die Vermutungen der Sch gegebenenfalls in Richtung *Graffiti*. Fragen Sie: *Kennt ihr einen Graffiti-Künstler?* (Der berühmteste deutsche Graffiti-Künstler nennt sich Loomit (www.loomit.de) und ist international bekannt. Falls es einen Internetanschluss im Klassenraum gibt, zeigen Sie den Sch einige seiner Werke von seiner Homepage.)

2 Fragen Sie: *Wo gibt es in unserer Stadt Graffiti?* Die Sch erzählen kurz. Erarbeiten Sie dann mit den Sch Redemittel zur Meinungsäußerung, indem Sie fragen: *Stellt euch vor, ihr wollt eure Meinung zum Thema „Graffiti" sagen; wie kann man auf Deutsch seine Meinung ausdrücken?* Sammeln Sie die Redemittel an der Tafel (z. B. *Ich finde ...; meiner Meinung nach ...; Ich weiß nicht, ob ...*), ergänzen Sie sie um die noch fehlenden Redemittel im Buch und klären Sie gegebenenfalls unbekannte Wörter.

3 Teilen Sie die Sch in Gruppen zu drei bis vier Sch ein. Die Sch öffnen ihr Buch und sehen sich die drei Fotos an. Ein Sch liest die vier Fragen vor. Die Gruppen beginnen zu diskutieren und verwenden dazu die erarbeiteten Redemittel. Gehen Sie herum und helfen Sie wenn nötig.

**!** Durch authentisches Material können Sie den Sch ein wenig Landeskunde vom Zielsprachenland vermitteln und den Unterricht interessanter gestalten. Berücksichtigen Sie dabei möglichst immer Themen aus der Jugendkultur.

*Arbeitsbuch: S. 34, Ü16*

**B2** **Globales Lesen: Pro und Kontra herauslesen**

1 Lenken Sie die Aufmerksamkeit der Sch auf den Text. Fragen Sie: *Wo könnt ihr so einen Text finden? (Webseite eines Radiosenders, hier rbb = Rundfunk Berlin-Brandenburg)* Lesen Sie die Überschrift des Beitrags vor, klären Sie wenn nötig die Bedeutung von *pro* und *kontra*.

2 Die Sch lesen still die vier Texte. Machen Sie die Sch auf die Wortschatzerklärungen am Textrand aufmerksam. Fragen Sie danach kurz zur Verständniskontrolle: *Wer ist pro Graffiti? (Smasch, JanaC.) Wer ist kontra Graffiti? (Martina Moritz, Hans Hofer)*

3 Erklären Sie die Aufgabe, indem Sie Satz 1 vorlesen und fragen: *Wer arbeitet bei der Polizei? (M. Moritz)* Lassen Sie die Sch die Antwort mit der Stelle im Text belegen.

4 Die Sch lösen in Stillarbeit den Rest der Aufgabe und vergleichen dann ihr Ergebnis mit dem ihres Nachbarn. Kontrollieren Sie anschließend die Lösung im Plenum.

*Arbeitsbuch: S. 34, Ü17–19*

**B3** **Wortschatz: Nomen zuordnen**

1 Lenken Sie die Aufmerksamkeit der Sch auf die Nomen im Schüttelkasten. Lassen Sie einen Sch diese Wörter laut vorlesen. Lesen Sie dann Satz 1 vor und machen Sie deutlich, dass es sich um eine Definition handelt. Geben Sie den Sch Zeit, um die Wörter im Schüttelkasten und die Erklärungen zu lesen und die Nomen zuzuordnen.

2 Kontrollieren Sie in einer Lesekette im Plenum und klären Sie dabei unbekannten Wortschatz wenn nötig.

*Arbeitsbuch: S. 35, Ü20*

**B4** **Selektives Hören: Interviews**

1 Erklären Sie den Sch, dass sie jetzt Teile der Radiosendung „Kultur Aktuell" hören werden. Lesen Sie Satz 1 von Teil 1 vor. Fragen Sie dann: *Wie kann der Satz weitergehen? (z. B. ... macht Kunst / ... macht sie schöner)* Lassen Sie mehrere Antworten zu.

2 Die Sch lesen still Satz 2 und 3 von Teil 1. Erklären Sie unbekannten Wortschatz *(z. B. beschädigen)*. Machen Sie die Sch darauf aufmerksam, dass sie die konkreten Informationen, die sie im Interview hören, notieren sollen. Das heißt, sie sollen sich auf Einzelheiten konzentrieren, um die Sätze 1–3 zu ergänzen.

3 Spielen Sie Teil 1 des Hörtextes vor (Track 8). Die Sch machen sich währenddessen Notizen. Lassen Sie dann die Ergebnisse im Plenum vorlesen. Spielen Sie bei Unklarheiten den Hörtext noch einmal vor. Gehen Sie dann bei Teil 2 (Track 9) und Teil 3 (Track 10) des Hörtextes wie in Punkt 2 vor.

**B5** **Selektives Hören: Sätze zuordnen**

1 Die Sch lesen still die Sätze 1 bis 5 sowie anschließend a) bis e). Weisen Sie auf die Worterklärungen hin. Erklären Sie dann, dass die Sch nun das Ende der Radiosendung hören werden. Es geht darum, Lösungen oder Kompromisse zu finden.

2 Spielen Sie Teil 4 des Hörtextes (Track 11) bis „*... freigeben müssten.*" (erster Satz von JanaC.) vor. Machen Sie die erste Zuordnung gemeinsam mit den Sch. Die Sch hören dann den restlichen Text und lösen die Aufgabe. Anschließend vergleichen sie ihre Lösungen mit denen ihres Nachbarn. Besprechen Sie die Ergebnisse im Plenum.

3 Lenken Sie die Aufmerksamkeit der Sch auf den Grammatikspot zum Konjunktiv II und den Ankersmiley (= bekanntes Grammatikthema). Schreiben Sie *Vorschläge – Wünsche – höfliche Fragen* an die Tafel und lassen Sie die Sch Beispielsätze geben. Formulieren Sie gegebenenfalls zuerst jeweils selbst ein Beispiel: *Wir könnten ins Kino gehen. – Ich hätte gern einen neuen Computer. – Könnten Sie das Wort bitte wiederholen?*

4 Schreiben Sie *Irreale Bedingung mit wenn* neben die anderen drei Sprachintentionen an die Tafel. Notieren Sie darunter den Beispielsatz aus dem Buch. Stellen Sie zuerst klar, was eine „irreale Bedingung" ist. Schreiben Sie dazu die Bedingung bzw. den Wenn-Satz im Indikativ an die Tafel: *Wenn die Stadt Flächen freigibt, (dann) können Graffiti-Sprüher ihr Talent entwickeln.* Sagen Sie: *Das ist aber nicht so. Die Stadt gibt keine Flächen frei. Das ist eine irreale Bedingung.* Lesen Sie zur Verdeutlichung den Beispielsatz im Konjunktiv II noch einmal vor.

5 Machen Sie die Sch dann auf den Satzbau aufmerksam. Ein Sch kommt an die Tafel und unterstreicht die Verben. Fragen Sie: *Wo steht das Verb / stehen die Verben im „wenn"-Satz? Wo steht das Verb / stehen die Verben im „dann"-Satz?* Erklären Sie, dass man *dann* weglassen und gleich mit dem Verb den zweiten Satzteil beginnen kann.

*Arbeitsbuch: S. 35, Ü21–22*

## B6 Grammatik: Konjunktiv II

*Kärtchen, Blu Tack / Klebeband*

1 Gehen Sie mit den Sch im Plenum nochmals die Sätze von B5 durch. Je ein Sch liest einen Satz vor und nennt das Verb im Konjunktiv II bzw. die finite Form im Konjunktiv II + evtl. Infinitiv. Sammeln Sie die Verben auf den Kärtchen. (Zu welcher Gruppe diese Verben gehören, wird erst in Schritt 2 besprochen und wird nur zu Ihrer Information in Klammern angegeben): ...*freigeben müssten* (Gruppe „Modalverb"); ...*freigeben würden* (Gruppe „die meisten Verben"); *könnten* ... *entwickeln* (Gruppe „Modalverb"); *würden* ... *sprühen* (Gruppe „die meisten Verben"); *(die Lösung) wären* (Gruppe „haben, sein"); *(Politikerin) wäre* (Gruppe „haben, sein"); *würde* ... *verschärfen* (Gruppe „die meisten Verben"); *hätten* (Angst) (Gruppe „haben, sein"); *würden* ... *überlegen* (Gruppe „die meisten Verben"); *dürfte* ... *verkaufen* (Gruppe „Modalverb") Kleben Sie die Kärtchen mit den Verben in ungeordneter Reihenfolge an die Tafel.

2 Die Sch sehen sich die Karten an der Tafel an. Fragen Sie: *Teilt die Verben in drei Gruppen ein. Welche Verben gehören wohl in eine Gruppe?* Zwei Sch kommen an die Tafel und ordnen die Verben auf Zuruf. Helfen Sie gegebenenfalls. Finden Sie mit den Sch Überschriften für die drei Spalten *(Modalverben / haben, sein / die meisten Verben)*.

3 Die Sch ergänzen den „Meine-Regel"-Kasten. Kontrollieren Sie anschließend kurz die Lösung.

4 **Zusatzaktivität:** Vertiefen Sie den Konjunktiv II und den Satzbau von *wenn*-Sätzen mit einer Redekette. Sie beginnen und sagen den Satz: *Wenn ich viel Geld hätte, würde ich eine Reise machen.* Schreiben Sie den Satz an die Tafel und erklären Sie, dass es nun darum geht, den nächsten Satz mit dem zweiten Satzteil zu beginnen, also: *Wenn ich eine Reise machen würde, ...* Ein Sch ergänzt den Satz *(z. B.: ... dann würde ich nach Österreich fahren.)*. Dann ist sein Nachbar an der Reihe. Nacheinander sagt jeder Sch mindestens einen *wenn*-Satz im Konjunktiv II.

*Arbeitsbuch: S. 36, Ü23–26; S. 37, Ü27*

## B7 Sprechen: Irreale Bedingungen formulieren

1 Lesen Sie die Aufgabe vor. Gehen Sie dann mit den Sch die Stichpunkte durch und klären Sie gegebenenfalls nochmals den Wortschatz. Ein Sch liest den Text in der Sprechblase und ergänzt den Satz. Helfen Sie gegebenenfalls und notieren Sie das Beispiel an der Tafel.

2 Teilen Sie die Klasse in Kleingruppen zu drei bis vier Sch. Die Hälfte der Gruppen überlegt sich Sätze zu *Wenn ich Politiker/in wäre ...*, die andere Hälfte zu *Wenn ich Graffiti-Sprüher/in wäre ...* Gehen Sie herum und korrigieren Sie gegebenenfalls. Ermuntern Sie die Sch dazu, eigene Beispiele zu finden.

3 Abwechselnd tragen eine Politiker- und eine Graffiti-Gruppe jeweils zwei Sätze im Plenum vor. Die Sch korrigieren sich gegenseitig.

## B8 Sprechen: Diskutieren und einen Kompromiss finden

*Rollenkarten kopieren und ausschneiden*

1 Kopieren und schneiden Sie die sechs Rollenkarten, sodass es für jeden Sch eine Rollenkarte gibt. Erklären Sie dann die Aufgabe: Jeder Sch bekommt ein Kärtchen, auf dem seine Rolle steht. Zu dieser Rolle überlegt sich jeder Argumente, also: *Warum bin ich dieser Meinung?* Außerdem überlegt sich jeder Vorschläge, um seine Meinung durchzusetzen. Die Sch notieren ihre Überlegungen auf einen Notizzettel. Gehen Sie herum und helfen Sie wenn nötig bei Wortschatzfragen.

2 Erklären Sie den Sch, dass sie jetzt ein Rollenspiel spielen werden: Sie sollen mit ihrem Nachbarn diskutieren und Argumente austauschen. Das Ziel der Diskussion ist, einen Kompromiss zu finden.

3 Erarbeiten Sie vorher gemeinsam mit den Sch Redemittel, um jemandem zuzustimmen oder zu widersprechen. Sammeln Sie die Redemittel an der Tafel. Anschließend öffnen die Sch ihr Buch, lesen die Redemittel aus b) und wählen für ihre Diskussion zwei Redemittel aus jedem Kasten aus.

4 Fragen Sie: *Wer ist der Graffiti-Sprüher? Wer ist der Hauseigentümer?* Wählen Sie zwei gute Sch, die im Plenum eine Diskussion mithilfe der eben erarbeiteten Redemittel beginnen und vorführen. Gehen Sie auch darauf ein, dass sich die beiden Personen siezen.

5 Die Schülerpaare beginnen dann zu diskutieren. Gehen Sie herum und korrigieren Sie. Im Plenum stellt jedes Paar kurz seinen Kompromiss vor.

**!** Rollenspiele helfen schüchternen oder zurückhaltenden Sch, ihre Diskussionsbereitschaft zu erhöhen, da sie sich hinter ihrer Rolle „verstecken" können. Definieren Sie die Rollen so genau wie möglich, damit sich die Sch gut in die jeweilige Figur hineinversetzen können.

*Arbeitsbuch: S. 37, Ü28–29; S. 38, Ü30–32*

# C Kunst unterwegs

## C1 Sprechen: Vermutungen äußern

*Folie Foto vom Artikel
Kunst unterwegs*

Legen Sie die Folie auf und schreiben Sie *Kunst unterwegs* an die Tafel. Lesen Sie die Aufgabe vor. Die Sch äußern ihre Vermutungen. Notieren Sie diese an der Tafel.

## C2 Lesen: Fragen beantworten

1 Klären Sie, bis wohin Abschnitt 1 geht *(Z. 16: ... mit dabei sein!)*. Ein Sch liest laut die fünf Fragen vor. Klären Sie gegebenenfalls unbekannten Wortschatz. Lassen Sie sich von den Sch die Schlüsselwörter der Fragen nennen und notieren Sie diese an der Tafel.
2 In Stillarbeit lesen die Sch den Abschnitt 1 und lösen die Aufgabe. Die Sch vergleichen dann ihr Ergebnis mit dem ihres Nachbarn. Besprechen Sie dann die Antworten im Plenum. Gehen Sie bei Unklarheiten nochmals auf die Schlüsselwörter aus den Fragen ein und lassen Sie die Sch die entsprechenden Stellen im Text suchen.

## C3 Lesen: Reihenfolge ordnen

1 Die Sch sehen sich die vier Zeichnungen an. Dann gehen Sie in Stillarbeit durch Abschnitt 2 des Textes und bringen die Bilder in die richtige Reihenfolge.
2 Korrigieren Sie die Lösung im Plenum. Lassen Sie die Sch eine Überschrift für die vier verschiedenen Phasen finden *(z. B. Kunstwerke sammeln, eine Ausstellung organisieren, Kunstwerke rollen und mit Informationen versehen, Verteilaktion).*

## C4 Sprechen: Präsentation

*Folie oder Foto eines Kunstwerks*

1 Stimmen Sie die Sch auf das Thema ein, indem Sie ihnen das Bild eines Kunstwerks zeigen, z. B. das „Blaue Pferd" von Franz Marc. Fragen Sie: *Kennt ihr dieses Bild? Kennt ihr den Künstler?*
2 Die Sch öffnen das Buch. Lenken Sie die Aufmerksamkeit der Sch auf die Kriterien für ein Kunstwerk und auf die passenden Redemittel. Gehen Sie die Kriterien nacheinander durch, indem Sie die Sch auffordern, sie für das projizierte Kunstwerk anzuwenden, sofern die entsprechenden Informationen vorliegen.
3 Die Sch nennen Künstler/innen oder Kunstwerke aus ihrem Land oder aus Deutschland. Sammeln Sie diese an der Tafel. Erklären Sie den Sch, dass sie zur nächsten Stunde in Gruppen eine Präsentation zu einem der vorgeschlagenen Kunstwerke machen und Bildmaterial besorgen sollen.
4 Die Sch entscheiden sich jeweils für einen der Vorschläge und finden so zu Gruppen zusammen, die aber nicht vier Sch überschreiten sollte. Bitten Sie gegebenenfalls Sch, in eine andere Gruppe zu wechseln.
5 Bis zur nächsten Stunde recherchieren die Gruppen und präsentieren dann mithilfe der Struktur und der Redemittel aus dem Buch ihren Vortrag. Hängen Sie die Bilder und Fotos im Klassenraum auf.

## A Junge Autoren

### A1 Sprechen: Lesegewohnheiten

*verschiedene Bücher
(z. B. Roman, Comic, Gedichtband)*

1 Die Sch haben das Buch geschlossen. Zeigen Sie ihnen die verschiedenen mitgebrachten Bücher. Fragen Sie: *Was für Bücher sind das?* Sammeln Sie die Begriffe an der Tafel. Fragen Sie dann: *Was gibt es noch für Bücher?* Ergänzen Sie auf Zuruf die Tafelanschrift.
   Alternative: Schreiben Sie die Titel von einem den Sch bekannten Comic, Roman, Sachbuch, etc. an die Tafel. Lassen Sie die Sch im Plenum die entsprechenden Buchtypen den Titeln zuordnen und notieren Sie diese an der Tafel.
2 Die Sch öffnen das Buch und sehen sich die Fotos an. Fragen Sie: *Was denkt ihr: Was lesen diese Leute wohl gerade?* Lesen Sie die erste Frage vor. Verschiedene Sch antworten im Plenum. Verweisen Sie auf das erste Beispiel bei den Rede-mitteln.
3 Erklären Sie den Sch, dass auf die weiteren Fragen passende Formulierungsvorschläge bei den Redemitteln zu finden sind.
4 Lenken Sie die Aufmerksamkeit der Sch noch einmal auf die Fotos. Fragen Sie: *Wo lesen die Leute?* Sammeln Sie die Aus-drücke untereinander an der Tafel (z. B. *auf dem Sofa, auf der Wiese, in der Hängematte, am Computer*). Unterstreichen Sie dabei die Präpositionen. Fragen Sie: *Welcher Kasus steht nach den Präpositionen? (Dativ)* Verweisen Sie auf den Grammatikspot zu den lokalen Präpositionen mit Dativ. Ein Sch liest die Beispiele vor.
5 In Partnerarbeit gehen die Sch nacheinander die Fragen durch und beantworten sie. Dazu verwenden sie die Redemittel aus dem Buch. Gehen Sie herum und helfen Sie gegebenenfalls.

*Wortkärtchen vorbereiten*

6 **Zusatzaktivität:** Bereiten Sie so viele Wortkärtchen vor, wie Sch in der Klasse sind. Schreiben Sie auf die Vorderseite nur einen „Leseort" (z. B. *Haltestelle*), auf die Rückseite den „Leseort" mit dazugehöriger Präposition und Artikel im Dativ (z. B. *an der Haltestelle*). Verteilen Sie die Wortkärtchen an die Sch. Diese gehen im Klassenraum herum und suchen einen Gesprächspartner. Sch 1 fragt: *Wo liest du am liebsten?* Dabei zeigt er seinem Gesprächspartner die Antwort auf der Vorderseite seines Kärtchens. Sch 2 antwortet mit einem ganzen Satz und ergänzt die Lokalpräposition. Sch 1 kontrolliert mithilfe der Rückseite seines Kärtchens. Dann fragt Sch 2 nach demselben Muster. Haben beide geantwortet, tauschen sie ihre Kärtchen und suchen sich einen neuen Partner.
7 Lesen Sie die Lernstrategie vor und übersetzen Sie diese mit den Sch in die Muttersprache. Die Sch notieren sich die Strategie im Arbeitsbuch auf S. 159.

**!** Um die Konzentrationsfähigkeit der Sch zu steigern und den Unterricht aufzulockern, ist es ratsam, immer wieder Aktivitäten in den Unterricht einzubauen, bei denen sich die Sch bewegen, z. B.: Klassenumfrage, Rollenspiele, Wortschatzaktivitäten …

*Arbeitsbuch: S. 40, Ü1–3*

### A2 Globales Lesen: Junge Autoren

*Folie der Lesetexte*

1 Die Sch sehen sich die Fotos und die Überschrift inklusive Unterüberschrift an. Fragen Sie: *Was seht ihr? (Autoren und je eins ihrer Bücher) Worum geht es wohl in den beiden Texten? Was vermutet ihr?*
2 Die Sch lesen die Fragen 1–4. Betonen Sie, dass sich die Sch nur in Stichpunkten Notizen machen sollen und verweisen Sie auf die Worterklärungen am Textrand als Verständnishilfe.
3 Die Sch lesen die erste Hälfte des Textes über Jens Friebe still (bis „… *Texte zum Durchmachen*", Z. 10). Beantworten Sie die erste Frage nach Jens Friebes Beruf im Plenum, ein Sch markiert die Belegstelle für die Antwort auf der Folie und schreibt die Nummer der beantworteten Frage an den Rand.
4 In Einzelarbeit lesen die Sch die zweite Hälfte von Text 1 sowie den gesamten Text 2 und beantworten die Fragen in Stichpunkten. Dann tauschen sich die Sch über ihre Ergebnisse mit dem Nachbarn aus. Tragen Sie die Antworten wie in Schritt 3 zusammen und lassen Sie die Belegstellen auf der Folie markieren.

### A3 Selektives Lesen: Wer macht was?

1 Die Sch lesen still die Aussagen 1–6 in der linken Spalte sowie anschließend a) bis f) in der rechten Spalte. Erklären Sie die Zuordnungsaufgabe, indem Sie den ersten Satzteil vorlesen und im Plenum ergänzen lassen (1-b).
2 In Stillarbeit lösen die Sch die Aufgabe und vergleichen im Anschluss ihre Lösungen mit denen ihres Nachbarn. Führen Sie die Ergebnisse im Plenum zusammen, indem Sie einzelne Sch bitten, ihre Sätze vorzulesen.

*Arbeitsbuch: S. 40, Ü4; S. 41, Ü5–8*

**A4** **Grammatik: Konjunktionen und Adverbien**

*Folie von Adverbien-
Konjunktionen-Tabelle aus A4*

1 Lesen Sie Aufgabe a) laut vor. Gehen Sie den ersten Satz aus A3 gemeinsam mit den Sch durch und notieren Sie *denn* an der Tafel. Fragen Sie: *Ist „denn" eine Konjunktion oder ein Adverb?* Schreiben Sie *Konjunktion* über *denn*. Fragen Sie: *Wie ist die Satzordnung nach „denn"? Wo steht das Verb?* Ergänzen Sie *+ Hauptsatz* nach *„denn"*. Verfahren Sie mit Satz 2 genauso: *deshalb ist (ein Adverb). Wie ist die Satzordnung nach „deshalb"? Wo steht das Verb?* Ergänzen Sie *deshalb + Verb an Position 2*.

2 Die Sch lösen die Aufgabe a) in Stillarbeit. Korrigieren Sie die Lösung im Plenum. Ein Sch ergänzt währenddessen die Tabelle an der Tafel. Gehen Sie kurz auf Beispiel 6-d) in A3 ein und fragen Sie: *Wie ist die Satzordnung nach „da"? Wo steht das Verb? (am Satzende), also da + Nebensatz*.

3 Lenken Sie die Aufmerksamkeit der Sch auf die Adverbien-Konjunktionen-Tabelle auf der Folie und im Buch und erklären Sie, dass Aufgabe b) im Plenum gelöst wird. Es geht darum, die synonymen Adverbien und Konjunktionen im Schüttelkasten richtig zuzuordnen. Lesen Sie den 1. Satz laut vor und betonen Sie dabei *deshalb schreibt sie Romane*. Fragen Sie: *Was könnte hier statt „deshalb" stehen?* Notieren Sie auch die restlichen Lösungen auf Zuruf auf der Folie.

4 **Zusatzaktivität:** Verweisen Sie auf den 1. Satz in a): *Marlene Röder gefallen längere Texte ...* Schreiben Sie an die Tafel: *Marlene Röder schreibt Romane, ...* Fragen Sie: *Wie könnte hier der Satz weitergehen? (weil/da ihr längere Texte gefallen. / denn ihr gefallen längere Texte.)* Lassen Sie mehrere Möglichkeiten zu. Nach Auflösung im Plenum verweisen Sie in dem Zusammenhang auf die Lernstrategie im Buch und übersetzen Sie diese mit den Sch in die Muttersprache. Die Sch notieren die Strategie im Arbeitsbuch auf S. 159.

*Arbeitsbuch: S. 42, Ü9–11*

**A5** **Grammatik: Kausale und konsekutive Sätze bilden**

1 Vier Sch lesen nacheinander laut die Texte zu den Bildern vor. Erklären Sie die Aufgabe, indem Sie gemeinsam mit den Sch einen Beispielsatz zu Theo bilden, z. B.: *Theo schreibt, da er sich beim Schreiben sehr gut entspannen kann*. Betonen Sie, dass die Sch beim Formulieren der Sätze mehrere Möglichkeiten haben, aber je nachdem auf den Satzbau achten sollen. Gehen Sie auch hier kurz auf den Satzbau von Sätzen mit Modalverben ein.

2 Die Sch lösen die Aufgabe in Partnerarbeit. Helfen Sie bei Bedarf.

3 Führen Sie die Lösungen im Plenum zusammen, indem Sie nacheinander einzelne Sch Beispielsätze laut vorlesen lassen. Schon erwähnte Sätze werden nicht wiederholt.

**A6** **Hören und Mitlesen: Romanauszug**

1 Die Sch sehen sich den Text an. Fragen Sie: *Um welche Art von Text handelt es sich? (Auszug aus einem Roman)* Erklären Sie, dass die Sch nun diesen Romanauszug hören werden und mitlesen sollen.

2 Erklären Sie die Aufgabe: Nach dem Lesen die Aussagen a–e dem jeweiligen Textabschnitt zuordnen. Geben Sie den Sch Zeit, sich vor dem Hören die Aussagen a–e sowie die Worterklärungen am Textrand durchzulesen. Klären Sie gegebenenfalls Fragen.

3 Spielen Sie den gesamten Hörtext vor (Track 12), die Sch lesen mit. Bitten Sie die Sch, dabei nicht auf die Worterklärungen zu achten, sondern beim Lesen die Wörter mit Bleistift zu unterstreichen, die sie später klären möchten.

4 Die Sch lösen still die Aufgabe und können bei Bedarf Verständnisfragen stellen. Anschließend vergleichen sie ihre Lösungen mit denen ihres Nachbarn.

5 Lassen Sie im Plenum die Lösungen vorlesen. Lesen Sie bei Unklarheiten die entsprechenden Textstellen vor und gehen Sie auf die Worterklärungen am Textrand ein.

6 Spielen Sie den Text noch einmal im Ganzen vor. Schlagen Sie den Sch vor, nicht mitzulesen, sondern den Text auf sich wirken zu lassen.

*Arbeitsbuch: S. 43, Ü12–15; S. 44, Ü16–17*

**A7** **Schreiben: Tagebucheintrag**

*Folie mit Verben im Präteritum*

1 Die Sch haben die Bücher geschlossen. Schreiben Sie zehn bis fünfzehn den Sch bekannte Verben im Präteritum auf eine Folie, z. B. *war, hatte, sagte, machte, flog, wollte, konnte, erinnerte, brachte, gab*. Erklären Sie den Sch, dass sie diese Verben nun 30 Sekunden ansehen können, um sich so viele wie möglich zu merken. Dann nehmen Sie die Folie ab und die Sch notieren in Stillarbeit alle Verben, die sie sich gemerkt haben. Dazu haben sie eine Minute Zeit.

2 Gehen Sie auf Zuruf die Verben durch. Fragen Sie: *Wie viele Formen konntet ihr euch merken?* Legen Sie dann die Folie wieder auf. Fragen Sie bei jedem Verb nach dem Infinitiv und notieren Sie ihn auf Zuruf auf der Folie.

3 Deuten Sie auf die Präteritumformen und fragen Sie: *In welcher Zeit stehen diese Verben? Wie wird das Präteritum gebildet?* Zeichnen Sie eine Tabelle an die Tafel: *Regelmäßige Verben – Unregelmäßige Verben.* Einzelne Sch notieren die Verben mithilfe des Plenums in die entsprechende Tabellenspalte an der Tafel.

4 Die Sch schlagen ihr Buch auf und sehen sich den Grammatikspot zum Präteritum an. Fragen Sie: *Wann verwendet man auf Deutsch das Präteritum? (In der Schriftsprache, manche Verben auch beim Sprechen)*

5 Lenken Sie die Aufmerksamkeit der Sch auf den Tagebucheintrag. Ein Sch liest die Aufgabe vor. Klären Sie gegebenenfalls *Tagebuch* und *explodieren* und betonen Sie, dass die Sch Mias Tagebucheintrag im Präteritum formulieren sollen.

6 Die Sch schreiben gemeinsam Mias Tagebucheintrag. Ein Sch schreibt einen Satz, gibt ihn weiter, der nächste schreibt den Folgesatz, usw. Geben Sie hierfür dem ersten Sch ein liniertes Blatt Papier. Sammeln Sie den Text ein und korrigieren Sie ihn bis zur nächsten Stunde. Falls im Unterricht nicht genug Zeit ist, lassen Sie die Sch jeweils einen Tagebucheintrag als Hausaufgabe schreiben.

*Arbeitsbuch: S. 45, Ü18*

## B Lesen

### B1 Sprechen und globales Lesen: Blog

*Deutschlandkarte von U2*

1 Die Sch betrachten die Fotoserie und die Bildunterschriften. Fragen Sie: *In welchen Städten sind die Jugendlichen? Kennt ihr diese Städte?* Zeigen Sie die Städte auf einer Deutschlandkarte. Zeichnen Sie gemeinsam mit den Sch die Stadt Lüneburg ein (ca. 1 cm südöstlich von Hamburg, auf der Höhe von Bremen).

2 Schreiben Sie die Redemittel, mit denen man Vermutungen ausdrücken kann, an die Tafel (vgl. KB S. 14, B3). Ein Sch liest die Fragen und den Titel des Textes vor. In Partnerarbeit sprechen die Sch über ihre Vermutungen. Gehen Sie herum und helfen Sie gegebenenfalls. Die Sch präsentieren ihre Ideen im Plenum. Sammeln Sie diese in Stichpunkten an der Tafel.

3 Lenken Sie die Aufmerksamkeit der Sch auf die Textsorte. Fragen Sie: *Um welche Art von Text handelt es sich? (Blog) Was ist ein Blog? (Internettagebuch) Wer von euch schreibt auch einen Blog?*

4 Schreiben Sie Fragen als Lesehilfe an die Tafel: *Wer schreibt den Blog? (Anika) Was ist die Aktion „Lesen verbindet – Buch auf Reisen!"? Wer kann mitmachen? (Jeder, der möchte)* Weisen Sie auf die Worterklärungen am Textende hin. Stellen Sie klar, dass die Sch nicht jedes Wort verstehen müssen. Die Sch lesen still den Blog und machen sich Stichpunkte zu den Fragen. Führen Sie anschließend die Ergebnisse im Plenum zusammen. Vergleichen Sie die Lösung mit den Vermutungen der Sch an der Tafel.

### B2 Selektives Lesen: Buch auf Reisen

1 Die Sch lesen still die Sätze. Klären Sie bei Bedarf unbekannten Wortschatz.

2 Die Sch lösen die Aufgabe in Stillarbeit und sollen bei Unsicherheiten im Text aus B1 nachschlagen. Die Sch vergleichen im Anschluss ihr Ergebnis mit dem ihres Nachbarn. Korrigieren Sie die Lösung im Plenum, indem einzelne Sch die Sätze in der richtigen Reihenfolge vorlesen.

*Arbeitsbuch: S. 45, Ü19–21*

### B3 Wortschatz: Nomen und Verben

1 Lenken Sie die Aufmerksamkeit der Sch auf die Wörter im Schüttelkasten aus a), die ihren Definitionen zugeordnet werden müssen. Lösen Sie Satz 1 und 2 gemeinsam mit den Sch im Plenum und lassen Sie die Sch die Begriffe im Blog-Text aus B1 suchen. Jeweils ein Sch liest den ganzen Satz vor, in dem der Begriff vorkommt.

2 Die Sch lösen den Rest der Aufgabe in Stillarbeit. Dann vergleichen sie ihre Lösung mit der ihres Nachbarn. Kontrollieren Sie kurz die Ergebnisse im Plenum und lassen Sie wieder einzelne Sch die Begriffe im Kontext lesen.

3 Besprechen Sie im Plenum Satz 1 von Aufgabe b). Lassen Sie die Sch das Nomen-Verb-Gefüge im Text suchen und im Kontext vorlesen. In Partnerarbeit lösen die Sch den Rest der Aufgabe. Führen Sie die Ergebnisse im Plenum zusammen, indem Sie die Sch bitten, jeweils die Belegstellen im Text zu nennen.

4 **Zusatzaktivität:** Sie haben drei gleiche Kärtchensätze für ein Dominospiel mit den Nomen-Verb-Gefügen aus b) vorbereitet, die Kärtchen durch eine Linie in zwei Hälften geteilt, auf der linken Seite jeweils ein Verb, auf der rechten Seite den Rest eines anderen Nomen-Verb-Gefüges notiert. Teilen Sie die Klasse in drei Gruppen; jede Gruppe bekommt einen Kärtchensatz. Innerhalb der Gruppen ziehen die Sch reihum jeweils ein Kärtchen und versuchen, dieses anzulegen. Können sie nicht legen, behalten sie das Kärtchen, bis sie wieder an der Reihe sind. Können sie wieder nicht legen, ziehen sie ein weiteres Kärtchen.

5 Verweisen Sie auf die Lernstrategie im Buch und übersetzen Sie diese mit den Sch in die Muttersprache. Die Sch notieren die Strategie im Arbeitsbuch auf S. 159.

Arbeitsbuch: S. 46, Ü22–23

**B4** **Grammatik: Temporale Konjunktionen**

*Folie mit den Sätzen und den Zeitstrahlen*

1 Legen Sie die Folie auf oder schreiben Sie die Sätze 1–3 wie auf dem Tafelbild an die Tafel.

1) <u>Nachdem</u> ihr das Buch erhalten habt, beschreibt euer Lieblingsbuch auf einer Seite.

    zuerst: das Buch erhalten        dann: das Lieblingsbuch beschreiben

2) <u>Bevor</u> ihr das Buch weiterschickt, macht bitte ein Foto von euch und dem Notizbuch.

    dann: das Buch weiterschicken        zuerst: ein Foto von euch machen

3) <u>Seitdem</u> ich von der Idee gehört habe, geht sie mir nicht mehr aus dem Kopf.

    zuerst: von der Idee gehört haben        dann: die Idee im Kopf haben

2 Fragen Sie: *Was passiert zuerst in Satz 1?* (*das Buch erhalten*). Markieren Sie den temporalen Nebensatz und unterstreichen Sie die temporale Konjunktion *nachdem*. Verweisen Sie auf den Hauptsatz, in dem steht, was <u>dann</u> passiert. Gehen Sie analog in Satz 2 und 3 vor. Damit wird deutlich, dass das Ereignis, das zuerst passiert, nicht zwangsläufig als Erstes im Satz erscheint.

3 Die Sch lesen noch einmal still die Sätze aus a) und ergänzen den „Meine-Regel"-Kasten. Anschließend vergleichen sie ihre Lösung mit der ihres Nachbarn. Kontrollieren Sie kurz das Ergebnis im Plenum. Die Sch übertragen das Tafelbild in ihr Heft.

4 Die Sch lösen in Partnerarbeit Aufgabe b). Weisen Sie gegebenenfalls auf B2 hin, um die Reihenfolge der Ereignisse klarzustellen. Anschließend werden die Sätze im Plenum vorgelesen.

Arbeitsbuch: S. 46, Ü24–25; S. 47, Ü26

**B5** **Hören: Podcast**

*Folie der Richtig-Falsch-Ankreuzübung*

1 Stimmen Sie die Sch darauf ein, dass sie jetzt einen Podcast (also einen Audiobeitrag, der im Internet zum Herunterladen angeboten wird) von Annika hören werden. Das „Buch auf Reisen" ist wieder bei ihr angekommen und nun erzählt sie davon.

2 Bevor der Podcast vorgespielt wird, lesen die Sch still die Aussagen 1–6. Klären Sie gegebenenfalls unbekannten Wortschatz (*veröffentlichen*). Bitten Sie die Sch, schon vor dem Hören Vermutungen anzustellen. Kreuzen Sie die entsprechenden Kästchen auf der Folie an.

3 Spielen Sie den Hörtext (Track 13) komplett vor. Die Sch lösen die Aufgabe während des Hörens. Im Anschluss vergleichen die Sch ihr Ergebnis mit dem ihres Nachbarn. Korrigieren Sie dann auf Zuruf Aussage für Aussage im Plenum und vergleichen Sie das Ergebnis mit den Vermutungen der Sch vor dem Hören. Korrigieren oder bestätigen Sie die gesetzten Kreuzchen mit einer anderen Farbe. Spielen Sie bei Unklarheiten den Podcast noch einmal vor.

**B6** **Grammatik: Vorvergangenheit und Vergangenheit**

1 Die Bücher sind geschlossen. Schreiben Sie den ersten Satz aus dem Grammatikkasten in Anführungszeichen und so klein an die Tafel, dass er auf eine Zeile passt, und ergänzen Sie *erzählt Anika* am Satzende. Setzen Sie darunter einen Zeitstrahl. Fragen Sie: *Was passiert jetzt? (Anika erzählt). Was ist gestern passiert? (Anika hat das Buch zurückbekommen). Und was war vor mehr als einem Jahr passiert? (A. hatte das Buch auf die Reise geschickt.)*

2 Schreiben Sie unter *Anika erzählt* das Wort *jetzt*. Ergänzen Sie dann unter *gestern Vergangenheit* und unter *vor mehr als einem Jahr Vorvergangenheit* in verschiedenen Farben.

3 Die Sch schlagen ihr Buch auf. Verfahren Sie dann ebenso mit Satz 2. Die Sch lösen im Plenum die Aufgabe und übertragen anschließend das Tafelbild in ihr Heft.

4 Unterstreichen Sie die Verben der Sätze (*hatte ... geschickt / habe ... zurückbekommen* und *gewesen war / kam*). Fragen Sie anschließend: *Welche Zeit der Vergangenheit kennt ihr? (Perfekt, Präteritum)* Erklären Sie, dass die andere Zeit Plusquamperfekt heißt.

*Papier*

5 Die Bücher sind geschlossen. Wiederholen Sie das Partizip einiger Verben, indem Sie auf jeweils ein Blatt Papier ein Verb im Infinitv schreiben, z.B. *schicken, nehmen, bekommen, sein, kaufen, kommen, lesen, gestalten, passieren ...* Erklären Sie den Sch die Aktivität zur Wiederholung des Partizip Perfekts. Sie halten jeweils ein Verb für alle sichtbar in die Höhe. Die Sch sagen alle laut das Partizip des Verbs. Üben Sie zuerst langsam mit zwei oder drei Verben. Werden Sie dann schneller. Sortieren Sie die Verben aus, bei denen Sie keine falschen Partizipien mehr hören und üben Sie so alle Verben ein.

6 Die Sch schlagen das Buch auf. Sie sehen sich kurz die Infobox zur Wiederholung des Partizip Perfekt an. Erinnern Sie wenn nötig an die Endung auf -t bei regelmäßigen und auf -en bei unregelmäßigen Verben.

7 Lenken Sie die Aufmerksamkeit der Sch wieder auf die Sätze an der Tafel und zeigen Sie auf die Partizipien *geschickt* (Satz 1) und *gewesen* (Satz 2). Fragen Sie die Sch: *In welcher Form stehen hier die Verben* haben *und* sein*? Wie bildet man also das Plusquamperfekt? (Präteritum von* sein/haben *+ Partizip Perfekt des Hauptverbs)*

*Arbeitsbuch: S. 47, Ü27–29*

**B7** **Grammatik: Plusquamperfekt**

1 Erinnern Sie an die Aufgabe B4, in der *nachdem* benutzt wird, um deutlich zu machen, dass eine Handlung noch vor einer anderen stattfand. Erklären Sie die Aufgabe, indem Sie die ersten Stichpunkte vorlesen, auf den gelben Notizzettel hinweisen und einen Sch den Satz lesen und ergänzen lassen. Ermutigen Sie einen anderen Sch, den zweiten Satz zu formulieren. Helfen Sie gegebenenfalls.

2 Die Sch lösen die Aufgabe in Stillarbeit und vergleichen anschließend ihre Sätze mit denen ihres Nachbarn. Sichern Sie dann das Ergebnis im Plenum, indem Sie einzelne Sch ihre Sätze vorlesen lassen und diese an die Tafel schreiben.

*Arbeitsbuch: S. 48, Ü30*

**B8** **Schreiben: Mein Lieblingsbuch**

1 Die Sch sehen sich den Text an. Im Plenum wird kurz geklärt, worum es sich dabei handelt (*Bucheintrag aus Anikas Buch*). Weisen Sie auf die Worterklärungen am Textrand hin.

2 Bitten Sie fünf Schüler, den Text in Abschnitten vorzulesen. Klären Sie gegebenenfalls weitere unbekannte Wörter (*Gerichtssaal, Tätigkeit, aufgreifen, verraten*).

3 Gehen Sie gemeinsam mit den Sch die Kernpunkte des Textes durch: *Personen? Ort? Zeit? Thema? Geschichte?* und lassen Sie sich die Stichpunkte zurufen (*Michael und Hanna, wahrscheinlich Deutschland, Gerichtssaal, 1950er-Jahre und Jahre später, Beziehung zwischen zwei Menschen, Holocaust und andere Themen*). Die Sch machen sich Notizen.

4 Weisen Sie die Sch auf die Lernstrategie hin und übersetzen Sie diese mit den Sch in die Muttersprache. Die Sch notieren die Strategie im Arbeitsbuch auf S. 159.

5 Erklären Sie den Sch, dass sie mithilfe der Stichpunkte auf dem gelben Notizzettel und der Lernstrategie selbst einen solchen Text über ihr Lieblingsbuch im Präsens schreiben sollen. Dies kann im Unterricht mit Ihrer Unterstützung oder als Hausaufgabe geschehen.

6 Sammeln Sie die Texte ein und korrigieren Sie sie. Gestalten Sie in der nächsten Stunde gemeinsam mit den Sch eine Pinnwand mit den Lesetipps.

7 **Zusatzaktivität:** Besorgen Sie ein Notizbuch und lassen Sie die Klasse auch eine Aktion „Buch auf Reisen!" gestalten. Das Thema könnte zum Beispiel „deutsche Bücher" oder „Lieblingsfilme" sein.

*Arbeitsbuch: S. 48, Ü31–32*

## C  In Sicherheit

### C1  Sprechen: Bildbeschreibung

1 Die Sch öffnen das Buch und sehen sich das Bild an. Fragen Sie: *Was seht ihr auf dem Bild? Was ist rechts/links? Was ist im Hintergrund/Vordergrund?* Bitten Sie die Sch, für ihre Antworten die Redemittel aus dem Buch zu verwenden.
2 Lassen Sie die Sch Vermutungen anstellen. Fragen Sie: *Wie geht es dem Mädchen? Was denkt es?*

### C2  Lesen: Reihenfolge ordnen

1 Erklären Sie die Aufgabe, indem Sie einen Sch bitten, die einzelnen Aussagen sowie die Überschrift und den ersten Satz des Textes vorzulesen. Die Sch lesen dann still den Text und lösen die Aufgabe. Weisen Sie auf die Worterklärungen am Textrand hin.
2 Die Sch vergleichen ihre Lösung mit der ihres Nachbarn. Korrigieren Sie die Lösung im Plenum, indem einzelne Sch nacheinander die Sätze in der richtigen Reihenfolge vorlesen.
3 **Zusatzaktivität:** In Partnerarbeit bereiten die Sch szenisches Lesen vor. Ein Sch liest, der andere macht die dazu passenden Bewegungen (z. B. Tür öffnen und schließen, Schlüssel drehen …) und Geräusche (z. B. das pochende Herz, den schnellen Atem …).

### C3  Wortschatz: Verben umschreiben

1 Lenken Sie die Aufmerksamkeit der Sch auf die Verben im Schüttelkasten. Lassen Sie sie das Verb *sich lehnen* im Text aus C2 suchen.
2 Ein Sch liest den ersten Satz vor und ergänzt das Verb in der richtigen Form. Helfen Sie gegebenenfalls.
3 Die Sch lesen nacheinander in Stillarbeit die Verben, suchen sie im Text und ergänzen die Sätze. Anschließend vergleichen sie ihre Lösung mit der ihres Nachbarn. Lassen Sie dann die Sätze nacheinander von einzelnen Sch im Plenum vorlesen.

### C4  Schreiben: Kreatives Schreiben

1 Fragen Sie: *Was ist dem Mädchen wohl passiert, bevor es in Sicherheit gekommen ist? Warum ist es so aufgeregt und ängstlich?* Die Sch finden sich in Paaren zusammen und notieren ihre Vermutungen in Stichpunkten. Besprechen Sie kurz die Ideen im Plenum.
2 Die Sch sollen nun ihre Ideen ausformulieren. Lenken Sie als Hilfe die Aufmerksamkeit der Sch auf die Wortschatzhilfe. Damit arbeiten die Sch entweder gemeinsam im Unterricht oder als Hausaufgabe ihre Geschichte aus. Sammeln Sie die Texte ein und korrigieren Sie sie bis zur nächsten Stunde. Lassen Sie freiwillige Sch ihre Geschichten vorlesen und bitten Sie die Sch, ihre Geschichten im Klassenraum aufzuhängen.

## A  Enkel und Großeltern

### A1  Sprechen: Großeltern

1 Die Sch schlagen ihr Buch auf, sehen sich das Foto an und lesen still die Redemittel. Erklären Sie die Aufgabe, indem Sie die Sprechblase laut vorlesen und den letzten Satz ergänzen. Fordern Sie dann einen Sch auf, kurz etwas über seine Großeltern zu sagen.

2 Teilen Sie die Klasse nun in vier gleich große Gruppen. Innerhalb der Gruppen erzählen die Sch mithilfe der Redemittel über ihre Großeltern. Die Sch berichten anschließend im Plenum über die Großeltern ihres Nachbarn in der Gruppe.

*Arbeitsbuch: S. 54, Ü1–2*

### A2  Wortschatz: Adjektive mit *-los* und *-voll*

*Folie mit Adjektiven ohne Endungen*

1 Bereiten Sie eine Folie vor, auf der ohne Ordnung verschiedene Adjektive ohne Endungen stehen: *lust-, freund-, sympath-, ruh-, glück-, häss-, traur-, wicht-, bill-, gefähr-, eil-, höf-, pünkt-, kom-*. Lenken Sie die Aufmerksamkeit der Sch auf den Grammatikspot zur Adjektivbildung und wiederholen Sie einige Adjektive. Zeichnen Sie dazu eine dreispaltige Tabelle an die Tafel mit den Endungen *-ig, -lich, -isch*. Legen Sie die Folie auf. Einzelne Sch suchen sich ein Adjektiv aus, sagen es mit Endung und tragen es in die Tabelle an der Tafel ein. Streichen Sie die Adjektive auf der Folie, die schon genannt wurden.

2 Die Sch lesen still Aufgabe a) und ordnen zu. Erklären Sie gegebenenfalls *Witze machen (Spaß machen)*. Sichern Sie anschließend das Ergebnis im Plenum.

*Wörterbücher*

3 Ergänzen Sie die Tabelle an der Tafel um die beiden Spalten *-los* und *-voll*. Erklären Sie Aufgabe b), indem Sie die Sch bitten, zum Nomen *Liebe* jeweils ein Adjektiv mit *-los* und *-voll* zu bilden. Die Sch schlagen ihre Vorschläge im Wörterbuch nach und korrigieren sie gegebenenfalls.

4 Schreiben Sie *lieblos* und *liebevoll* an die Tafel und gehen Sie kurz darauf ein, dass manchmal (wie bei *lieb-los*) Nomen verkürzt werden müssen, um ein Adjektiv zu bilden, dass aber auch Buchstaben zum Nomen hinzugefügt werden müssen *(hoffnung-s-voll)*.

5 Die Sch lösen still die Aufgabe und machen sich Notizen. Anschließend vergleichen sie ihre Ergebnisse mit denen ihres Nachbarn. Lassen Sie die Adjektive zur Kontrolle laut vorlesen und einen Sch an der Tafel in die Tabelle eintragen. Abschließend übertragen die Sch die Adjektivtabelle in ihr Heft.

**!** Es ist sinnvoll, zuerst die Sch ihre Lösung mit der ihres Nachbarn vergleichen zu lassen, denn oft können die Sch schon untereinander Unklarheiten oder Fragen klären. Die Ergebniskontrolle im Plenum nimmt dann nicht mehr so viel Zeit in Anspruch.

*Arbeitsbuch: S. 54, Ü3–4*

### A3  Globales Hören: Enkel über ihre Großeltern

1 Erklären Sie, dass die Sch nun eine Radiosendung hören werden. Die Sch lesen still die Aussagen 1 bis 3. Ermuntern Sie die Sch, anhand der Aussagen Vermutungen über das Thema der Radiosendung anzustellen *(Enkel erzählen über ihr Verhältnis zu ihren Großeltern)*.

2 Klären Sie gemeinsam mit den Sch, woran erkennbar ist, welche Aussagen von Mädchen und welche von einem Jungen stammen (Aussagen 1 und 3: Mädchen *(s. Jugendliche, sie)*; Aussage 2: Junge *(s. Jugendlicher)*). Erläutern Sie, dass die Sch nach dem Hören die Personen den Aussagen zuordnen sollen, dafür aber nicht jedes Wort des Hörtextes verstehen müssen.

3 Spielen Sie den Anfang des Hörtextes vor (Track 14) und stoppen Sie nach dem ersten Sprecher. Die Sch ordnen den ersten Sprecher zu. Verfahren Sie genauso mit den nächsten beiden Sprechern. Anschließend vergleichen die Sch ihr Ergebnis mit dem ihres Nachbarn. Korrigieren Sie die Lösung im Plenum.

### A4  Selektives Hören: Enkel über ihre Großeltern

1 Lenken Sie die Aufmerksamkeit der Sch auf die Aussagen. Klären Sie unbekannten Wortschatz.

2 Erklären Sie die Aufgabe, indem Sie die Aussage *... hat Kostüme für das Schultheater genäht.* vorlesen und fragen: *Wer hat das gesagt? Katja, Miriam oder Patrick? Könnt ihr euch noch daran erinnern?* Die Sch beantworten die Frage im Plenum. Anschließend beraten sich jeweils zwei Sch über die restlichen Aussagen und notieren ihre Vermutungen.

3 Spielen Sie den gesamten Hörtext vor (Track 14). Die Sch überprüfen ihre Notizen und korrigieren gegebenenfalls. Besprechen Sie im Anschluss die Lösungen im Plenum.

4 Verweisen Sie auf Katjas Kindheitserinnerung an das Vogelhäuschen (5). Fragen Sie: *Was ist ein Vogelhäuschen? (kleines Haus für Vögel)*. Erklären Sie, dass manche Deutsche diese kleinen Häuser mit Futter für die Vögel im Winter auf ihrem Balkon oder im Garten aufstellen. Wenn Sie ein Bild zur Hand haben, zeigen Sie es.

5 Lenken Sie die Aufmerksamkeit der Sch auf den Grammatikspot zum Suffix *-chen*, das man an ein Wort anhängen kann, um das Kleine zu bezeichnen. Weisen Sie auf den Vokalwechsel bei *a, o, u* und *au* hin: *Haus-Häuschen, Vogel-Vögelchen*. Stellen Sie dem Beispiele ohne Vokalwechsel gegenüber: *Zimmer – Zimmerchen, Bett – Bettchen*. Lassen Sie dann die Sch weitere Nomen auf *-chen* bilden. Sagen Sie: *kleiner Arm – (Ärmchen), kleines Glas –(Gläschen), kleiner Apfel – (Äpfelchen), kleiner Baum – (Bäumchen)* ... Notieren Sie die Wörter an der Tafel. Fragen Sie: *Welchen Artikel haben alle diese Nomen auf „-chen"? (das)*

6 Verweisen Sie anschließend auf die Lernstrategie und übersetzen Sie diese mit den Sch in die Muttersprache. Die Sch notieren sie sich im Arbeitsbuch auf S. 160.

Arbeitsbuch: S. 54, Ü5; S. 55, Ü6–8

**A5**  **Grammatik: Modalverben im Präteritum**

1 Schreiben Sie die Modalverben *können, müssen, dürfen, wollen* an die Tafel. Bitten Sie einzelne Sch, die ihnen bereits bekannten Präteritumformen für alle Personen zu bilden.

2 Weisen Sie auf den Grammatikspot zum Präteritum von Modalverben hin. Erklären Sie, dass bei *mögen* ein Vokalwechsel stattfindet.

3 Die Sch sehen sich den Text an. Erklären Sie die Aufgabe, indem Sie Satz a) im Plenum lösen lassen und *mochte* auf der Folie eintragen.

4 Die Sch lösen die restliche Aufgabe allein und vergleichen anschließend ihr Ergebnis mit dem ihres Nachbarn. Sichern Sie das Ergebnis, indem Sie sich die Lösung zurufen lassen und die Verben auf der Folie notieren.

Arbeitsbuch: S. 55, Ü9–10

**A6**  **Grammatik: Nebensätze mit *als* und *wenn***

1 Notieren Sie die beiden Aussagen (von Patrick und Katja) an der Tafel. Ein Sch liest sie laut vor. Betonen Sie nochmals, dass sich beide Sätze auf die Vergangenheit beziehen. Fragen Sie: *Wann ist das passiert, was Patrick erzählt? (letztes Jahr) Ist das oft oder nur einmal passiert? (in die 12. Klasse kommen: nur einmal)*. Markieren Sie *Als* farbig. Fragen Sie: *Wann ist das passiert, was Katja erzählt? (früher) Ist das oft oder nur einmal passiert? (mit Opa zusammen „arbeiten": oft)*. Markieren Sie *wenn* farbig.

2 Die Sch lesen Aufgabe b) und ergänzen in Stillarbeit den „Meine-Regel"-Kasten. Anschließend vergleichen sie ihre Lösung mit der ihres Nachbarn. Korrigieren Sie kurz das Ergebnis im Plenum.

3 Verweisen Sie erneut auf die beiden Nebensätze an der Tafel. Fragen Sie: *Wo sind die Verben? (Nebensatzstellung)* Ein Sch kommt an die Tafel und unterstreicht sie.
Lenken Sie die Aufmerksamkeit der Sch auf den Grammatikspot zum Nebensatz mit *wenn*. Ein Sch liest den Beispielsatz mit *wenn* im Präsens laut vor. Erklären Sie, dass *wenn*-Sätze im Präsens und in der Vergangenheit gebildet werden können. Stellen Sie klar, dass das mit *als* nicht funktioniert. Nebensätze mit *als* stehen immer in der Vergangenheit.

4 Gehen Sie anschließend darauf ein, dass im Präsens keine Unterscheidung zwischen „einmal" und „oft" gemacht wird. Im Präsens steht in solchen Sätzen immer *wenn*. Formulieren Sie zur Verdeutlichung die Beispielsätze gemeinsam mit den Sch an der Tafel um: *Wenn ich in die 12. Klasse komme, habe ich nur noch ein Jahr Schule. / Immer wenn wir zusammen „arbeiten", erzählt Opa mir lustige Geschichten.*

Arbeitsbuch: S. 56, Ü11–13

**A7**  **Grammatik: *Als* oder *wenn***

1 Erklären Sie die Aufgabe, indem Sie den ersten Satz gemeinsam mit den Sch ergänzen. Helfen Sie, indem Sie die Sch bitten: *Überlegt immer zuerst, wie oft die Handlung/das Ereignis in der Vergangenheit passiert ist: nur einmal oder oft?* Gehen Sie gemeinsam mit den Sch die Sätze durch und lassen Sie sich die Signalwörter nennen *(klein, jeden Morgen, wieder zu Hause, bei meinem Opa war)*. Klären Sie gegebenenfalls, dass sich in Satz d) *jeden Tag* auf „ausgeritten" bezieht.

2 Die Sch lösen die Aufgabe gemeinsam mit ihrem Nachbarn. Anschließend vergleichen sie ihr Ergebnis mit ihrem anderen Nachbarn. Sichern Sie die Lösung im Plenum, indem einzelne Sch die Sätze vorlesen.

Arbeitsbuch: S. 57, Ü14

## A8 Lesen: Hypothesen bilden

1 Die Sch sehen sich das Foto an, einzelne beschreiben das im Plenum. Fragen Sie: *Wie ist das Verhältnis der Personen auf dem Bild?* Anschließend lesen die Sch Überschrift und Einleitung des Zeitungsartikels. Weisen Sie auf die Worterklärungen hin.

2 Ein Sch liest laut die Aufgabe vor. Geben Sie ein Beispiel für eine Hypothese und schreiben Sie es an die Tafel, z.B: *weil ältere Menschen heute oft „jung bleiben" wollen.* Bitten Sie dann die Sch, sich still Notizen zu ihren Vermutungen zu machen und sammeln Sie diese anschließend an der Tafel.

3 Die Sch lesen den kompletten Text. Klären Sie gegebenenfalls unbekannten Wortschatz. Fragen Sie nochmals: *Warum ist das Verhältnis zwischen Alt und Jung enger geworden?* Die Sch antworten im Plenum und vergleichen dabei die Informationen aus dem Text mit den Hypothesen, die an der Tafel stehen.

4 Lenken Sie die Aufmerksamkeit der Sch auf die Lernstrategie im Buch. Übersetzen Sie sie mit den Sch in die Muttersprache. Die Sch notieren sie sich anschließend im Arbeitsbuch auf S. 160.

*Arbeitsbuch: S. 57, Ü15*

## A9 Lesen: Artikel über das Generationenverhältnis

1 Erklären Sie die Aufgabe, indem Sie die Sch auf die Unterteilung des Lesetextes in vier Abschnitte aufmerksam machen. Die Sch lesen still die Aussagen a) bis d). Klären Sie unbekannten Wortschatz.

2 Abschnitt 1 ist bereits Aussage b) zugeordnet. Lassen Sie die Sch dies mit Belegstellen aus dem Text begründen. Anschließend lösen die Sch die Aufgabe in Stillarbeit und vergleichen dann ihr Ergebnis mit dem ihres Nachbarn.

3 Machen Sie eine kurze Ergebniskontrolle im Plenum. Lassen Sie sich bei Unklarheiten Schlüsselstellen im Text zur Begründung nennen.

*Arbeitsbuch: S. 57, Ü16–17*

## A10 Grammatik: Reziprokpronomen *einander*

1 Die Sch haben das Buch geschlossen. Schreiben Sie zur Verdeutlichung der Wechselseitigkeit untereinander an die Tafel:

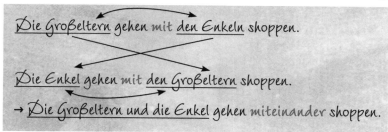

Die Großeltern gehen mit den Enkeln shoppen.

Die Enkel gehen mit den Großeltern shoppen.

→ Die Großeltern und die Enkel gehen miteinander shoppen.

Erklären Sie, dass *einander*, oft kombiniert mit einer Präposition (hier: *mit*) diese Wechselseitigkeit ausdrückt.

2 Gehen Sie anschließend genauso mit dem Verb *zuhören* vor.

Die Großeltern hören den Enkeln zu.

Die Enkel hören den Großeltern zu.

→ Die Enkel und die Großeltern hören einander zu.

→ Die Enkel und die Großeltern hören sich zu.

Erklären Sie, dass diese Wechselseitigkeit mit *einander* ausgedrückt werden kann, aber auch mit *sich*. *Sich* ist einerseits Reflexivpronomen, andererseits auch Reziprokpronomen.

3 Stellen Sie klar, dass *sich* nicht immer ein Reziprokpronomen, nicht immer ein Synonym für *einander* sein muss! Zeichnen Sie ein rotes Ausrufezeichen an die Tafel und notieren Sie einen Beispielsatz daneben: *Die Großeltern interessieren sich für die Probleme ihrer Enkel.* Zeichnen Sie einen Pfeil von *sich* zu *Großeltern* und erklären Sie, dass *sich* hier ein Reflexivpronomen ist *(sich interessieren für)*.

4 Die Sch öffnen ihr Buch und sehen sich den Grammatikspot zu den Reziprokpronomen an. Lenken Sie dann die Aufmerksamkeit der Sch auf Satz 1 der Aufgabe und lassen Sie einen Sch die Lösung vorlesen. Die Sch formulieren in Stillarbeit die weiteren Sätze um und vergleichen anschließend ihre Lösung mit der ihres Nachbarn. Sichern Sie das Ergebnis im Plenum.

5 Um die Verwendung des Reziprokpronomens *einander* zu vertiefen, bereiten Sie eine Folie vor, auf der verschiedene Verben stehen: *sich ansehen; ins Kino gehen mit; sich eine E-Mail schreiben; sich die Haare schneiden; zur Schule fahren mit* o. ä. Schreiben Sie darunter *Klaus und Luise*. Bilden Sie gemeinsam mit den Sch einen Beispielsatz zum ersten Verb *(Klaus und Luise sehen sich an. → Klaus und Luise sehen einander an.)*. Bitten Sie anschließend die Sch, zu zweit Sätze zu den weiteren Verben zu formulieren und sichern Sie die Lösung dann im Plenum.

*Arbeitsbuch: S. 58, Ü18–19*

## A11 Sprechen: Partnerinterview

*leere Zettel*

1 Ein Sch liest laut die vier Fragen aus dem Kasten vor. Notieren Sie die Fragen in Stichpunkten an der Tafel: *Beziehung zu Großeltern, Besuch, besonderes Ereignis, Beziehung zu Großeltern heute*. Geben Sie jedem Sch einen Zettel. Darauf sollen die Sch die Stichpunkte und Notizen dazu aufschreiben.
2 Gehen Sie gemeinsam mit den Sch die Redemittel durch. Anschließend finden sich die Sch in Paaren zusammen. Erklären Sie, dass sie nun einander befragen (siehe Fragekasten) und sich Notizen zu den Antworten ihres Partners (Redemittel benutzen) machen sollen.
3 Bitten Sie einzelne Paare, das Ergebnis ihres Interviews im Plenum vorzustellen.

*Arbeitsbuch: S. 58, Ü20–21*

## B Die Senioren-Studenten-WG

### B1 Sprechen: Über eine Anzeige sprechen

1 Fragen Sie zum Einstieg in das Thema: *Wo leben ältere Menschen? (Bei der Familie? Im Altenheim? Allein?)*
2 Die Sch schlagen das Buch auf und sehen sich die Anzeige an. Lesen Sie sie vor und fragen Sie: *Was bedeutet wohl diese Anzeige? Wer braucht Hilfe?* Stellen Sie sicher, dass die Sch verstehen, dass es sich um ein Wohnprojekt handelt, bei dem Studenten bei älteren Menschen leben und diesen im Alltag helfen.
3 Lenken Sie die Aufmerksamkeit der Sch auf die illustrierten Verben. Fragen Sie: *Wie können die Studenten den Senioren helfen? Was können oder sollen sie machen?* Zu zweit überlegen sich die Sch Antworten. Ermutigen Sie die Sch, auch eigene Ideen als Sätze zu formulieren.

*Arbeitsbuch: S. 59, Ü22*

### B2 Globales Lesen: Wohnen für Hilfe

1 Erklären Sie den Sch, dass sie nun einen Zeitungsartikel zum Thema *Wohnen für Hilfe* lesen werden. Ein Sch liest laut die Fragen vor.
2 Die Sch lesen still den Zeitungsartikel und beantworten die Fragen. Gehen Sie herum und helfen Sie gegebenenfalls.
3 Gehen Sie die Fragen nacheinander im Plenum durch. Fragen Sie immer mehrere Sch nach ihren Antworten. Lassen Sie sich die Sch gegenseitig verbessern.

### B3 Selektives Lesen: Wohnen für Hilfe

1 Weisen Sie darauf hin, dass sich die Sch zunächst auf den Text von Stefan konzentrieren sollen. Erklären Sie Aufgabe a), indem Sie die erste Information gemeinsam mit den Sch im Plenum suchen und sich die entsprechende Stelle im Text nennen lassen.
2 Die Sch sammeln die weiteren Informationen in Stillarbeit. Klären Sie wenn nötig unbekannten Wortschatz. Anschließend vergleichen die Sch ihre Antworten mit denen ihres Nachbarn. Kontrollieren Sie die Lösung dann kurz im Plenum.
3 Ein Sch liest laut die Fragen zu Ida Neuhaus (Aufgabe b) vor, die die Sch in Stillarbeit beantworten. Klären Sie auch hier unbekannten Wortschatz. Lassen Sie dann im Plenum einzelne Sch ihre Antworten vorlesen.

*Arbeitsbuch: S. 59, Ü23–25*

**B4** **Wortschatz: Rund ums Wohnen**

1 Zeichnen Sie den Wortigel an die Tafel. Erklären Sie die Aufgabe, indem Sie die Sch bitten, *Quadrat____* zu ergänzen *(meter)*. Die Sch suchen dann in Partnerarbeit die Wörter aus dem Zeitungsartikel in B2.

2 Korrigieren Sie die Antworten im Plenum, indem Sie einzelne Sch den Wortigel an der Tafel ergänzen lassen. Fragen Sie dann zu jedem Wort: *Was bedeutet das?* Lassen Sie die Sch auf Deutsch paraphrasieren oder Synonyme geben.

**B5** **Grammatik: Infinitivsatz mit *zu***

1 Führen Sie den Infinitiv mit *zu* ein, indem Sie *Ich habe keine Lust, ...* an die Tafel schreiben. Notieren Sie daneben: *putzen*. Lassen Sie einen Sch den Satz mit diesem Verb beenden. Weisen Sie darauf hin, dass man dazu den Infinitiv mit *zu* braucht. Geben Sie ein Beispiel mit einem trennbaren Verb *(früh aufstehen)* und gehen Sie darauf ein, dass *zu* zwischen Präfix und Hauptverb steht. Nennen Sie weitere trennbare *(aufräumen, abspülen)* und untrennbare *(saugen)* Verben sowie Nomen-Verb-Verbindungen *(Staub wischen)* und lassen Sie einzelne Sch den Satz ergänzen.

*Folie von Aufgabe a)*

2 Die Sch schlagen das Buch auf. Ein Sch liest Satz 1 von Aufgabe a) laut vor. Lassen Sie die Sch Satz 2 gemeinsam im Plenum lösen. Die weiteren Sätze vervollständigen die Sch in Stillarbeit. Kontrollieren Sie die Antworten im Plenum, indem Sie auf Zuruf die Sätze auf der Folie vervollständigen.

3 Fragen Sie: *Nach welchen Verben oder Ausdrücken steht der Infinitiv mit* zu*?* Bitten Sie einzelne Sch, nach vorne zu kommen und die Verben beziehungsweise die Nomen-Verb-Verbindungen der Aussagen auf der Folie zu unterstreichen.

4 Fassen Sie die Verben bzw. Nomen-Verb-Verbindungen, nach denen der Infinitiv mit *zu* steht, mündlich zusammen. Die Sch ergänzen anschließend den „Meine Regel"-Kasten von Aufgabe b).

*Arbeitsbuch: S. 60, Ü26–28*

**B6** **Grammatik: *zu* + Infinitiv**

*leere Zettel*

1 **Zusatzaktivität:** Zur Wiederholung der Verben rund um die Hausarbeit teilen Sie die Klasse in Gruppen zu drei bis vier Sch ein. Erklären Sie dann, dass Sie nacheinander jeweils einen Buchstaben an die Tafel schreiben werden. Mit diesem Anfangsbuchstaben sollen die Sch eine Tätigkeit rund um den Haushalt nennen. Geben Sie ein Beispiel *(P – putzen)* und klären Sie, dass bei Nomen-Verb-Verbindungen beide Anfangsbuchstaben zählen *(M/R – den Rasen mähen)*. Geeignete Buchstaben sind z. B.: *A – aufräumen, abspülen; M – den Müll rausbringen; S – (Staub) saugen; T – den Tisch decken; W – (Wäsche) waschen, wischen*. Die Gruppe, die zuerst eine Tätigkeit nennt, bekommt einen Punkt. Lassen Sie mehrere Antworten pro Buchstaben zu.

2 Schreiben Sie *Arbeit im Haushalt* an die Tafel. Zeichen Sie darunter links ein grinsendes Smiley und rechts ein grimmiges. Fragen Sie: *Was machst du gern im Haushalt?* Zeigen Sie dabei auf das grinsende Smiley. Fragen Sie dann: *Was machst du nicht gern?* Zeigen Sie dabei auf das andere Smiley.

3 Jeder Sch bekommt einen leeren Zettel und macht sich Notizen nach dem Vorbild an der Tafel. Bitten Sie die Sch, sechs Aktivitäten zu notieren. Verweisen Sie auf die vorige Aktivität, auf B1b und auf den Lesetext als Hilfe.

4 Erklären Sie, dass die Sch zu zweit versuchen sollen herauszufinden, welche Haushaltsaktivitäten der Partner gern bzw. nicht gern erledigt. Spielen Sie zur Verdeutlichung mit einem Sch ein Beispiel vor. Fragen Sie nach dem Muster in der roten Sprechblase: *Hast du Lust, die Wäsche zu waschen? Hast du Interesse, deiner Oma Gesellschaft zu leisten?* Der Sch antwortet nach dem Muster in der grünen Sprechblase. Die Sch stellen sich gegenseitig Fragen zu den Aktivitäten auf ihren Notizzetteln bis sie herausfinden, was der andere notiert hat. Gehen Sie herum und helfen Sie wenn nötig.

5 Anschließend stellen einzelne Sch die Vorlieben und Abneigungen ihres Partners im Plenum vor. Dabei helfen ihnen die entsprechenden Redemittel im Buch.

**!** Um zu vermeiden, dass immer dieselben Sch zusammen üben, teilen Sie die Anzahl der Sch durch zwei und lassen Sie die Sch zweimal der Reihe nach bis zu dieser Ziffer durchzählen. Die Sch mit derselben Ziffer üben zusammen. Alternativ dazu können Sie auch Kärtchen mit Symbolen vorbereiten, wobei jedes Symbol auf zwei Kärtchen vorkommt. Die Sch ziehen je ein Kärtchen und bilden ein Paar mit dem Mitschüler, der dasselbe Symbol gezogen hat.

**B7** **Hören: Fragen an den Text stellen**

1 Teilen Sie die Klasse in Gruppen zu drei bis vier Sch. Erklären Sie, dass die einzelnen Gruppen nun W-Fragen (Fragen mit Fragepronomen) zum Projekt *Wohnen für Hilfe* formulieren sollen. Gehen Sie währenddessen herum und helfen Sie gegebenenfalls.

2 Sammeln Sie die Fragen an der Tafel. Erklären Sie den Sch, dass sie jetzt ein Radio-Interview über das Projekt hören werden. Bitten Sie die Sch: *Achtet darauf, ob ihr in dem Interview Antworten auf eure Fragen hört*. Spielen Sie dann den Hörtext vor (Track 15).

3 Fragen Sie: *Welche eurer Fragen wurden beantwortet? Welche Fragen hat der Reporter gestellt?* Die Sch überlegen kurz innerhalb ihrer Gruppen und machen sich Notizen. Schreiben Sie dann auf Zuruf die Fragen des Reporters an die Tafel neben die Fragen der Sch. Die Sch vergleichen die Fragen.

4 Lenken Sie die Aufmerksamkeit der Sch auf die Lernstrategie im Buch und übersetzen Sie sie mit den Sch in die Muttersprache. Die Sch notieren sie sich im Arbeitsbuch auf S. 160.

**B8** **Selektives Hören: Radiointerview**

1 Die Sch lesen still die Aussagen 1 bis 6 durch. Klären Sie unbekannten Wortschatz. Fragen Sie die Sch: *Was habt ihr beim ersten Hören schon verstanden? Woran könnt ihr euch noch erinnern?* Ermutigen Sie die Sch, gegebenenfalls die entsprechenden Satzenden anzukreuzen.

2 Spielen Sie dann den Hörtext bis „... *auch extrem hoch.*" vor und lassen Sie sich die Lösung für Satz 1 zurufen *(b)*.

3 Spielen Sie den Rest des Hörtextes vor. Die Sch lösen während des Hörens die Aufgabe. Anschließend vergleichen sie ihre Lösung mit der ihres Nachbarn. Kontrollieren Sie das Ergebnis im Plenum. Spielen Sie bei Unklarheiten den Text nochmals in kurzen Abschnitten vor.

4 Schreiben Sie *Den alten Leuten ist es wichtig, in ihren großen Wohnungen zu bleiben.* und *Es ist schön festzustellen, dass beide Seiten mit dieser Wohnform glücklich sein können.* an die Tafel. Unterstreichen Sie in den Sätzen *ist es wichtig* und *Es ist schön.* Erklären Sie, dass nach Sätzen mit *sein* + Adjektiv auch der Infinitiv mit *zu* steht.

5 Lenken Sie die Aufmerksamkeit der Sch auf den Grammatikspot zum Infinitivsatz mit *zu* nach *sein* + Adjektiv und lassen Sie einzelne Sch die Ausdrücke passend zum Thema im Plenum ergänzen.

*Arbeitsbuch: S. 61, Ü29–31; S. 62, Ü32*

**B9** **Schreiben: Einen Brief beantworten**

1 Ein Sch liest laut die Aufgabe und die Stichpunkte vor. Ermuntern Sie die Sch, sich noch weitere Vor- oder Nachteile zu überlegen, und notieren Sie sie auf Zuruf an der Tafel. Lassen Sie dann die Sch zu *Kosten für die Miete* einen Beispielsatz mit Infinitiv und *zu* bilden *(Es ist toll, nicht so hohe Kosten für die Miete zu haben.)*.

2 Fragen Sie: *Was darf nicht fehlen, wenn man einen Brief schreibt? (Datum, Anrede, Einleitung, Abschluss, Gruß, Unterschrift).* Die Sch schreiben einen Brief – entweder im Unterricht oder als Hausaufgabe. Sammeln Sie die Briefe ein und korrigieren Sie sie bis zur nächsten Stunde.

*Arbeitsbuch: S. 62, Ü33*

## C Patenschaften zwischen Alt und Jung

**C1** **Sprechen: Patenschaften**

1 Teilen Sie die Klasse in Gruppen zu drei bis vier Sch. Lesen Sie die Überschrift von C vor. Fragen Sie: *Was ist eine Patenschaft?* Lenken Sie die Aufmerksamkeit der Sch auf den Wörterbucheintrag: *Lest den Eintrag und erklärt „Patenschaft" in eigenen Worten.* Übersetzen Sie *Patenschaft* mit den Sch in die Muttersprache erst, wenn die Bedeutung annähernd umrissen wurde.

2 Bitten Sie die Sch, sich die Fotos anzusehen. Fragen Sie: *Was ist wohl eine Patenschaft zwischen Alt und Jung? Was kann das sein?* Die einzelnen Gruppen sammeln ihre Ideen in Stichpunkten. Führen Sie dann die Ergebnisse im Plenum zusammen und notieren Sie sie an der Tafel.

**C2** **Lesen: Berufswahlpatenschaften**

1 Erklären Sie den Sch, was im eigentlichen Sinne eine Paten-Beziehung ist (Pate für ein Kind). Lenken Sie anschließend die Aufmerksamkeit der Sch auf den Wörterbucheintrag. Die Sch lesen ihn zu zweit und überlegen, was die Schlüsselwörter sind. Fragen Sie anschließend im Plenum: *Welche anderen Patenschaften kennt ihr noch? (z. B. für Bäume ...)* Sammeln Sie diese an der Tafel.

2 Erklären Sie, dass die Sch nun einen Text über eine besondere Patenschaft lesen werden. Bitten Sie sie, nur den ersten Abschnitt zu lesen und fragen Sie: *Um welche Art von Patenschaft geht es hier?* Sichern Sie das Ergebnis im Plenum.

### C3 Selektives Lesen: Inhalt zusammenfassen

1 Ein Sch liest die drei Fragen von Aufgabe a) vor. Erklären Sie die Aufgabe, indem Sie *Was sind Berufswahlpaten?* im Plenum beantworten lassen. Machen Sie dazu Notizen an der Tafel. Betonen Sie, dass die Sch nur Stichpunkte aufschreiben sollen. Verweisen Sie außerdem auf den Wortschatzkasten, der Hilfestellung zu den Fragen 2 und 3 gibt.

2 Die Sch lesen den ganzen Text. Weisen Sie auf die Wortschatzerklärungen am Textrand hin.
Die Sch bearbeiten die Aufgabe in Stillarbeit. Helfen Sie gegebenenfalls bei Wortschatzfragen.

3 Erklären Sie Aufgabe b), indem Sie den ersten Satz der Sprechblase vorlesen. Lassen Sie dann einen Sch den zweiten Satz vorlesen und ergänzen.

4 Die Sch arbeiten in Vierer-Gruppen weiter. Bitten Sie die Sch, kurz ihre Notizen innerhalb ihrer Gruppen zu vergleichen. Bitten Sie dann einzelne Sch im Plenum, jeweils einen Satz zum Inhalt des Textes zu sagen. Dabei helfen ihnen die Notizen.

### C4 Sprechen: Diskussion

1 Die Sch haben das Buch geschlossen. Wiederholen Sie im Plenum Redemittel, die man für eine Diskussion braucht *(Ich finde, dass ... Ich bin der Meinung, dass ... Das denke ich auch/nicht.)*.

2 Die Sch öffnen ihr Buch. Lenken Sie die Aufmerksamkeit der Sch auf die Redemittel und gehen Sie sie im Plenum durch.

*leere Zettel*

3 Teilen Sie die Klasse dann in Vierer-Gruppen. Bestimmen Sie jeweils einen starken Sch als Diskussionsleiter. Die Sch jeder Gruppe schreiben die Redemittel aus dem Buch auf jeweils einen Zettel. Die Zettel werden auf einem Stapel gesammelt.

4 Lesen Sie die Aufgabe vor und geben Sie den Gruppen ein paar Minuten Zeit zur Vorbereitung. Nun zieht jeder Sch ein Redemittel vom Stapel. In der Diskussion soll jeder Sch das Redemittel auf seinem Zettel verwenden. Danach legt er den Zettel auf dem Tisch ab. Sofort zieht er einen neuen Zettel und versucht, dieses Redemittel zu verwenden. Gehen Sie herum und helfen Sie, wenn nötig. Der Diskussionsleiter bringt nacheinander die Fragen ein und gibt dadurch Anstöße. Abschließend berichtet er im Plenum, zu welchen Ergebnissen seine Gruppe gekommen ist.

# Lektion 42: Zukunft

## A Rund um die Ausbildung

### A1 Sprechen: Zukunftspläne

Kopien und Folie vom Laufdiktat

1 **Zusatzaktivität:** Stimmen Sie die Sch mit einem „Laufdiktat" auf das Thema ein. Kopieren Sie dafür fünfmal den folgenden Text:

> Marie und Tom sind auf dem Gymnasium. In einem Jahr machen sie das Abitur. Das ist die letzte Prüfung, die sie auf dieser Schule machen müssen. Danach bekommen sie ein Zeugnis, das Abschlusszeugnis. Und dann? Was sollen sie nach der Schule machen?

Legen Sie die fünf Diktatvorlagen an verschiedene Stellen im Klassenzimmer, sodass alle Sch gleich gut zu den Texten kommen können. Die Sch arbeiten in Paaren, wenn möglich finden jeweils ein Junge und ein Mädchen zusammen. Ein Sch schreibt, einer diktiert. Der diktierende Sch läuft zum Text, merkt sich einen Satz, läuft zu seinem Partner zurück und diktiert. Das Paar, das zuerst fertig ist, hat „gewonnen": Der schreibende Sch liest im Plenum das Diktat vor, nachdem alle Sch sich wieder hingesetzt haben. Überprüfen Sie, ob der Text vollständig ist. Wenn nicht, geht das Laufdiktat weiter. Legen Sie dann den Text als Folie auf. Die Sch korrigieren ihre Texte selbst.

2 Die Sch schlagen ihre Bücher auf. Lenken Sie die Aufmerksamkeit der Sch auf das Foto. Erklären Sie, dass es sich dabei um Marie und Tom handelt, die beiden Jugendlichen aus dem Diktat. Dann liest ein Sch-Paar den Dialog laut vor. Erklären Sie gegebenenfalls, dass *Abi* die Abkürzung von *Abitur* ist.

3 Erklären Sie den Sch, dass sie mit ihrem Partner aus dem Laufdiktat den Dialog weiterspielen und dabei die Rollen von Marie und Tom übernehmen sollen. Lesen Sie die Aufgabenstellung vor und verweisen Sie auf die Redemittel.

4 Die Schülerpaare überlegen sich eine Fortsetzung, machen sich dazu Notizen und üben den Dialog. Gehen Sie herum und helfen Sie, wenn nötig. Bitten Sie am Ende einige Sch, ihr Gespräch vor der Klasse vorzuspielen.

**!** Nutzen Sie Kurzaktivitäten, um die Stunde zu beginnen. Dadurch wird die Aufmerksamkeit der Sch geweckt, und Sie können die Sch spielerisch auf das Thema einstimmen.

Arbeitsbuch: S. 64, Ü1

### A2 Wortschatz: Studium und Beruf

1 Lenken Sie die Aufmerksamkeit der Sch auf die Wörter im Schüttelkasten und fragen Sie: *Was davon gehört zum Thema „Studium", was gehört zum Thema „Beruf"?* Geben Sie bei unbekannten Wörtern den Tipp, dass die Sch zuerst mit den bekannten Wörtern anfangen und dann überlegen, wohin die anderen Begriffe gehören könnten.

2 Die Sch ordnen die Begriffe zu und vergleichen ihr Ergebnis mit dem ihres Nachbarn. Kontrollieren Sie im Plenum und klären Sie gemeinsam mit den Sch unbekannten Wortschatz.

### A3 Selektives Hören: Radiointerview

1 Stimmen Sie die Sch darauf ein, dass sie jetzt ein Radiointerview mit Marie und Tom hören werden (Track 16). Spielen Sie den Hörtext bis „... geholfen hat." vor. Fragen Sie: *Was glaubt ihr: Was wollen Marie und Tom nach der Schule machen?* Sammeln Sie die Vermutungen der Sch an der Tafel.

2 Gehen Sie mit den Sch die Wortschatzhilfe durch. Dann lesen die Sch still die Aufgaben 1 und 2.

3 Spielen Sie den kompletten Hörtext vor. Die Sch ergänzen die Aussagen während des Hörens und vergleichen anschließend ihre Lösung mit der ihres Nachbarn. Korrigieren Sie das Ergebnis im Plenum.

Arbeitsbuch: S. 64, Ü2–4

### A4 Selektives Hören: Aussagen Personen zuordnen

1 Lesen Sie Aussage 1 laut vor und fragen Sie: *Was sind hier die Schlüsselwörter? (Recherche, Internet)* Fragen Sie dann: *Wer hat das gemacht: Marie oder Tom?* Die Sch antworten aus der Erinnerung.

2 Spielen Sie den Hörtext von „Tom, was hat dir" (Timecode: 01:03) ... bis „Das war ganz interessant ..." vor, damit die Sch ihren Tipp kontrollieren.

3 Die Sch lesen still die Aussagen 1 bis 8 und markieren die Schlüsselwörter. Klären Sie unbekannten Wortschatz.

4 Spielen Sie den weiteren Hörtext vor. Die Sch lösen die Aufgabe beim Hören.

**!** Um die Ergebnissicherung im Plenum abwechslungsreich zu gestalten, können Sie die Sch auch eine „Redekette" bilden lassen. Beginnen Sie mit der ersten Aussage und fordern Sie einen Sch auf, seine Lösung vorzulesen. Dieser ruft dann einen anderen Sch auf, der seine Lösung von der nächsten Aussage vorliest, usw.

Arbeitsbuch: S. 64, Ü5

## A5 Wortschatz: Zusammengesetzte Wörter

Wortkärtchen mit den Wortteilen aus dem Schüttelkasten

1 Lenken Sie die Aufmerksamkeit der Sch auf die Wörter im Schüttelkasten. Gehen Sie auf das Beispiel *Schulabschluss* und auf die Wortbildung im gelben Feld ein. Lesen Sie anschließend den Beispielsatz aus der Sprechblase vor.
2 Schreiben Sie *Schul-* und *Berufs-* an die Tafel. Kleben Sie ohne Reihenfolge Kärtchen an die Tafel, auf denen die Wortteile aus dem Schüttelkasten stehen.
3 In Partnerarbeit bilden die Sch mögliche Komposita. Geben Sie den Tipp, in A4 nachzusehen. Bitten Sie dann einzelne Sch, an der Tafel Komposita zu bilden und sie analog dem Schritt 1 zu erklären.
4 Verweisen Sie anschließend auf die Lernstrategie und übersetzen Sie diese mit den Sch in die Muttersprache. Die Sch notieren sie sich im Arbeitsbuch auf S. 160.

Arbeitsbuch: S. 65, Ü6–7

## A6 Grammatik: Temporale Nebensätze

1 Zwei Sch lesen die Aussagen von Marie und Tom aus a) laut vor. Die Sch ergänzen die Sätze gemeinsam im Plenum.
2 Die Sch lesen still den „Meine-Regel"-Kasten und ergänzen ihn. Sie vergleichen ihr Ergebnis mit dem ihres Nachbarn. Sichern Sie dann die Lösung im Plenum. Paraphrasieren Sie gegebenenfalls die Aussagen, um die Regel zu erklären: *Ich wusste nicht, was ich wählen sollte. Dann habe ich meine Eltern gefragt. Danach wusste ich es. / Ich verdiene Geld. Zur gleichen Zeit studiere ich.*

Arbeitsbuch: S. 65, Ü8–9; S. 66, Ü10

## A7 Grammatik: Nebensätze mit *bis* und *während*

1 Die Sch lesen still die Satzteile 1 bis 4. Erklären Sie die Aufgabe, indem Sie Satz 1 gemeinsam mit den Sch an der Tafel lösen: Bitten Sie einen Sch, die Satzteile von 1 vorzulesen. Fragen Sie: *Passieren diese Dinge gleichzeitig oder nacheinander? (nacheinander). Welche Handlung war zuerst vorbei? (Bewerbungen geschrieben) Was hat dann begonnen? (Ausbildungsplatz bekommen) Wie heißt die passende Konjunktion? (bis)* Ein Sch liest den formulierten Satz auf dem gelben Notizzettel vor.
2 Die Sch bearbeiten die restlichen drei Sätze nach diesem Modell in Stillarbeit und vergleichen ihr Ergebnis dann in Partnerarbeit.
3 Kontrollieren Sie das Ergebnis im Plenum, indem einzelne Sch die Sätze vorlesen. Notieren Sie die Sätze an der Tafel.

## A8 Lesen: Ein Azubi erzählt

1 Stimmen Sie die Sch auf das Thema ein, indem Sie zunächst *Veranstaltung* an die Tafel schreiben und fragen: *Welche Arten von Veranstaltungen kennt ihr? (Konzert, Theater, Konferenz, Event, Sportwettbewerb ...)* Notieren Sie die Assoziationen der Sch auf Zuruf als Wortigel an der Tafel. Erklären Sie, dass Menschen, die sich um die Technik auf Veranstaltungen kümmern, Veranstaltungstechniker heißen. Zum Veranstaltungstechniker kann man eine Ausbildung machen.
2 Lenken Sie die Aufmerksamkeit der Sch auf die Kopfzeile des Blogs und die dazugehörigen Worterklärungen. Die Sch lesen sie still. Fragen Sie dann: *Was für einen Text seht ihr hier? (Blog) Wer schreibt? (Micha) Welchen Beruf lernt er? (Event-Profi) Wo könnte dieser Blog stehen? (Webseite der Berufsberatung)*
3 Erklären Sie den Sch, dass Micha im ersten und im zweiten Ausbildungsjahr je einen Blog-Eintrag geschrieben hat, den die Sch nun lesen werden. Ein Sch liest die Frage aus a) laut vor. Schreiben Sie die Stichwörter aus dem blauen Kasten an die Tafel.
4 Die Sch lesen still Teil 1 des Textes und machen sich Notizen. Klären Sie gegebenenfalls unbekannten Wortschatz. Sichern Sie dann das Ergebnis im Plenum, indem Sie auf Zuruf die Stichwörter an der Tafel ergänzen.
5 Machen Sie die Sch auf den gelben Notizzettel aus b) aufmerksam. Erklären Sie die Aufgabe, indem ein Sch den Anfang von Text 2 laut vorliest (bis „*... bleibt dafür kaum Zeit.*"). Die Sch ergänzen den ersten Eintrag des Notizzettels *(einen Kaffee trinken)* gemeinsam im Plenum.
6 Die Sch lesen Text 2 und lösen den Rest der Aufgabe in Stillarbeit. Dann vergleichen sie ihr Ergebnis mit dem ihres Nachbarn. Schreiben Sie währenddessen Michas Zeitplan an die Tafel. Die Sch vergleichen kurz ihren Zeitplan mit dem an der Tafel.
7 Gehen Sie mit den Sch die Grammatikspots zu temporalen Präpositionen durch. Bitten Sie dann die Sch, in Partnerarbeit nach dem Beispiel in der Sprechblase und mithilfe der Präpositionen den Tagesablauf von Michas Bürotag zu formulieren.

*Uhrenkärtchen mit verschiedenen*
*Uhrzeiten wie im Grammatikspot*

8 Halten Sie abwechselnd die Uhrenkärtchen, die Sie vorbereitet haben, hoch und lassen Sie die Sch die richtige Präposition mit der korrekten Zeitangabe und Michas entsprechender Aktivität rufen (z. B. 8-Uhr-Kärtchen: *Ab 8 Uhr ist Micha im Büro.*).

9 **Zusatzaktivität:** Schreiben Sie die Präpositionen *ab, zwischen, gegen* und *während* mit der entsprechenden Kasus-Angabe als Tabelle an die Tafel. Erinnern Sie, dass die Präpositionen jeweils einen bestimmten Kasus fordern. Bitten Sie die Sch, Beispiele zu formulieren. Geben Sie dazu Ereignisse als Zeitangaben vor, damit der Kasus klar wird, z. B.: *das nächste Schuljahr > ab dem nächsten Schuljahr; der Winterurlaub / der Sommerurlaub > zwischen dem Winterurlaub und dem Sommerurlaub; die Ferien > während der Ferien.* Erklären Sie, dass *gegen* nur mit einer Uhrzeit oder einer Tageszeit (*gegen Mittag*) stehen kann.

*Arbeitsbuch: S. 66, Ü11–12; S. 67, Ü13–14*

### A9  Wortschatz: Rund um die Ausbildung

1 Die Sch lesen still die Verben im Schüttelkasten von Aufgabe a). Erklären Sie die Aufgabe, indem Sie Satz 1 mit den Sch gemeinsam lösen. Lassen Sie sich dazu das Synonym in der korrekten Zeit nennen *(habe kontrolliert)*.

2 Die Sch lösen den Rest der Aufgabe in Stillarbeit und versuchen, sich die Wortbedeutungen aus dem Kontext der zwei Blog-Texte zu erschließen.

3 Die Sch vergleichen ihre Lösung mit der ihres Nachbarn, bevor Sie dann die Sätze im Plenum durchgehen.

4 Erklären Sie den Sch, dass sie in b) synonyme Nomen in den Blog-Texten finden sollen. Verweisen Sie gegebenenfalls auf die Zeile 5–6 im Teil 1 und Sie Satz 1 mit den Sch im Plenum.

5 Die Sch lesen die weiteren Definitionen, gehen den Text durch und ergänzen die Nomen. Sichern Sie das Ergebnis im Plenum.

*Arbeitsbuch: S. 68, Ü15–17*

### A10  Sprechen: Einen passenden Beruf finden

1 Lesen Sie die Fragen aus a) vor und verweisen Sie auf den Wortschatzkasten. Bitten Sie das Plenum, mit diesen Wörtern weitere Fragen zu formulieren.

2 Gehen Sie gemeinsam mit den Sch die Redemittel durch. Teilen Sie die Klasse in Gruppen zu drei bis vier Sch. Bitten Sie die Sch, sich nacheinander zu befragen und sich dann gegenseitig einen passenden Beruf vorzuschlagen. Gehen Sie herum und helfen Sie wenn nötig. Die Sch können auch auf Deutsch unbekannte Berufsbezeichnungen im Wörterbuch nachschlagen. Jeder Sch berichtet dann kurz im Plenum, welcher Beruf ihm vorgeschlagen wurde.

3 Lenken Sie die Aufmerksamkeit der Sch auf den Wortschatzkasten aus b). Einzelne Sch lesen die verschiedenen Fragen zur Berufsausbildung vor. Bitten Sie die Sch, als Hausaufgabe einen kurzen Vortrag vorzubereiten, in dem sie diese Fragen zur Ausbildung für einen Beruf ihrer Wahl beantworten. Alternativ kann sich jede Gruppe aus a) auf einen Beruf einigen und gemeinsam recherchieren.

4 In der nächsten Stunde tragen die Sch oder die einzelnen Gruppen das Ergenis ihrer Recherche vor.

5 **Zusatzaktivität:** Um die Berufsbezeichnungen zu wiederholen, können Sie die nächste Stunde mit einer Kurzaktivität beginnen: Schreiben Sie einen Beruf auf einen Zettel, den Sie einem oder zwei Sch zeigen. Dieser/Diese erklären, was man in diesem Beruf macht. Die anderen Sch erraten den Beruf. Lassen Sie dann den nächsten Beruf andere Sch erklären und das Plenum erraten.

*Arbeitsbuch: S. 68, Ü18*

## B  Und in 15 Jahren?

### B1  Sprechen: Arbeitsmarkt heute und in der Zukunft

1 Schreiben Sie *Arbeitsleben jetzt* an die Tafel. Fragen Sie die Sch: *Wie viele Berufe haben die meisten Menschen heute? Wo arbeiten sie – zu Hause oder im Büro? Wie viele Stunden arbeiten sie normalerweise? Arbeiten sie bei einer Firma?* Die Sch stellen ihre Einschätzung kurz im Plenum dar.

2 Lenken Sie die Aufmerksamkeit der Sch auf das Foto von Matthias Horx. Erklären Sie seinen Beruf.

3 Ein Sch liest laut die Aufgabe vor. Die Sch lesen still die Aussagen 1–4 und stellen Vermutungen an, die sie dann mit ihrem Nachbarn vergleichen. Sammeln Sie die Vermutungen danach auf Zuruf an der Tafel.

**B2** Lesen: Arbeitsmarkt heute und in der Zukunft

*Folie Lesetext*

1 Ein Sch liest den Anfang des Interviews laut vor (bis „.... *sehr viel mehr Arbeitgeber",* Z. 8–9.). Verweisen Sie kurz auf B1, Aussage 1 und fragen Sie: *Was stimmt? Haben die Menschen in Zukunft nur noch einen Beruf oder mehrere Berufe im Leben? (mehrere Berufe)* Lassen Sie sich die Schlüsselwörter im Text als Beleg nennen und unterstreichen Sie sie auf der Folie.

2 Bitten Sie die Sch, den Text still zu lesen und nach Belegstellen für die restlichen Aussagen aus B1 zu suchen. Stellen Sie klar, dass es nicht darum geht, den Text im Detail zu verstehen, sondern sich auf die Schlüsselwörter zu konzentrieren. Weisen Sie auch auf die Worterklärungen am Textende hin.

3 Sichern Sie das Ergebnis im Plenum, indem Sie sich die Belegstellen zurufen lassen. Ein Sch markiert diese auf der Folie. Die Sch vergleichen die Lösung dann kurz mit ihren Vermutungen an der Tafel aus B1.

**B3** Wortschatz: Antonyme und Synonyme

1 Schreiben Sie *Antonym* und *Synonym* an die Tafel und machen Sie durch den Gegensatzpfeil und das ungefähr-gleich-Zeichen deren Bedeutungen klar. Lenken Sie dann die Aufmerksamkeit der Sch auf die Wörter im Schüttelkasten von a). Erklären Sie, dass die Nomen 1 bis 6 im Text zu finden sind und die Sch die Wörter aus dem Schüttelkasten zuordnen sollen: 1 bis 3 Antonyme, 4 bis 6 Synonyme.

2 Bitten Sie die Sch *in Zukunft* im Text zu suchen und das Gegenteil zu nennen *(in der Vergangenheit).* Nummer 2 bis 6 ordnen die Sch in Stillarbeit zu. Anschließend vergleichen sie ihre Lösung mit der ihres Nachbarn. Sichern Sie das Ergebnis im Plenum.

3 Erklären Sie, dass in b) nur Synonyme gesucht werden. Die Sch lösen die Aufgabe in Stillarbeit und vergleichen ihre Zuordnung wieder mit der ihres Nachbarn. Korrigieren Sie die Lösung im Plenum und lassen Sie sich gegebenenfalls die Textstellen nennen, in denen die Verben vorkommen.

*Kärtchen mit Adjektiven*

4 **Zusatzaktivität:** Bereiten Sie Kärtchen mit Adjektiven vor, deren Gegenteil den Sch auch bekannt ist, z. B.: *groß, schwer, kalt, teuer, laut* ... Teilen Sie die Klasse in zwei Gruppen. Jede Gruppe bekommt einen Satz Kärtchen. Gruppe A nimmt ein Kärtchen auf und sagt das Adjektiv. Gruppe B muss das Gegenteil sagen. Ist es richtig, bekommt Gruppe B einen Punkt. Weiß keiner die Antwort, darf Gruppe A antworten und sich einen Punkt verdienen. Dann zieht Gruppe B ein Kärtchen und Gruppe A antwortet. Lassen Sie auch Lösungsvarianten gelten *(kalt ↔ warm/heiß).*

*Arbeitsbuch: S. 69, Ü19–21; S. 70, Ü22*

**B4** Selektives Lesen: Zukunft der Arbeit

1 Gehen Sie mit den Sch die Tabellen durch und erklären Sie die Struktur: Jeder Kasten bezieht sich auf eine im Text behandelte Frage. Bitten Sie die Sch, still die Antwort des Trendforschers auf Frage 1 zu lesen. Ermutigen Sie die Sch, die Aufgabe zu lösen, auch wenn sie nicht jedes Wort verstehen. Füllen Sie dann gemeinsam mit den Sch den ersten Kasten aus.

2 Die Sch lesen still die Antworten auf die Fragen 2 und 3 und notieren sich in Partnerarbeit die Antworten. Bitten Sie im Plenum einzelne Sch, ihre Lösungen vorzulesen. Lassen Sie sich bei Unklarheiten die Belegstellen im Text nennen.

3 Gehen Sie bei Bedarf nach dem Lösen der Aufgabe auf Wortschatzfragen ein. Verweisen Sie anschließend auf die Lernstrategie und übersetzen Sie diese mit den Sch in die Muttersprache. Die Sch notieren sie sich im Arbeitsbuch auf S. 160.

**B5** Grammatik: Futur I

1 Schreiben Sie Satz 1 an die Tafel. Fragen Sie: *Wie heißt die Zeitangabe? (in den nächsten Jahren) In welcher Zeit steht der Satz? (Präsens)* Markieren Sie beides jeweils in einer anderen Farbe.

2 Schreiben Sie Satz 2 darunter. Markieren Sie auf Zuruf die Verben. Erklären Sie, dass diese Zeit Futur I heißt.

3 Die Sch lesen den „Meine-Regel"-Kasten und füllen ihn aus. Korrigieren Sie dann das Ergebnis im Plenum.

4 Schreiben Sie *werden* an die Tafel und notieren Sie auf Zuruf die Konjugation. Unterstreichen Sie den Vokalwechsel bei der zweiten und dritten Person Singular.

*Arbeitsbuch: S. 70, Ü23–24*

**B6** Grammatik: Prognosen schreiben

1 Erklären Sie den Sch die Aufgabe: Sie sollen die Aussagen über die „Schule der Zukunft" und die „Zukunft der Arbeit" als ganze Sätze im Futur formulieren. Ein Sch liest Aussage 1 und den Satz auf dem gelben Notizzettel laut vor und ergänzt ihn. Ein anderer Sch liest Aussage 5 und formuliert damit einen Satz im Futur. Korrigieren Sie gegebenenfalls.

# Lektion 42

2 Die Sch arbeiten zu zweit. Ein Sch schreibt die Sätze zur „Schule der Zukunft", der andere zur „Zukunft der Arbeit". Anschließend tauschen sie ihre Sätze aus und korrigieren sie gegenseitig.

3 Sichern Sie das Ergebnis im Plenum, indem Sie auf Zuruf die Sätze an die Tafel schreiben.

4 **Zusatzaktivität:** Die Sch überlegen sich zu zweit weitere Prognosen zu einem der beiden Themen und notieren sie auf einem Zettel. Bitten Sie dann einzelne Sch, ihre Prognosen im Plenum vorzustellen. Sammeln Sie anschließend alle Prognosen ein und korrigieren Sie sie bis zur nächsten Stunde. Diese Aktivität bietet sich auch als Hausaufgabe an, falls die Zeit im Unterricht knapp wird.

Arbeitsbuch: S. 70, Ü25

**B7** **Globales und selektives Hören: Radiosendung**

1 Erklären Sie den Sch, dass sie nun eine Radiosendung hören werden. Die Sch lesen still die beiden Fragen von a). Betonen Sie, dass sich die Sch während des Hörens nur Stichwörter und keine ganzen Sätze notieren sollen.

2 Spielen Sie dann den Hörtext (Track 17) vor. Die Sch lösen die Aufgabe während des Hörens und vergleichen dann ihre Notizen mit denen ihres Nachbarn. Korrigieren Sie das Ergebnis im Plenum und bitten Sie die Sch, ihre Stichpunkte jetzt in ganzen Sätzen zu formulieren.

3 Ein Sch liest laut den Text von Lucas aus b) vor. Klären Sie gegebenenfalls unbekannten Wortschatz. Schreiben Sie einen Beispielsatz zum Wetter im Futur I an die Tafel, z. B.: *Morgen wird es regnen*. Wiederholen Sie, dass man im Deutschen das Futur I verwendet, um Vorhersagen oder Prognosen zu formulieren.

4 Lenken Sie dann die Aufmerksamkeit der Sch auf den Grammatikspot zum Futur I. Fragen Sie: *Wann nimmt man also auch das Futur I?* (Um Vorsätze und Pläne zu formulieren) Ein Sch liest die Beispielsätze vor.

5 Spielen Sie nun den Anfang von Lucas' Antwort bis „... in Berlin leben." vor (Track 18). Gehen Sie mit den Sch den ersten Satz im Kursbuch durch und lesen Sie die richtige Antwort vor.

6 Erklären Sie den Sch nun, dass sie noch vier weitere Fehler im Text finden sollen. Spielen Sie den gesamten Text von Lucas vor. Die Sch korrigieren während des Hörens und vergleichen ihr Ergebnis mit dem ihres Nachbarn. Korrigieren Sie dann die Fehler im Plenum. Spielen Sie den Hörtext bei Unklarheiten noch einmal in Abschnitten vor.

7 Schreiben Sie *Uhren aus Gold oder Silber* an die Tafel und unterstreichen Sie die Präposition. Fragen Sie: *Woraus sind die Uhren?* Fragen Sie zur Vertiefung: *Woraus ist ein Stuhl?* Lassen Sie mehrere Antworten zu und bitten Sie die Sch, in ganzen Sätzen zu antworten *(Ein Stuhl ist aus Metall, aus Holz, aus Plastik.)*. Stellen Sie bei Bedarf noch weitere Fragen: *Woraus ist eine Flasche? Woraus ist ein Buch?*

8 Schreiben Sie *wegen des Geldes* an die Tafel und markieren Sie *des* und *-es* farbig. Fragen Sie: *Welcher Kasus ist das?* (Genitiv) Erklären Sie, dass nach der kausalen Präposition *wegen* in der Schriftsprache der Genitiv steht. Die Sch sehen sich den Grammatikspot zur kausalen Präposition *wegen* an und ein Sch liest die Beispielsätze zur Erklärung laut vor. Gehen Sie auch kurz darauf ein, dass man in der gesprochenen Sprache oft den Dativ mit *wegen* hört (*wegen dem Geld*).

9 **Zusatzaktivität:** Vertiefen Sie *wegen* + *Genitiv*, indem Sie Satzteile an die Tafel schreiben und die Sch daraus Sätze formulieren lassen, z. B.: *wegen / die Familie / arbeitet er / zu Hause; wegen / der Job / zieht er / nach Berlin*.

10 Die Sch lesen still den Lückentext aus c). Klären Sie unbekannten Wortschatz und bitten Sie die Sch, nun genau zuzuhören, damit sie die fehlenden Wörter im Hörtext verstehen und die Sätze ergänzen können.

11 Spielen Sie Carolines Antwort vor (Track 19). Die Sch ergänzen die Sätze während des Hörens und vergleichen ihr Ergebnis mit dem ihres Nachbarn. Sichern Sie anschließend die Lösung im Plenum.

12 Erklären Sie, dass die Sch nun Lenas Antwort hören werden und sich zu den Stichpunkten aus d) Notizen machen sollen. Spielen Sie den Hörtext vor (Track 20) und fragen Sie die Sch, ob sie zu jedem Punkt etwas ergänzen konnten. Spielen Sie gegebenenfalls den Text noch einmal vor. Sammeln Sie dann die Notizen der Sch zu den Stichpunkten im Plenum an der Tafel.

Arbeitsbuch: S. 70, Ü26; S. 71, Ü27–30

**B8** **Grammatik: Sätze mit *wegen* formulieren**

1 Schreiben Sie Satz 1 und darunter den Satz vom gelben Notizzettel an die Tafel. Bitten Sie die Sch, die beiden Sätze zu vergleichen. Fragen Sie: *Was ist im Satz mit „wegen" anders?* (Die beiden Satzteile haben die Reihenfolge geändert / „wegen" steht mit einem Nomen: „Liebe" statt des Verbs „lieben" / das Komma fällt weg, denn es gibt keinen Nebensatz mehr)

2 Formulieren Sie auch den zweiten Satz gemeinsam mit den Sch im Plenum um und stellen Sie klar, dass bei der Umformulierung auch Teile des Satzes weggelassen werden können *(Wegen der Karriere möchte Katja ledig bleiben. NICHT: Wegen der Wichtigkeit der Karriere ...)*.

3 Die Sch arbeiten zu zweit und formulieren die Sätze 3 bis 6 um. Lassen Sie sich anschließend die Lösungen zurufen und notieren Sie diese an der Tafel.

Arbeitsbuch: S. 72, Ü31

**B9** Schreiben: In 15 Jahren

1 Erklären Sie den Sch, dass sie nun selbst in einem kurzen Text erzählen sollen, wo sie sich in 15 Jahren sehen und was sie dann machen. Gehen Sie mit den Sch den Redemittelkasten durch und klären Sie unbekannten Wortschatz. Stellen Sie klar, dass diese Fragen eine Struktur für den Text geben können. Ein Sch liest den beispielhaften Anfang für einen Text auf dem Notizzettel vor.

2 Die Sch schreiben ihre Texte. Sammeln Sie sie ein, mischen Sie sie und legen Sie sie auf einen Stapel. Immer abwechselnd liest nun ein Sch einen Text vor. Alle raten, von wem dieser Text wohl ist.

3 Korrigieren Sie die Texte bis zur nächsten Stunde.

*Arbeitsbuch: S. 72, Ü32–33*

## C Ideenwettbewerb

**C1** Lesen: Zukunftsvisionen

1 Die Sch sehen sich das Logo und den Einführungstext an. Fragen Sie: *Worum wird es in den Texten wohl gehen? (Lebenssituationen im Jahr 2025)*

2 Teilen Sie die Klasse in zwei Gruppen. Gruppe A bearbeitet das Themenfeld *Wohnen – Leben – Mobilität*, Gruppe B das Themenfeld *Familie – Freunde – soziales Engagement*. Erklären Sie, dass sich die Gruppen auf ihre jeweilige Vision 1 konzentrieren und die drei Fragen dazu bearbeiten sollen.

3 Die Sch lesen still die Fragen und den Text. Ermuntern Sie die Sch, sich gegenseitig bei Wortschatzfragen zu helfen und gemeinsam die Fragen zu beantworten.

4 Anschließend stellen die beiden Gruppen ihre Antworten im Plenum vor.

**C2** Schreiben: Meine Vision

1 Fragen Sie die Sch zur Einstimmung: *Wie findet ihr die beiden Visionen 1? Möchtet ihr auch so leben?* Bitten Sie dann einzelne Sch, jeweils die Visionen 2 und 3 vorzulesen.

2 Erklären Sie den Sch, dass sie nun zu einem der Themenfelder die Texte zu den Visionen 2 und 3 weiterschreiben sollen.

3 Die Sch wählen ein Thema und finden sich in Paaren zusammen. Zu zweit schreiben die Sch ihre Visionen auf. Gehen Sie herum und helfen Sie gegebenenfalls.

4 Bitten Sie einzelne Schülerpaare, ihre Visionen dem Plenum vorzustellen.

5 Bitten Sie die Sch, sich ein Thema aus c) auszusuchen und sich thematisch zu Gruppen zusammenzufinden. Erklären Sie den Sch, dass sie nach dem Beispiel aus C1 eigene Visionen zu ihrem gewählten Thema formulieren sollen. Bitten Sie die Sch, als Hausaufgabe in Gruppenarbeit zu ihrem jeweiligen Thema Collagen zu erstellen.

6 Die Gruppen stellen in der nächsten Stunde kurz ihre Vision mit ihrer Collage dem Plenum vor. Die Collagen werden anschließend in der Klasse aufgehängt.

# Lektion 43: Wissenschaft und Technik

## A  Zurück in die Steinzeit

### A1  Sprechen: Das Steinzeit-Experiment

1  Die Sch sehen sich das Foto an. Fragen Sie: *Was ist besonders an diesen Menschen? Warum sind sie so angezogen?* Die Sch stellen Vermutungen an.

2  Schreiben Sie *Steinzeit* an die Tafel und sichern Sie das Verständnis. Übersetzen Sie den Begriff in die Muttersprache der Sch und fragen Sie: *Wann war die Steinzeit? Was wisst ihr über die Steinzeit?*

Folie Lesetext

3  Legen Sie die Folie auf und lesen Sie die Überschrift laut vor. Ein Sch liest den ersten Satz des Textes vor. Fragen Sie: *Was sind die Schlüsselwörter in diesem Satz? (Steinzeitmenschen, acht Wochen, Reise, 5000 Jahre zurück)* Markieren Sie diese Schlüsselwörter auf der Folie.

4  Die Sch überfliegen still den weiteren Text und markieren die Schlüsselwörter. Weisen Sie auf die illustrierten Worterklärungen hin.

5  Fragen Sie: *Was ist das Steinzeit-Experiment?* Einzelne Sch berichten anhand ihrer Schlüsselwörter im Plenum. Lassen Sie verschiedene Schlüsselwörter zu, denn es geht vor allem darum, dass die Sch einen ersten Eindruck vom Thema bekommen.

### A2  Wortschatz: Zurück in die Steinzeit

1  Teilen Sie die Klasse in Gruppen von vier bis fünf Sch. Die Sch sehen sich die Bilder A bis G an und versuchen in den Kleingruppen mithilfe der Wortschatzerklärungen am Rande zu beschreiben, was sie auf den Bildern sehen.

2  Im Plenum besprechen die Gruppen gemeinsam, was sie auf den Bildern sehen. Gehen Sie dabei auf die Bilder genauer ein, zu denen die Sch Fragen haben.

3  Gehen Sie mit den Sch die Sätze aus Aufgabe a) durch und klären Sie unbekannten Wortschatz durch Paraphrase auf Deutsch.

4  Erklären Sie die Aufgabe, indem Sie die Zuordnung von Satz 1 zu Bild D kurz kommentieren. Anschließend lösen die Sch Aufgabe a) still und vergleichen ihr Ergebnis mit den Sch in ihrer Kleingruppe. Gehen Sie herum und helfen Sie gegebenenfalls.

5  Sichern Sie kurz die Lösung im Plenum und lenken Sie dann die Aufmerksamkeit der Sch auf Bild A. Fragen Sie: *Was hatten die Steinzeitmenschen also nicht? Womit machten sie Feuer?*

6  Lesen Sie anschließend die Fragen von Aufgabe b) vor. Erklären Sie den Sch, dass sie in ihren Kleingruppen über die Themenbereiche in der Wortschatzhilfe sprechen sollen. Dabei helfen die Fotos aus a) und die Redemittel aus der Sprechblase. Zwei Sch lesen die Sprechblasen laut vor.

7  Geben Sie jeder Gruppe ein bis zwei Themen, über die sie sprechen und sich Notizen machen. Ermutigen Sie die Sch, auch eigene Ideen zu sammeln, z.B.: *Sie haben Brei gegessen und keine Schokolade.* Gehen Sie herum und helfen Sie, wenn nötig. Anschließend stellt jede Gruppe ihre Ergebnisse im Plenum vor.

Arbeitsbuch: S. 78, Ü1–2

### A3  Globales Hören: Radiosendung

1  Stimmen Sie die Sch darauf ein, dass sie nun ein Radiointerview mit drei Personen hören werden, die an dem Steinzeit-Experiment teilgenommen haben, nämlich mit Olli, Britta und Ronja Matthes.

2  Die Sch lesen still die vorgeschlagenen Themen. Stellen Sie klar, dass die Sch nur die Themen ankreuzen sollen, über die im Interview gesprochen wird. Erklären Sie den Sch gegebenenfalls unbekannten Wortschatz und dass sie nicht jedes Wort des Interviews verstehen müssen, um diese Aufgabe zu lösen.

3  Spielen Sie den Hörtext (CD 2, Track 2) bis „*Gar nicht so einfach!*" (Timecode: 01:09) vor und lassen Sie sich anschließend das entsprechende Thema *(Feuer machen)* zurufen.

4  Spielen Sie den weiteren Hörtext vor. Die Sch lösen während des Hörens die Aufgabe. Anschließend vergleichen sie ihr Ergebnis mit dem ihres Nachbarn. Korrigieren Sie dann die Lösung im Plenum.

Arbeitsbuch: S. 78, Ü3

**A4** **Selektives Hören: Radiosendung**

1 Schreiben Sie *tagelang* an die Tafel und fragen Sie: *Welche beiden Wörter stecken in diesem Adjektiv? Was bedeutet dieses Adjektiv also?* Schreiben Sie zur Vertiefung *Monat* an die Tafel und fragen Sie: *Wie heißt das Adjektiv, das „mehrere Monate lang" bedeutet?* (*monatelang*) Stellen Sie klar, dass zur Adjektivbildung mit *-lang* das Nomen immer in den Plural gesetzt wird. Verfahren Sie ebenso mit *Jahr, Stunde, Minute.*

2 Die Sch lesen still die Aussagen 1 bis 9. Klären Sie unbekannten Wortschatz. Spielen Sie zur Erklärung der Aufgabe den Hörtext (CD 2, Track 2) bis „*.... besonders hart*" (Timecode: ~01:01) vor und fragen Sie: *Ist Aussage 1 richtig oder falsch?* *(falsch).* Schreiben Sie zur Verdeutlichung *1: f* an die Tafel.

3 Weisen Sie kurz auf die Worterklärung hin. Bitten Sie die Sch nun, die Aufgabe während des Hörens zu lösen. Spielen Sie den Hörtext bis zum Ende vor.

4 Die Sch vergleichen ihre Lösung mit der ihres Nachbarn. Sichern Sie dann das Ergebnis im Plenum, indem Sie die Lösung auf Zuruf an die Tafel schreiben. Spielen Sie den Hörtext bei Unklarheiten noch einmal in Abschnitten vor.

*Arbeitsbuch: S. 78, Ü4; S.79, Ü5*

**A5** **Grammatik:** *(sich) lassen* **+ Infinitiv**

1 Die Sch öffnen das Buch. Lesen Sie den ersten Satz vor und fragen Sie: *Wer repariert den Ofen? (Ich)* Bitten Sie die Sch, dem Satz das passende Bild zuzuordnen *(b).*

2 Lenken Sie die Aufmerksamkeit der Sch auf das andere Bild. Fragen Sie: *Wer repariert den kaputten Herd? (Nicht ich, sondern der Elektriker)* Lesen Sie dazu den passenden zweiten Satz vor. Klären Sie die Semantik von *lassen: Ich möchte, dass etwas gemacht wird. Ich lasse es (von einer anderen Person) machen.*

3 Schreiben Sie Satz 2 ziemlich weit rechts an die Tafel. Fragen Sie: *Wie heißen die Verben in diesem Satz?* (*lasse* und *reparieren* unterstreichen) *Welches Verb ist konjugiert?* (*lasse,* Position 2) *In welcher Form steht „reparieren"?* (Infinitiv, Satzende) Stellen Sie klar, dass mit *lassen* der Infinitiv ohne *zu* gebildet wird, wie bei den Modalverben. Schreiben Sie zur Verdeutlichung der Grammatik und Semantik die zwei Satzanfänge *Ich muss den kaputten Herd ... / Ich habe keine Lust, den kaputten Herd ...* links von dem Satz mit *lassen* an die Tafel. Die Sch ergänzen die Sätze im Plenum. Machen Sie nochmals deutlich, dass mit *lassen* eine andere Person die Handlung übernimmt.

*Arbeitsbuch: S. 79, Ü6–8; S. 80, Ü9–11*

**A6** **Grammatik: Sätze mit** *(sich) lassen* **+ Infinitiv bilden**

1 Lesen Sie die Arbeitsanweisung von Aufgabe a) und die Sätze auf dem gelben Notizzettel vor. Bilden Sie gemeinsam mit den Sch auf Zuruf Beispielsätze zu *sich die Haare schneiden (Ich schneide mir selbst die Haare. / Ich lasse mir die Haare schneiden.)* und schreiben Sie diese an die Tafel. Die Reflexivpronomen bleiben entsprechend der Valenz der Verben im Dativ oder Akkusativ erhalten.

*leere Zettel*

2 Die Sch lesen still die weiteren Aktivitäten im Wortschatzkasten. Verteilen Sie währenddessen die leeren Zettel und bitten Sie die Sch, die zweispaltige Einteilung des gelben Notizzettels auf ihren Zettel zu übernehmen. Die Sch überlegen, was sie selbst machen und was sie machen lassen und notieren dies in ganzen Sätzen auf ihrem Zettel.

3 Wiederholen Sie kurz die Präsenskonjugation von *lassen.* Bitten Sie einen Sch an die Tafel, der auf Zuruf die Formen notiert. Unterstreichen Sie die Formen mit Vokalwechsel farbig *(du lässt, er/sie/es lässt).*

4 Fragen Sie: *Schneidest du dir die Haare selbst oder lässt du dir die Haare schneiden?* Bitten Sie einzelne Sch zu antworten. Fragen Sie bei den Sch, die sich ihre Haare schneiden lassen, nach, wer das tut. Fordern Sie die Sch auf, die entsprechende Frage zu *Fahrrad reparieren* zu formulieren: *Reparierst du das/dein Fahrrad selbst oder lässt du das/dein Fahrrad reparieren?* Lassen Sie einen oder zwei Sch antworten.

5 Die Sch arbeiten in Paaren zusammen. Verweisen Sie kurz auf die Redemittel und das Beispiel aus b). Die Sch gehen ihre Notizzettel durch, fragen und antworten einander. Gehen Sie herum und helfen Sie, wenn nötig.

6 Fordern Sie im Plenum einzelne Sch auf, über ihren Partner / ihre Partnerin zu berichten.

**!** Damit nicht immer dieselben Sch zusammenarbeiten, ändern Sie hin und wieder die Sitzordnung der Klasse. Achten Sie darauf, dass leistungsschwächere und -stärkere Sch zusammenarbeiten. So können gute Sch helfen und leistungsschwächere können davon profitieren.

## A7 Grammatik: Passiv Präsens

1 Lenken Sie die Aufmerksamkeit der Sch auf die beiden Illustrationen. Im Plenum sagen einzelne Sch, was auf den Bildern zu sehen ist: *a) Ronja, Sophia, Regenmantel; b) Regenmantel und vier Hände.*

2 Schreiben Sie die beiden Beispielsätze aus a) untereinander an die Tafel. Lassen Sie in Satz 2 *von Ronja und Sophia* zunächst weg, lassen Sie aber Platz dafür. Zeigen Sie auf Satz 1 und fragen Sie: *Was ist das Subjekt in dem Satz?* Markieren Sie es farbig. Gehen Sie mit Satz 2 genauso vor. Erläutern Sie, dass im Passivsatz die Person, die etwas macht, nicht so wichtig ist, sondern was gemacht wird, die Handlung. Ergänzen Sie *von Ronja und Sophia* in Satz 2 und übernehmen Sie die Pfeile wie im Buch. Erklären Sie, dass diese Information im Passivsatz stehen kann, aber nicht betont wird.

3 Die Sch lesen still den „Meine-Regel"-Kasten und kreuzen an. Anschließend vergleichen sie ihre Lösung mit der ihres Nachbarn. Lassen Sie sich zur Kontrolle das Ergebnis im Plenum zurufen.

4 Fragen Sie: *Wie heißen die Verben in den beiden* Sätzen? *(nähen; wird genäht) Wie heißt der Infinitiv von „wird"? (werden) In welcher Form steht das Verb „nähen" im Passivsatz? (Partizip Perfekt)* Markieren Sie die Verben an der Tafel farbig. Verweisen Sie auf den Grammatikspot zum Passiv Präsens und erklären Sie, dass das Passiv mit der passenden Form von *werden + Partizip Perfekt* gebildet wird.

5 Lesen Sie Satz 1 aus Aufgabe c) vor und verweisen Sie auf den gelben Notizzettel. Lassen Sie einen Sch den Satz ergänzen. Bitten Sie die Sch, nach dem Prinzip aus A7 a) vorzugehen: Subjekt und Objekt vertauschen, die passende Form von *werden* und das Partizip des Verbs bilden. Lösen Sie Satz 2 noch gemeinsam mit den Sch im Plenum und stellen Sie klar, dass nach *von* der Dativ steht *(von den Kindern)*. Um die Aufgabe zu vereinfachen, können Sie die *von*-Ergänzung (das Agens) zunächst weglassen.

6 Die Sch formulieren Satz 3 bis 6 in Stillarbeit um und vergleichen anschließend ihre Sätze mit denen ihres Nachbarn. Korrigieren Sie die Lösung im Plenum, indem ein Sch auf Zuruf die Passivsätze an die Tafel schreibt.

*Arbeitsbuch: S. 80, Ü12; S. 81, Ü13–16*

## A8 Grammatik: Ein Rezept schreiben

*Kopie des Rezepts auf Folie*

1 Legen Sie die Folie auf und fragen Sie: *Was ist das? (Rezept) Steht es im Aktiv oder im Passiv? (Passiv Präsens)* Erklären Sie, dass Rezepte oft im Passiv geschrieben sind, da wichtig ist, was getan werden soll, aber nicht, wer es tut. Deshalb wird die Person auch komplett weggelassen.

2 Die Sch öffnen das Buch und sehen sich das Rezept für das Steinzeit-Müsli an. Klären Sie unbekannten Wortschatz *(pflücken, klein schneiden, Honig).*

3 Lesen Sie *Äpfel pflücken* vor und fragen Sie: *Was macht der Junge auf dem Bild? (Er pflückt Äpfel.)* Schreiben Sie den Aktiv-Satz an die Tafel. Erinnern Sie die Sch daran: *In einem Rezept ist es nicht wichtig, wer was macht, also könnte man sagen „Die Äpfel werden gepflückt.".* Schreiben Sie den Passivsatz an die Tafel und gehen wenn nötig wie in A7a) vor.

4 Betonen Sie, dass es beim Steinzeit-Experiment keinen Supermarkt gibt. Die Personen müssen sich um die Nahrung selbst kümmern. Fragen Sie dann: *Was muss der Junge machen? (Er muss Äpfel pflücken.) Was für ein Verb ist „*müssen*"? (Modalverb) Und was passiert mit einem Modalverb im Passivsatz?* Erklären Sie, dass im Passiv-Präsens mit Modalverben das Modalverb als konjugiertes Verb auf Position 2 steht, das Partizip Perfekt des Vollverbs steht an vorletzter Stelle und *werden* steht im Infinitiv am Satzende. Schreiben Sie den Passiv-Satz an die Tafel und markieren Sie die Verbformen farbig.

Die Bücher sind geschlossen.

### Eierkuchen

Zutaten:  4 Eier
300 ml Milch
250 g Mehl
Butter

1. Eier, Milch und Mehl werden in eine Schüssel gegeben. Alles wird zu einem Teig gemischt.
2. Die Butter wird in der Pfanne heiß gemacht.
3. Ein großer Löffel Teig wird in die heiße Pfanne gegeben und der Eierkuchen goldbraun gebraten.

| Aktiv | Passiv |
|---|---|
| Der Junge pflückt die Äpfel. | Die Äpfel werden gepflückt. |
| Der Junge muss die Äpfel pflücken. | Die Äpfel müssen gepflückt werden. |

5 Lenken Sie die Aufmerksamkeit der Sch auf *2: Karotten ernten* und bitten Sie sie, wie in Schritt 4 vorzugehen. Lassen Sie sie auf Zuruf den Passivsatz bilden und dann den Passivsatz mit *müssen*. Schreiben Sie ihn auf Zuruf auf die Folie. Im Plenum werden die Sätze 3–6 umformuliert und auf Zuruf untereinander auf der Folie notiert. Weisen Sie die Sch darauf hin, dass ab Satz 4 im Rezept die Zutaten verarbeitet werden, und das Passiv mit Modalverb nicht mehr nötig ist.

6 Machen Sie die Sch auf den monotonen Satzbau aufmerksam. Gehen Sie dann mit den Sch die Lernstrategie durch und übersetzen Sie diese mit den Sch in die Muttersprache. Die Sch notieren sie sich im Arbeitsbuch auf S. 160.

7 Bitten Sie einen Sch, die ersten Sätze auf dem gelben Notizzettel vorzulesen. Erklären Sie, dass wenn die Adverbien aus der Lernstrategie benutzt werden, das konjugierte Verb weiterhin auf Position 2 steht. Beginnt der Satz mit einem Subjekt (z. B. *Die Karotten ...*) steht das Adverb direkt nach dem konjugierten Verb. Bitten Sie einen Sch, den Satz *Die Karotten ...* mit einem Adverb zu ergänzen.

8 In Partnerarbeit schreiben die Sch das Rezept von der Folie ab und ergänzen es dabei um die Adverbien aus der Lernstrategie. Sichern Sie das Ergebnis, indem einzelne Sch ihr strukturiertes Rezept vorlesen. Lassen Sie mehrere Lösungen zu. Lesen Sie abschließend die letzten Sätze auf dem gelben Notizzettel.

9 **Zusatzaktivität:** Die Sch schreiben das Rezept ihres Lieblingsgerichts auf Deutsch im Passiv Präsens. Mit den korrigierten Rezepten gestalten die Sch eine kulinarische Wandtafel.

*Arbeitsbuch: S. 81, Ü17; S. 82, Ü18–20; S. 83, Ü21–22*

### A9 Sprechen: Alternativer Tagesablauf

1 Fragen Sie die Sch: *Was macht ihr morgens, wenn ihr aufsteht?* Ein paar Sch erzählen kurz im Plenum. Erklären Sie die Aufgabe, indem Sie das Plenum fragen: *Für welche dieser Dinge, die gerade genannt wurden, braucht man Strom oder fließend Wasser?* Die Sch antworten. Notieren Sie Stichwörter an der Tafel.

2 Weisen Sie die Sch auf die Redemittel im Buch hin. Zwei Sch formulieren mit den Stichwörtern an der Tafel und den Redemitteln Beispielsätze, z. B.: *Ich könnte beim Frühstück nicht Radio hören. Ich könnte keinen heißen Kakao trinken. Die Zähne müssten ohne Wasser geputzt werden.*

3 Teilen Sie anschließend die Sch in drei bis vier Gruppen ein. Die Sch erzählen sich gegenseitig, was sie alles nicht oder anders machen müssten, wenn sie morgens weder fließend Wasser noch Strom hätten. Gehen Sie herum und helfen Sie gegebenenfalls.

4 Im Plenum berichten die einzelnen Gruppen kurz, welche Entbehrung für sie alle am schlimmsten wäre.

*Arbeitsbuch: S. 83, Ü23*

### B Moderne Technik

### B1 Globales Lesen: Globales Jugendzimmer

1 **Zusatzaktivität:** Teilen Sie die Klasse in zwei bis drei Gruppen. Die Sch sehen sich das Foto an. Fragen Sie: *Welche Gegenstände seht ihr?* Immer abwechselnd nennen die Gruppen je einen Gegenstand auf dem Foto mit Artikel. Für jeden Gegenstand gibt es einen Punkt, er darf nur einmal genannt werden. Die Aktivität endet, wenn den Gruppen nichts mehr einfällt.

2 Fragen Sie die Sch: *Was steht außer diesen Dingen in eurem Zimmer?* Einzelne Sch antworten im Plenum.

3 Die Sch lesen still die Überschrift und die Einleitung. Klären Sie wenn nötig unbekannten Wortschatz. Fragen Sie: *Was ist das Thema? Worum geht es in dem Text?* Sammeln Sie die Äußerungen der Sch im Plenum. Fragen Sie zur Vorentlastung: *Was habt ihr Globales an euch?* Lassen Sie einzelne Sch kurz zu Wort kommen.

### B2 Selektives Lesen: Globales Jugendzimmer

1 Die Sch lesen still die Fragen 1 bis 5. Klären Sie unbekannten Wortschatz. Bitten Sie die Sch anschließend, den Zeitungstext zu lesen und sich Stichpunkte zu den Fragen zu notieren.

2 Die Sch lösen die Aufgabe und vergleichen anschließend ihr Ergebnis mit dem ihres Nachbarn. Tragen Sie im Plenum auf Zuruf die Antworten auf die Fragen zusammen. Lassen Sie sich bei Unklarheiten die Belegstellen im Text nennen. Alternative (zeitsparend): Die Fragen können als Suchaufträge an einzelne Sch / Paare / Gruppen verteilt werden. Am Ende die Ergebnisse zusammentragen, dann müssen nicht alle Sch alles lesen.

**B3** **Wortschatz: Synonyme**

1 Einzelne Sch lesen die Wörter im Schüttelkasten und den jeweiligen Satz im Text vor, in dem die Wörter vorkommen. Verweisen Sie auf die Lernstrategie und übersetzen Sie diese mit den Sch in die Muttersprache. Die Sch notieren sie sich im Arbeitsbuch auf S. 160.

2 In Partnerarbeit ordnen die Sch die Wörter den Definitionen zu und vergleichen anschließend ihr Ergebnis mit dem ihres anderen Sitznachbarn. Kontrollieren Sie das Ergebnis im Plenum.

*Arbeitsbuch: S. 84, Ü24–25*

**B4** **Grammatik: Passiv Vergangenheit**

*Weltkarte*

1 Lenken Sie die Aufmerksamkeit der Sch auf die Weltkarte. Fragen Sie: *Aus welchen Ländern kommen die Dinge in Fabians Zimmer? (Schweden, Polen, USA, China)* Zeigen Sie auf Zuruf die Länder auf der Karte oder lassen Sie sie einen Sch zeigen.

2 Halten Sie zwei Stifte hoch und sagen Sie: *Diese Stifte werden in China hergestellt.* Schreiben Sie den Satz an die Tafel, sodass zwischen den Wort- und Satzteilen genügend Abstand für Trennlinien ist (s. Tafelbild). Fragen Sie: *Ist der Satz aktiv oder passiv? (Passiv Präsens).*

3 Fragen Sie dann: *Wo wurde Fabians iPod® hergestellt?* Notieren Sie diese Frage unter den Präsens-Beispielsatz in die Tabelle an der Tafel. Fragen Sie: *In welcher Zeit steht dieser Passivsatz? Achtet auf die Form von „werden"! (Präteritum)* Lassen Sie die Sch auf Zuruf die Frage beantworten *(Er wurde in China hergestellt.).*

4 Erinnern Sie die Sch daran, dass das Präteritum meist in der Schriftsprache verwendet wird und dass man in Gesprächen oft und gern das Perfekt als Vergangenheitsform gebraucht. Fragen Sie: *Wie bildet man einen Passivsatz im Perfekt? Wie heißt das Perfekt von „werden"? (ist geworden)* Erklären Sie, dass bei der Bildung des Passiv Perfekt bei *geworden* die Vorsilbe wegfällt und nur *worden* bleibt. Schreiben Sie zur Verdeutlichung *geworden* an die Tafel und streichen Sie *ge*.

5 Formulieren Sie gemeinsam mit den Sch den Passivsatz im Perfekt *(Er ist in China hergestellt worden.).* Schreiben Sie den Satz an die Tafel in die Tabelle.

|  | Position 2 |  | Satzende |  |
|---|---|---|---|---|
| Diese Stifte | werden | in China | hergestellt. | |
| Wo | wurde | Fabians iPod® | hergestellt? | |
| Fabians iPod® | ist | in China | hergestellt | worden. |

Betonen Sie, dass das Hilfsverb im Passiv Perfekt immer *sein* ist und dass *worden* immer am Satzende steht. Vertiefen Sie die Vergangenheitsformen des Passivs mit einem oder zwei weiteren Beispielsätzen, z.B.: *Das Ikea-Regal wird in Schweden erfunden. / Der Computer wird in Asien zusammengebaut.* Die Sch formen die Beispielsätze ins Passiv Präteritum und Passiv Perfekt um.

6 Fragen Sie das Plenum: *Was habt ihr an? Was habt ihr dabei?* Die Sch antworten durch Zuruf. Lenken Sie die Aufmerksamkeit der Sch auf die Wortschatzhilfe und die Redemittel in den Sprechblasen. Erklären Sie die Aufgabe, indem Sie einen Sch fragen: *Wo wurde deine Schultasche hergestellt?* Der Sch antwortet mit einem Passiv-Satz (beide Vergangenheiten zulassen).

7 Die Sch arbeiten paarweise zusammen. Sie schreiben Fragen zur Herkunft der Dinge ihres Gesprächspartners und fragen sich dann abwechselnd. Gehen Sie herum und helfen Sie wenn nötig.

8 Besprechen Sie kurz das Ergebnis im Plenum. Welcher Sch nannte die meisten Länder? Einzelne Sch kommen nach vorne und zeigen die Länder auf der Weltkarte.

*Arbeitsbuch: S. 84, Ü26–28; S. 85, Ü29–30*

**B5** **Lesen: Jugend forscht**

1 Die Sch sehen sich das Foto und die Überschrift an. Fragen Sie: *Kennt ihr den Wettbewerb „Jugend forscht"?* Einzelne Sch antworten im Plenum oder stellen Vermutungen an.

2 Erklären Sie den Sch, dass sie nun einen Artikel über diesen europäischen Wettbewerb lesen werden. Bitten Sie einen Sch, laut Aufgabe B5 a) vorzulesen.

3 Die Sch lesen still den Text und beantworten die Fragen aus a). Tragen Sie im Plenum auf Zuruf die Antworten zusammen.

4 Lenken Sie die Aufmerksamkeit der Sch nochmals auf das Foto und fragen Sie: *Was seht ihr? Wer ist Matthias? Was macht er wohl?* Sammeln Sie die Vermutungen der Sch als Stichpunkte an der Tafel.

**B6** **Globales Hören: Hypothesen überprüfen**

1 Stimmen Sie die Sch ein, indem Sie erklären, dass sie nun ein Interview mit Matthias hören werden und ihre Hypothesen über ihn überprüfen können. Betonen Sie, dass die Sch nicht jedes Wort verstehen müssen, um diese Aufgabe zu lösen. Spielen Sie dann den Hörtext vor (CD2, Track 3).

2 Sammeln Sie die Antworten auf Zuruf an der Tafel und vergleichen Sie sie gemeinsam mit den Sch mit den vorher geäußerten Vermutungen. Welche waren richtig, welche waren falsch?

**B7** **Selektives Hören: Radiointerview**

1 Bitten Sie die Sch, still die Aussagen 1 bis 8 zu lesen und klären Sie bei Fragen unbekannten Wortschatz. Gehen Sie auch kurz auf die Symbole *vorwärts/rückwärts/oben/unten* von Aussage 4 ein.

2 Spielen Sie den Hörtext (Track 3) noch einmal ganz vor. Die Sch lösen während des Hörens die Aufgabe und vergleichen anschließend ihr Ergebnis mit dem ihres Nachbarn. Korrigieren Sie die Aufgabe im Plenum. Spielen Sie bei Unklarheiten den Hörtext nochmals in Abschnitten vor.

*Arbeitsbuch: S. 85, Ü31*

**B8** **Grammatik: Konsekutivsätze**

1 Ein Sch liest laut die beiden Beispielsätze vor. Lenken Sie die Aufmerksamkeit der Sch auf den „Meine-Regel"-Kasten und bitten Sie sie, die Sätze zuzuordnen. Die Sch vergleichen ihre Lösung mit der ihres Nachbarn. Korrigieren Sie das Ergebnis im Plenum.

2 Vertiefen Sie die Konsekutivsätze, indem Sie die Beispielsätze mit den Sch in deren Muttersprache übersetzen. Fragen Sie: *Wie werden Folgen/Konsequenzen in eurer Muttersprache ausgedrückt? Gibt es Ähnlichkeiten zum Deutschen?*

*Arbeitsbuch: S. 85, Ü32; S.86, Ü33*

**B9** **Grammatik: Nebensätze mit *sodass* und *so ... dass***

1 Stimmen Sie die Sch ein, indem Sie auf das Foto eingehen. Fragen Sie: *Was seht ihr auf dem Foto? (Matthias bekommt eine Urkunde verliehen.)*

2 Erklären Sie Aufgabe B9, indem Sie Satz 1 gemeinsam mit den Sch im Plenum lösen. Weisen Sie dafür auf den gelben Notizzettel hin und lassen Sie das Plenum durch Zuruf den Satz vervollständigen. Wiederholen Sie kurz, dass in Nebensätzen das Verb immer am Satzende steht.

3 Erleichtern Sie den Sch das Umformulieren der Sätze 2–4, indem Sie folgende Vorgehensweise vorschlagen: *Steht im ersten Hauptsatz ein Adjektiv bzw. ein Adverb – ja oder nein? Ja: Der Satz wird mit „so ... dass" umgeformt. Nein: Der Satz wird mit „sodass" formuliert.*

4 Die Sch formen die Sätze um und vergleichen diese mit denen ihres Nachbarn. Korrigieren Sie das Ergebnis im Plenum. Ein Sch notiert die Lösungen auf Zuruf an der Tafel.

**B10** **Schreiben: Moderne Technik zu Hause**

1 Erklären Sie die Aufgabe, indem Sie ein Beispiel geben, z.B.: *Zu Hause habe ich eine Mikrowelle. Ich finde sie besonders gut, weil ich damit mein Essen schnell warm machen kann. Die Mikrowelle wurde in Taiwan hergestellt.*

2 Gehen Sie dann auf die Aufgabe ein und fragen Sie: *Welche Technik oder welche Geräte gibt es bei euch zu Hause? Was findet ihr besonders gut?* Sammeln Sie einige Beispiele an der Tafel.

3 Verweisen Sie auf die Wortschatzhilfe im Buch und bitten Sie die Sch, als Hausaufgabe einen kurzen Text über moderne Technik bei ihnen zu Hause zu schreiben. Sammeln Sie die Texte in der nächsten Stunde ein und korrigieren Sie sie.

*Arbeitsbuch: S. 86, Ü34*

## C   Rekorde und Wissenswertes aus der Natur

### C1   Sprechen: Natur-Quiz

1   Die Sch halten die Bücher geschlossen. Teilen Sie die Klasse in drei bis vier Gruppen. Schreiben Sie den Titel des Quiz' an die Tafel: *Rekorde und Wissenswertes aus der Natur – interessante Wissensfragen*. Bitten Sie die einzelnen Gruppen, sich Stichpunkte zu interessanten Dingen aus dem Bereich *Natur* zu machen.

2   Sammeln Sie die Ergebnisse auf Zuruf im Plenum an der Tafel.

### C2   Lesen: Natur-Quiz

1   Die Sch schlagen die Bücher auf. Bitten Sie die Sch, innerhalb der Gruppen das Quiz zu lösen. Die Lösungen sind abgedeckt. Verweisen Sie auf die Worterklärungen am Textende und bitten Sie die Sch, sich wenn nötig gegenseitig bei Wortschatzfragen zu helfen.

2   Die Gruppen vergleichen dann ihre Antworten mit den Lösungen. Fragen Sie im Plenum: *Was war für euch sofort klar? Was hat euch überrascht?*

### Internetzugang

3   **Zusatzaktivität:** Ist in der Klasse Internetzugang vorhanden, kann jede Gruppe zwei bis drei Rekorde oder wissenswerte Dinge aus der Natur im Internet recherchieren und anschließend im Plenum präsentieren.

### C3   Schreiben: Natur-Quiz

1   Erklären Sie den Sch, dass nun jede Gruppe selbst ein Quiz schreiben soll. Betonen Sie, dass es (wie im Quiz aus C2) zu jeder Frage drei Antworten zur Auswahl geben soll. Bitten Sie jede Gruppe, sich ein Thema zu überlegen. Lesen Sie dazu die Vorschläge aus dem Buch vor, lassen Sie aber auch eigene Ideen der Sch zu. Begrenzen Sie die Zeit auf 10 bis 15 Minuten.

2   Die Gruppen erstellen jeweils ein Quiz mit vier Fragen, tauschen diese dann untereinander aus, bis alle Gruppen alle Quiz, die im Umlauf sind, gemacht haben. Vergleichen Sie dann anschließend die Lösungen im Plenum, in dem jede Gruppe die Lösungen für ihr Quiz vorgibt. Für jede richtige Antwort gibt es einen Punkt. Welche Gruppe hat die meisten Punkte?

## A Was machst du mit deinen Sachen?

### A1 Sprechen: Welche Sachen hast du auch?

*Folie Illustration A1*

1 Legen Sie die Folie auf. Fragen Sie: *Was seht ihr auf dem Bild?* In einer Redekette nennen die Sch nacheinander jeweils eine Sache, die sie auf der Illustration erkennen. Helfen Sie wenn nötig mit dem Artikel.
2 Die Sch schlagen ihr Buch auf. Weisen Sie auf die Wortschatzhilfe hin, falls diese Wörter noch nicht gefallen sind, und zeigen Sie sie auf der Folie.

*10 Stifte*

3 Weisen Sie auf den Kasten mit den unterschiedlichen Graden bei Mengenangaben hin. Veranschaulichen Sie diese, indem Sie zehn Stifte in die Hand nehmen und sagen: *Das sind viele Stifte.* Halten Sie drei Stifte hoch und fragen Sie: *Wie viele sind das? Verwendet die Ausdrücke aus dem Buch!* Lassen Sie sich die Mengenangabe zurufen *(nicht so viele …)*. Halten Sie dann neun Stifte hoch *(sehr viele …)* usw.
4 Die Sch lesen die Aufgabe. Gehen Sie gemeinsam mit den Sch die Redemittel durch. Bitten Sie einige Sch, beispielhaft Sätze mit den ersten Redemitteln zu bilden.
5 Teilen Sie die Klasse in drei bis vier Gruppen. Lesen Sie die Fragen der Aufgabe laut vor. Die Gruppen sprechen jeweils darüber und verwenden dafür die Redemittel und die verschiedenen Grade bei Mengenangaben. Gehen Sie herum und helfen Sie wenn nötig.

*Arbeitsbuch: S. 88, Ü1*

### A2 Globales Hören: Aussagen Personen zuordnen

1 Stimmen Sie die Sch darauf ein, dass sie nun Straßeninterviews mit drei Jugendlichen hören werden zum Thema: *Was machst du mit deinen Sachen?* Betonen Sie, dass die Sch nicht jedes Wort verstehen müssen, um die Aufgabe zu lösen.
2 Bitten Sie die Sch, zuerst die Aussagen a–c zu lesen. Klären Sie unbekannten Wortschatz. Spielen Sie anschließend das erste Interview des Hörtextes vor (Track 4).
3 Fragen Sie: *Welche Aussage im Buch passt zu dem, was Anna gesagt hat?* (c) Gehen Sie bei den anderen Interviewteilen (Track 5 und 6) genauso vor.

*Arbeitsbuch: S. 88, Ü2*

### A3 Selektives Hören: Aussagen korrigieren

1 Bitten Sie die Sch, sich alle Aussagen zu Anna durchzulesen. Klären Sie gegebenenfalls unbekannten Wortschatz und weisen Sie auch auf die Wortschatzhilfe zum Hörtext hin. Die Sch sollen beim Hören entscheiden, ob die Aussagen richtig (r) oder falsch (f) sind. Falls die Aussagen falsch sind, sollen die Sch versuchen, sich die richtige Antwort als Stichpunkt zu notieren.
2 Spielen Sie zur Verdeutlichung den Hörtext (Track 4) bis „*… Secondhand-Laden anders.*" vor und lassen Sie das Plenum Aussage 1 korrigieren. *(Anna gibt ihre Kleidung ihrer jüngeren Schwester.)*
3 Spielen Sie den Rest des ersten Interviews vor. Die Sch vergleichen ihre Lösungen mit denen ihres Nachbarn. Korrigieren Sie dann das Ergebnis im Plenum. Verfahren Sie bei den beiden anderen Interviewteilen genauso.

*Arbeitsbuch: S. 88, Ü3–4; S. 89, Ü5*

### A4 Grammatik: Deklination von Adjektiven (im Komparativ / Superlativ) und Partizipien

1 Die Sch haben ihre Bücher geschlossen. Wiederholen Sie kurz die Steigerung. Schreiben Sie ein regelmäßiges Adjektiv an die Tafel, z. B. *schön*. Fragen Sie das Plenum: *Wie heißt die Steigerung (der Komparativ und der Superlativ) von „schön"?* (schöner, am schönsten) Schreiben Sie Komparativ und Superlativ von *schön* an die Tafel und erklären Sie, dass *schön* regelmäßig gesteigert wird. Verfahren Sie so mit weiteren regelmäßigen Adjektiven, z. B. *schnell, langweilig …* Schreiben Sie dann *jung* an die Tafel und fragen Sie wieder *(jünger, am jüngsten)*. Notieren Sie auch diese Formen an die Tafel und betonen Sie, dass *jung* mit einem Vokalwechsel gesteigert wird (ebenso *alt, groß …*). Schreiben Sie ein unregelmäßiges Adjektiv an die Tafel, z. B. *gut, viel* oder *gern* und lassen Sie das Plenum jeweils Komparativ und Superlativ rufen.
2 Erklären Sie, dass man Komparativ und Superlativ von Adjektiven ebenso wie Adjektive in ihrer Grundform dekliniert. Schreiben Sie an die Tafel: *die jünger___ Cousine.* Bitten Sie einen Sch an die Tafel, um die Adjektivendung zu ergänzen. Schreiben Sie dann daneben: *eine jünger___ Cousine.* Der Sch ergänzt auf Zuruf das Adjektiv. Verfahren Sie ebenso mit den Pluralformen: *die jünger___ Cousinen.*

3 Die Sch schlagen ihr Buch auf. Lenken Sie die Aufmerksamkeit der Sch auf den Grammatikspot zur Adjektivdeklination im Komparativ und Superlativ. Erinnern Sie daran, dass Partizipien auch als Adjektiv verwendet werden können und in diesem Fall auch dekliniert werden.

4 Ergänzen Sie zusammen mit den Sch den ersten Satz. Erklären Sie, dass die Sch erst das Partizip (bei einem Verb) oder den Superlativ (bei einem Adjektiv wie im Beispiel c) bilden und dieses dann deklinieren sollen.

5 Die Sch lösen den Rest der Aufgabe in Stillarbeit und vergleichen anschließend ihre Lösung mit der ihres Nachbarn. Kontrollieren Sie das Ergebnis im Plenum.

*Arbeitsbuch: S. 89, Ü6–7; S. 90, Ü8–10*

**A5**  **Grammatik: Nebensätze mit *indem* und *anstatt***

1 Bitten Sie die Sch, sich die beiden Bilder anzusehen. Die Sch lösen Aufgabe a) in Partnerarbeit. Kontrollieren Sie das Ergebnis im Plenum und gehen Sie auf die Beispielsätze ein. Bitten Sie die Sch, die beiden Sätze zu paraphrasieren: Ich verwende die Sachen wieder. *Ich schmeiße sie nicht weg. / Ich verwende die Sachen wieder. Ich mache etwas Neues daraus.*

2 Die Sch lesen still die ersten beiden Sätze des „Meine-Regel"-Kastens und ergänzen die Regel. Anschließend vergleichen sie ihre Lösung mit der ihres Nachbarn. Sichern Sie das Ergebnis im Plenum.

3 Gehen Sie kurz auf das Achtung-Zeichen und den Unterschied zwischen *anstatt zu* und *anstatt dass* im Regelkasten ein, indem Sie auf die parallelen Strukturen bei *ohne zu* und *ohne dass* (s. Lektion 28, S. 23) verweisen und zusammenfassen: *Ist das Subjekt in Haupt- und Nebensatz gleich, benutzt man „anstatt zu" oder „anstatt dass" (s. Satz 1). Sind die Subjekte verschieden, benutzt man „anstatt dass" (z. B. Ich verwende die Sachen wieder, anstatt dass sie im Schrank liegen bleiben.).*

4 Bearbeiten Sie gemeinsam mit den Sch die ersten beiden Beispielsätze von Aufgabe c). Schreiben Sie die möglichen Lösungen an die Tafel.

5 Die Sch lösen in Partnerarbeit die restlichen Beispielsätze und vergleichen ihr Ergebnis anschließend mit dem ihres anderen Sitznachbarn. Kontrollieren Sie die Lösung im Plenum.

*Arbeitsbuch: S. 90, Ü11; S. 91, Ü12–16; S. 92, Ü17–18*

**A6**  **Sprechen: Klassenumfrage**

1 Erklären Sie den Sch, dass sie nun eine Klassenumfrage zum Thema „Was macht ihr mit euren Sachen?" und anschließend eine Statistik mit ihren Ergebnissen machen werden. Sammeln Sie auf Zuruf die Vorschläge von den Sachen, nach denen alle befragt werden sollen, an der Tafel. Bitten Sie die Sch dann, sich auf fünf bis sechs Dinge zu einigen. Verweisen Sie als Hilfe auf den gelben Notizzettel aus Aufgabe b).

2 Bitten Sie zwei Sch, die Redemittel aus den Sprechblasen vorzulesen und beispielhaft zu ergänzen. Helfen Sie wenn nötig.

*leere DIN-A4-Blätter*

3 Teilen Sie die Klasse in drei bis vier Gruppen ein und verteilen Sie je ein leeres Blatt an eine Gruppe. Die Sch fragen sich innerhalb der Gruppen gegenseitig, wer was macht, und notieren dazu Stichpunkte.

*Plakatpapier, Plakatstift*

4 Während die Sch sich gegenseitig befragen, bereiten Sie eine Tabelle nach dem Beispiel vom gelben Zettel aus b) vor.

5 Fragen Sie die Sch, ob in den Gruppen weitere Alternativen genannt wurden, was die Sch mit ihren alten Sachen machen. Anschließend präsentiert je ein Sch die Gruppenergebnisse und trägt sie als Striche in die Liste ein. Werten Sie die Liste anschließend gemeinsam mit den Sch im Plenum aus. Bitten Sie die Sch, die Redemittel aus A1 dafür zu benutzen (die unterschiedlichen Grade bei Mengenangaben).

*Arbeitsbuch: S. 92, Ü19*

**A7** **Lesen: Anzeigen**

1  Halten Sie die Anzeigen hoch und fragen Sie die Sch: *Was ist das? Was ist so typisch für die Sprache in diesen kurzen Texten? (In Anzeigen ist die Sprache verkürzt, oft werden auch Abkürzungen gebraucht)*

2  Die Sch öffnen ihr Buch und drei Sch lesen die Aussagen a bis c laut vor. Klären Sie wenn nötig unbekannten Wortschatz. Erklären Sie die Aufgabe, indem Sie Anzeige 1 gemeinsam mit den Sch im Plenum zuordnen. Anschließend lesen die Sch die anderen beiden Anzeigen und ordnen diese in Stillarbeit zu. Sichern Sie das Ergebnis im Plenum.

3  Bitten Sie die Sch, nochmals genau Anzeige 1 durchzugehen und die Nomen, die mit Adjektiv stehen, zu suchen. Lassen Sie sich diese zurufen und schreiben Sie sie an die Tafel *(neuen Jeansrock, braunem Leder, kurze Jeans, gutem Zustand)*. Fragen Sie: *Wo ist der Artikel? (Es gibt keinen.)* Erklären Sie, dass in deutschen Anzeigen meist das Subjekt und die Artikel weggelassen werden. Fragen Sie: *Wie würden die Sätze aus Anzeige 1 vollständig heißen (also mit Subjekt und Artikeln)?* Notieren Sie auf Zuruf die Anzeige in ganzen Sätzen an der Tafel: *Ich tausche einen fast neuen Jeansrock mit (einem) Gürtel aus braunem Leder in eine kurze Jeans in einem möglichst guten Zustand, in der Größe 38. Bitte melden Sie sich / melde dich per SMS.*

4  Lenken Sie die Aufmerksamkeit der Sch auf den Grammatikspot zur Adjektivdeklination ohne Artikel. Erklären Sie kurz, dass die Sch die Endungen bereits von der Adjektivdeklination mit dem unbestimmten Artikel kennen. Als Ausnahme müssen sie sich lediglich die Dativformen merken: Im Dativ übernimmt das Adjektiv die Endungen des Artikels, wenn es ohne Artikel steht. Dadurch bleibt der Fall klar, auch wenn es keinen Artikel gibt, der ihn anzeigt.

5  Gehen Sie noch einmal auf die Beispiele ein, die an der Tafel stehen. Erfragen Sie als Hilfestellung jeweils mithilfe der „vollständigen" Anzeige den Kasus *(z.B. neuen Jeansrock > einen neuen Jeansrock > Akkusativ)*.

6  Verweisen Sie auf die Lernstrategie und übersetzen Sie diese mit den Sch in die Muttersprache. Die Sch notieren sie sich im Arbeitsbuch auf S. 160.

*Arbeitsbuch: S. 92, Ü20; S.93, Ü21*

**A8** **Grammatik: Adjektivendungen**

1  Verdeutlichen Sie die Adjektivdeklination ohne Artikel, indem Sie das erste Beispiel gemeinsam mit den Sch im Plenum lösen. Fragen Sie: *Welchen Artikel hat das Nomen* Bücherregal? *(das) Wie heißt dazu der unbestimmte Artikel? (ein) Wie muss „lang" also in diesem Fall dekliniert werden? (langes)*

2  Die Sch lösen die Aufgabe in Stillarbeit und vergleichen ihre Lösung mit der ihres Nachbarn. Sichern Sie das Ergebnis im Plenum, wenn nötig so detailliert wie in Schritt 1.

**A9** **Schreiben: Anzeige**

1  Bitten Sie die Sch nun, selbst eine Anzeige zu schreiben und dabei auf die Form (kein Subjekt, keine Artikel vor den Nomen) und die Deklination der Adjektive zu achten. Verweisen Sie auf die Wortschatzhilfe. Betonen Sie aber, dass die Anzeigen der Sch sich auch auf andere Gegenstände beziehen können.

2  Sammeln Sie die Anzeigen ein und korrigieren Sie sie bis zur nächsten Stunde. Diese Aufgabe kann auch als Hausaufgabe gegeben werden.

3  Zusatzaktivität: Hängen Sie die Anzeigen im Klassenzimmer auf. Die Sch sehen sich die Anzeigen an und stellen Vermutungen an, von wem die Anzeigen jeweils sind. *(Jemand verkauft seine alten Platten. Das ist bestimmt ..., weil ...)*

*Arbeitsbuch: S. 93, Ü22*

**B** **Werbung**

**B1** **Sprechen: Produkte und Marken**

1  Fragen Sie die Sch, welche Marken ihnen einfallen, wenn sie sich die Illustrationen im Text aus B2 ansehen.

2  Mithilfe der Redemittel erzählen einzelne Sch kurz im Plenum, welche Marken ihnen wichtig sind und welche nicht.

3  Teilen Sie die Sch in drei oder vier Gruppen ein. Bitten Sie jede Gruppe, eine Top-Liste mit ihren drei beliebtesten Marken und Produkten zu machen.

4  Die Gruppen stellen nacheinander im Plenum ihre Top-3-Listen vor. Stimmen alle überein oder gibt es Unterschiede?

5  Die Sch sehen sich links unten die Marken an, die deutsche Jugendliche kennen und vergleichen diese kurz mit ihren Top-Listen im Plenum.

*Arbeitsbuch: S. 93, Ü23*

# Lektion 44

## B2 Globales Lesen: Themen zuordnen

1 Ein Sch liest die Themen a bis c laut vor. Klären Sie unbekannten Wortschatz. Lassen Sie anschließend einzelne Sch Vermutungen formulieren, worum es in dem Text wohl gehen könnte.

2 Erklären Sie, dass der Zeitungsartikel in drei Teile geteilt ist und die Sch jedem Abschnitt ein Thema zuordnen sollen. Weisen Sie auf die Wortschatzhilfe hin, betonen Sie aber auch, dass die Sch nicht jedes Wort verstehen müssen, um die Aufgabe zu lösen.

3 Die Sch lösen die Aufgabe in Stillarbeit und vergleichen ihr Ergebnis mit dem ihres Nachbarn. Sichern Sie dann die Lösung im Plenum.

## B3 Selektives Lesen: Jugendwerbung

1 Erklären Sie den Sch, dass sie nun mithilfe des Zeitungsartikels die Satzteile zuordnen sollen. Lesen Sie laut den Anfang des Zeitungsartikels bis „... *beeinflussen sollen.*" vor. Bitten Sie dann einen Sch, Satz 1 vorzulesen und fragen Sie ins Plenum: *Was passt dazu? (c)*

2 Die Sch lösen die Aufgabe in Partnerarbeit und vergleichen ihre Zuordnungen anschließend mit ihrem anderen Sitznachbarn. Korrigieren Sie die Lösung im Plenum. Lassen Sie sich bei Unklarheiten die relevanten Belegstellen aus dem Text nennen.

3 Alternative Vorgehensweise für leistungsschwächere Schüler: Lassen Sie die komplette Aufgabe im Stil von Schritt 1 im Plenum lösen. (Satz 2: Zeile 11–12; Satz 3: Zeile 26–28; Satz 4: Zeile 31–36; Satz 5: Zeile 40–42; Satz 6: Zeile 57–59)

## B4 Wortschatz: Rund um Werbung und Einkauf

1 Ein Sch liest die Verben aus dem Schüttelkasten von a) vor. Weisen Sie auf die Zeilenangaben hin. Bitten Sie die Sch, die Wörter im Text zu suchen und die ihnen schon bekannte Lernstrategie, unbekannte Wörter aus dem Kontext zu erschließen, anzuwenden.

2 Lösen Sie den ersten Beispielsatz gemeinsam mit den Sch im Plenum. Die Sätze 2 bis 4 ergänzen die Sch in Stillarbeit. Anschließend vergleichen sie ihr Ergebnis mit dem ihres Nachbarn. Kontrollieren Sie im Plenum. Gehen Sie nun gegebenenfalls auf Wortschatzfragen ein.

3 Gehen Sie bei Aufgabe b) analog zu Aufgabe a) vor.

*Arbeitsbuch: S. 93, Ü24; S. 94, Ü25–26*

## B5 Grammatik: Genitiv von unbestimmten und possessiven Artikeln

1 Schreiben Sie *eines Freundes / seiner Eltern* an die Tafel und fragen Sie: *Was sind das für Artikel? (unbestimmter Artikel, Possessivartikel) In welchem Kasus stehen sie? (Die beiden Artikel stehen hier im Genitiv.).*

2 Verweisen Sie auf den Grammatikspot zum Genitiv von unbestimmten und possessiven Artikeln. Erklären Sie, dass die Genitivendung der bestimmten Artikel auch die Endung beim unbestimmten Artikel bzw. bei den Possessivartikeln ist.

3 Verdeutlichen Sie die Aufgabe, indem Sie gemeinsam mit den Sch den ersten Satz besprechen. Die Sch lesen anschließend den restlichen Text und ergänzen die Genitivformen der Artikel. Sichern Sie das Ergebnis im Plenum. Gibt es Unklarheiten darüber, ob man den unbestimmten oder den possessiven Artikel verwenden soll, lassen Sie die Sch verdeutlichen, ob das Nomen zu jemandem / zu etwas gehört (possessiv) oder nicht.

*Arbeitsbuch: S. 94, Ü27–28; S. 95, Ü29*

## B6 Grammatik: Sätze mit *je ... desto*

1 Lesen Sie den Beispielsatz aus a) laut vor. Still lesen die Sch die Sätze a und b und entscheiden, welcher die richtige Paraphrase ist. Klären Sie das Ergebnis im Plenum.

2 Notieren Sie die Tabelle aus Aufgabe b) an die Tafel und bitten Sie einen Sch, den Satz aus Aufgabe a) in die Tabelle einzutragen. Lassen Sie das Plenum gegebenenfalls helfen.

3 Bitten Sie einen Sch, Satz 1 aus c) laut vorzulesen. Erklären Sie die Aufgabe, indem Sie die zwei Hauptsätze gemeinsam mit den Sch im Plenum verbinden. Fragen Sie zuerst: *Wie heißt der Komparativ von „viel"? (mehr)* Verweisen Sie anschließend auf die Tabelle an der Tafel. Notieren Sie auf Zuruf Satz 1 in die Tabelle.

4 Die Sch formulieren die Sätze 2 bis 4 in Stillarbeit und vergleichen anschließend ihre Sätze mit denen ihres Nachbarn. Sichern Sie das Ergebnis im Plenum. Bitten Sie einen Sch, auf Zuruf die Lösungen in der Tabelle an der Tafel zu notieren.

*leere DIN-A4-Blätter*

5 **Zusatzaktivität:** Teilen Sie die Klasse in zwei Gruppen. Jede Gruppe bekommt ein leeres Blatt und bildet eine „Schreib-kette". Jeweils ein Sch beginnt und schreibt einen „je-Satz" auf den Zettel. Diesen gibt er dann an seinen Nachbarn weiter, der den Satz mit einem „desto-Satz" ergänzt. Der nächste Sch formuliert wieder einen je-Satz usw. Der letzte Sch in der Reihe liest die einzelnen Sätze laut vor. Im Plenum werden diese gegebenenfalls korrigiert.

*Arbeitsbuch: S. 95, Ü30–32*

**B7** **Hören: Durchsagen verstehen**

1 Erklären Sie den Sch, dass sie nun vier verschiedene Werbedurchsagen aus einem Einkaufszentrum hören werden. Zu jeder Durchsage gibt es eine Aussage. Die Sch sollen während des Hörens entscheiden, ob die Aussage richtig oder falsch ist.
2 Bitten Sie die Sch zunächst, Aussage 1 zu lesen. Spielen Sie dann die erste Durchsage vor und fragen Sie: *Ist Aussage 1 richtig oder falsch? (falsch; Es gibt Sondergebote für alle Computer – außer Laptops.)* Spielen Sie bei Unklarheiten die Durchsage noch einmal vor.
3 Die Sch lesen still die Aussagen 2–4. Klären Sie gegebenenfalls unbekannten Wortschatz und weisen Sie auf die Wort-schatzhilfe hin. Spielen Sie dann die drei weiteren Durchsagen ohne Pause vor.
4 Die Sch vergleichen ihre Lösung mit der ihres Nachbarn. Sichern Sie anschließend das Ergebnis im Plenum. Spielen Sie bei Unklarheiten nochmals die relevanten Passagen des Hörtextes vor.

*Arbeitsbuch: S. 96, Ü33–34*

**B8** **Grammatik: Modale Präpositionen *nach* und *außer***

1 Bitten Sie einen Sch, Beispiel 1 und die beiden Erklärungen vorzulesen. Fragen Sie: *Was bedeutet „außer Laptops"? (a)* Verweisen Sie als Kontexthilfe gegebenenfalls auf Satz 1 aus Aufgabe B7. Besprechen Sie ebenso Beispiel 2 im Plenum.
2 Die Sch lösen den Rest der Aufgabe in Stillarbeit und vergleichen im Anschluss ihre Lösung mit der ihres Nachbarn. Sichern Sie das Ergebnis im Plenum.
3 Verweisen Sie auf den Grammatikspot zu den modalen Präpositionen *nach* und *außer* und erklären Sie, dass nach diesen modalen Präpositionen immer der Dativ steht. Bitten Sie die Sch, sich nochmals die Beispiele 1 bis 4 anzusehen und fragen Sie: *In welchem Beispiel kann man erkennen, dass nach diesen modalen Präpositionen der Dativ steht? (Beispiel 4 → italienischen Rezepten)*. Weisen Sie gegebenenfalls auch auf die feste Wendung *meiner Meinung nach* hin.

*Arbeitsbuch: S. 96, Ü35*

**B9** **Sprechen: Gute Werbung**

*verschiedene Werbung aus Zeitschriften oder Zeitungen*

1 Zeigen Sie den Sch die Werbeanzeigen. Fragen Sie im Plenum: *Kennt ihr diese Werbeanzeigen? Mögt ihr sie? Welche (aktuelle) Werbung findet ihr gut? Warum?* Lassen Sie einzelne Sch zu Wort kommen. Teilen Sie die Klasse dann in drei bis vier Gruppen und bitten Sie die Sch, in den Gruppen weiter zu diskutieren. Weisen Sie auch auf die dritte Frage aus Aufgabe a) hin und fragen Sie: *Habt ihr schon einmal wegen einer Werbung ein bestimmtes Produkt gekauft?*
2 Die Gruppen diskutieren. Gehen Sie herum und helfen Sie gegebenenfalls.

*leere Zettel*

3 Verteilen Sie an jede Gruppe einen leeren Zettel. Lenken Sie die Aufmerksamkeit der Sch auf den gelben Notizzettel aus Aufgabe b). Bitten Sie die einzelnen Gruppen, jeweils eine Liste mit Eigenschaften zu erstellen, die gute Werbung ihrer Meinung nach haben sollte.
4 Jede Gruppe stellt ihre Hitliste im Plenum vor.

## C So einfach wie genial

### C1 Sprechen: Logos

1 Die Sch halten die Bücher geschlossen. Zeigen Sie den Sch den Markenartikel mit Logo, z. B. ein Kleidungsstück. Fragen Sie: *Von welcher Marke ist das? Woran erkennt man das? Welche bekannten Marken gibt es hier? Welches Logo haben sie?* Alternativ dazu können Sie die Schüler fragen, welche Marken aus Deutschland, Österreich und der Schweiz sie kennen. Die Sch erzählen kurz im Plenum.
2 Die Sch schlagen ihr Buch auf und sehen sich die Logos an. Fragen Sie: *Kennt ihr diese Logos? Für welche Art von Produkten stehen sie? (Adidas → Sportbekleidung; Ritter Sport → Schokolade; Haribo → Gummibärchen; Maggi → Instant-Soßen und Suppen; Birkenstock → Schuhe) Welches Logo gefällt euch, welches nicht? Warum?* Die Sch diskutieren im Plenum.

### C2 Lesen: Birkenstock

1 Lenken Sie die Aufmerksamkeit der Sch auf die Bilder der Birkenstock-Schuhe. Fragen Sie: *Kennt ihr diese Schuhe? Wo kann man diese Schuhe kaufen? Was ist an diesen Schuhen so besonders?* Falls die Schuhe den Sch nicht bekannt sind, sammeln Sie die Vermutungen der Sch an der Tafel.
2 Lesen Sie die drei Sätze der Aufgabe vor, die von den Sch ergänzt werden sollen. Paraphrasieren Sie Satz *2: Wann hat die Geschichte von Birkenstock begonnen, bis wann geht sie?* Und Satz 3: *Wer hat dabei mitgeholfen, dass Birkenstock so erfolgreich wurde?* Bitten Sie die Sch, den Text mit Blick auf diese Fragen zu lesen. Weisen Sie außerdem auf die Wortschatzhilfe am Textrand hin.
3 Die Sch lesen still den Text und ergänzen anschließend mit ihrem Sitznachbarn die Sätze der Aufgabe. Auf Zuruf lesen dann einzelne Sch ihre Lösung mit Belegstellen vor.
4 Falls Vermutungen vorweg an der Tafel gesammelt wurden, gehen Sie gemeinsam mit den Sch kurz auf deren Vermutungen ein und vergleichen Sie sie mit dem Inhalt des Textes.

### C3 Lesen: Jahreszahlen zuordnen

1 Ein Sch liest die Aussagen 1 bis 6 laut vor. Klären Sie wenn nötig Wortschatzfragen. Erklären Sie den Sch, dass sie die Ereignisse in die richtige chronologische Reihenfolge bringen sollen, indem sie sie den Jahreszahlen zuordnen. Ordnen Sie gemeinsam mit den Sch die Jahreszahl *1897* zu. Bitten Sie dazu einen Sch, den Anfang des Lesetextes bis „... *Fußform.*" vorzulesen. Fragen Sie: *Was passierte 1897? (Aussage 5)*
2 Die Sch gehen in Stillarbeit den weiteren Text durch und ordnen die Aussagen den Jahreszahlen zu. Anschließend vergleichen sie ihre Lösung mit der ihres Nachbarn. Korrigieren Sie das Ergebnis im Plenum.

### C4 Schreiben: Die Geschichte einer Marke

1 Erklären Sie, dass die Sch als Hausaufgabe über eine beliebige Marke und deren Entstehungsgeschichte recherchieren sollen, um dann einen kurzen Text darüber zu schreiben. Diese Aufgabe kann auch als Partnerarbeit bearbeitet werden.
2 Gehen Sie mit den Sch gemeinsam die Redemittel durch, indem Sie sie von einzelnen Sch vorlesen und mit dem Beispiel Birkenstock ergänzen lassen. Klären Sie wenn nötig unbekannten Wortschatz.
3 Bitten Sie in der nächsten Stunde einzelne Sch, ihre Marke kurz vorzustellen. Sammeln Sie alle Texte ein und korrigieren Sie sie bis zur nächsten Stunde.
4 **Zusatzaktivität:** Die Sch gestalten ein Marken-Quiz. Jeder Sch beschreibt eine Marke, lässt den Markennamen aber frei. Korrigieren Sie die Texte. Dann zieht jeder einen Text und errät, um welche Marke es sich handelt.

## A Stille und laute Helden

### A1 Sprechen: Stille und laute Helden

> *Fotos oder Bilder von berühmten und beliebten Personen aus Sport, Kultur, Wissenschaft ..., die etwas Besonderes getan haben*

1 Stimmen Sie die Sch auf das Thema ein, indem Sie die Fotos der berühmten Personen zeigen. Fragen Sie: *Wer ist das? Was hat er/sie Besonderes getan?* Die Sch antworten im Plenum. Erklären Sie, was ein Held ist und fragen Sie: *Ist das ein Held / eine Heldin für euch? Warum?*
2 Die Sch schlagen das Buch auf und sehen sich die vier Fotos an. Im Plenum erzählen die Sch, welche Personen sie kennen und aus welchen Ländern die Personen kommen. Lenken Sie die Aufmerksamkeit der Sch auf die Überschrift und fragen Sie: *Was ist mit dem Titel gemeint? Wer von den Personen ist also ein stiller Held? Wer ist ein lauter Held?*
3 Gehen Sie mit den Sch die Redemittel durch. Bitten Sie dann zwei Sch, die Sprechblasen vorzulesen. Der zweite Sch ergänzt die zweite Sprechblase beispielhaft.
4 Die Sch sprechen paarweise darüber, wer von den Personen auf den Fotos für sie ein Held ist und wer nicht. Dazu verwenden sie die Redemittel aus dem Buch. Gehen Sie herum und helfen Sie gegebenenfalls.

*Arbeitsbuch: S. 102, Ü1–2*

### A2 Hören: Vier Helden

1 Gehen Sie mit den Sch die Adjektive aus dem Schüttelkasten durch. Bitten Sie bei Wortschatzfragen zuerst andere Sch, das jeweilige Adjektiv auf Deutsch zu erklären und einen Beispielsatz damit zu geben. Greifen Sie erst ein, wenn kein Sch mehr weiter weiß.
2 Erklären Sie den Sch nun, dass sie den Beginn einer Schulstunde hören werden, in der es um Helden geht: Vier Jugendliche lesen etwas über ihre Helden vor und nennen deren Eigenschaften. Die Sch sollen während des Hörens diesen Helden jeweils zwei Eigenschaften aus dem Schüttelkasten zuordnen. Betonen Sie, dass die Adjektive auch mehrmals zugeordnet werden können.
3 Spielen Sie den Anfang des Hörtextes (Track 8) bis „*...wer macht weiter – Arndt?*" vor (Timecode: ~01:30). Fragen Sie: *Was sagt Anne über Jessica Watson? Welche Eigenschaften hat Watson? (entschlossen, ehrgeizig)*
4 Spielen Sie anschließend den Hörtext bis zum Ende vor. Die Sch ordnen während des Hörens die Eigenschaften zu und vergleichen anschließend ihre Lösung mit der ihres Nachbarn. Sichern Sie dann das Ergebnis im Plenum.
5 Bitten Sie einen Sch, die Taten 1–8 aus der Tabelle in b) vorzulesen. Weisen Sie auf die Worterklärungen hin. Fragen Sie: *Wisst ihr noch, welche von den vier Personen was macht / gemacht hat? Was erzählen die Schüler?*
6 Bitten Sie die Sch, bereits vor dem zweiten Hören die Taten zuzuordnen. Spielen Sie dann den Hörtext noch einmal vor. Die Sch ergänzen die Tabelle während des Hörens. Nachdem die Sch ihre Lösung mit der ihres anderen Sitznachbarn verglichen haben, sichern Sie das Ergebnis wiederum im Plenum.

*Arbeitsbuch: S. 102, Ü3*

### A3 Grammatik: Relativpronomen im Nominativ

1 Schreiben Sie *Ein Held ist ein Mensch. Er hat etwas Besonderes getan.* an die Tafel. Schreiben Sie *Ein Held ist ein Mensch, der etwas Besonderes getan hat.* darunter und markieren Sie *ein Mensch* und das Relativpronomen *der* farbig. Erklären Sie, dass ein Relativsatz ein Satz ist, der von einem Nomen abhängt und Erklärungen und/oder Informationen zu diesem Nomen gibt. Lenken Sie die Aufmerksamkeit der Sch auf die Struktur des Nebensatzes. Fragen Sie: *Was fällt euch auf? (ein Satzglied – in diesem Fall das Subjekt – existiert nur noch als Relativpronomen) Wo steht das Verb? (Am Satzende)* Betonen Sie, dass ein Relativsatz ein Nebensatz ist, und daher das Verb immer am Satzende steht.
2 Übersetzen Sie den Relativsatz gemeinsam mit den Sch in deren Muttersprache, um die grammatische Struktur zu verdeutlichen.
3 Die Sch schlagen das Buch auf. Bitten Sie einen Sch, den Relativsatz 1 vorzulesen und zu ergänzen. Im Plenum ordnen einzelne Sch die anderen Sätze zu.
4 Schreiben Sie untereinander an die Tafel: *der Revolutionär, der / das Mädchen, das / die Ärztin, die / die Politiker, die (Plural).* Unterstreichen Sie dann die bestimmten Artikel und fragen Sie: *Wie könnt ihr euch also merken, wie die Relativpronomen im Nominativ heißen? (Die Relativpronomen entsprechen den Formen des bestimmten Artikels.)* Die Sch übertragen das Tafelbild in ihr Heft.

# Lektion 45

5 **Zusatzaktivität:** Bereiten Sie eine Kopiervorlage vor, auf der viele verschiedene Menschen (Männer, Frauen, Kinder, Gruppen) zu sehen sind. Jeder Sch bekommt eine Kopie. Die Sch arbeiten paarweise und setzen sich Rücken an Rücken, damit sie sich nicht einfach Informationen auf dem Zettel mit dem Finger zeigen können. Geben Sie die einleitende Frage *(Wo ist der ..., der .../...das, das .../... die, die ...)* vor und schreiben Sie diese an die Tafel. Nun sucht sich je ein Sch eine Person heraus und fragt seinen Partner in einem Relativsatz im Nominativ, wo diese Person ist (wo auf dem Bild bzw. bei einer Collage auf welchem Bild), z. B.: *Wo ist der Mann, der eine kurze Hose trägt? Wo ist die Frau, die ein Buch in der Hand hat? Wo ist das Kind, das ein Eis isst? Wo sind drei Personen, die Skateboard fahren?* Jeweils der andere Sch lokalisiert die Person(en) auf dem Bild, antwortet und markiert sie. Wenn nach allen Personen gefragt worden ist, ist die Aktivität zu Ende. Gehen Sie während der Aktivität herum und helfen Sie gegebenenfalls.

**!** Wenn es der zeitliche Rahmen des Unterrichts zulässt, ist es immer sinnvoll, die neu gelernte Grammatik durch zusätzliche Aktivitäten einzuüben und zu vertiefen.

*Arbeitsbuch: S. 102, Ü4; S. 103, Ü5–6*

## A4 Lesen: Der beste deutsche Blindenfußballer

1 Die Sch halten ihre Bücher geschlossen. Stimmen Sie die Sch aufs Thema ein, indem Sie das Bild eines Fußballstars zeigen, den die Sch wahrscheinlich kennen. Fragen Sie: *Wer ist das? Welchen Sport macht er? Auf welcher Position spielt er? Für welchen Verein spielt er?* Schreiben Sie *Fußball* an die Tafel und sammeln Sie zur Einstimmung gemeinsam mit den Sch Wörter rund ums Wortfeld *Fußball.* Fragen Sie: *Was muss ein Fußballspieler besonders gut können?* Notieren Sie die Wörter auf Zuruf und versuchen Sie, die Antworten auch auf das Sehvermögen zu lenken.

2 Die Sch schlagen ihr Buch auf und sehen sich das Foto an. Lenken Sie die Aufmerksamkeit gegebenenfalls auf die Maske, die der Spieler vor dem Gesicht trägt und erklären Sie, dass der Spieler blind ist, also nicht mehr sehen kann.

3 Machen Sie die Sch auf die Stichwörter aus dem blauen Kasten und auf die Wortschatzhilfe unter dem Text aufmerksam. Gehen Sie sie gemeinsam mit den Sch durch und verweisen Sie zur Erklärung wenn möglich auf Wörter, die bereits an der Tafel gesammelt wurden. Die Sch lesen in Stillarbeit die ersten beiden Absätze und ergänzen die Informationen in der Tabelle. Schreiben Sie währenddessen an die Tafel: *a) einen Ball haben b) verrückt sein c) sehr gut hören können.* Sichern Sie dann das Ergebnis von Aufgabe a) im Plenum.

4 Lenken Sie die Aufmerksamkeit der Sch auf die Überschrift des Textes und lesen Sie sie vor. Fragen Sie: *Was bedeutet „einen Knall haben"?* Deuten Sie auf die drei Bedeutungen an der Tafel und lassen Sie die Sch auf Zuruf Vermutungen anstellen, die Sie als Striche zu den Antwortmöglichkeiten a), b) oder c) notieren. Lassen Sie nun zwei Sch die in Aufgabe b) genannten Textstellen vorlesen. Klären Sie anschließend die Bedeutung von *einen Knall haben* im Plenum und kreuzen Sie b) *verrückt sein* an der Tafel an. Kommentieren sie, ob die Mehrheit der Sch richtig lag oder nicht.

*Arbeitsbuch: S. 103, Ü7*

## A5 Selektives Lesen: Mulgheta Russom

1 Die Sch lesen die Aussagen 1–5 in Stillarbeit. Klären Sie unbekannten Wortschatz. Bitten Sie dann die Sch, zu den fünf Punkten jeweils eine W-Frage zu formulieren.

2 In Partnerarbeit lesen die Sch den kompletten Text und lösen die Aufgabe. Sichern Sie anschließend das Ergebnis im Plenum. Lassen Sie sich als Beleg die entsprechenden Stellen im Text vorlesen.

*Arbeitsbuch: S. 103, Ü8; S. 104, Ü9*

## A6 Wortschatz: Verben

1 Bitten Sie die Sch, sich die Erklärungen 1 bis 4 durchzulesen. Erklären Sie, dass die Verben aus dem Schüttelkasten den Erklärungen zugeordnet werden sollen.

2 Lassen Sie die Sch das Verb *explodieren* im Text suchen und dessen Bedeutung aus dem Kontext erschließen. Ordnen Sie das Verb im Plenum zu und bitten Sie einen Sch, auf der Folie das Verb zu notieren *(2 Fährt ein Auto gegen einen Baum, kann es ...).*

3 Die Sch gehen zu zweit den Text durch und ordnen die weiteren Verben zu. Sichern Sie das Ergebnis im Plenum. Lassen Sie sich bei Unklarheiten die Schlüsselwörter im Text nennen. Bitten Sie einen Sch nach vorne, um die Verben auf der Folie zu ergänzen.

*Arbeitsbuch: S. 104, Ü10*

## A7 Grammatik: Relativpronomen im Akkusativ

1 Wiederholen Sie kurz die bestimmten Artikel im Akkusativ. Schreiben Sie dazu an die Tafel:

> *der Ball / das Tor / die Mannschaft / die Fans (Plural)*
>
> *Ich sehe . . .*

Bitten Sie einen Sch an die Tafel. Auf Zuruf ergänzt er den Satz *Ich sehe ...* Stellen Sie klar, dass es sich hier um die bestimmten Artikel im Akkusativ handelt.

2 Schreiben Sie als Beispiel *Der Fußballspieler heißt Mulgheta Russom. Er ist blind.* Bitten Sie die Sch, daraus einen Relativsatz zu bilden und schreiben Sie diesen auf Zuruf an die Tafel *(Der Fußballspieler, der blind ist, heißt Mulgheta Russom.)*. Notieren Sie dann darunter das Beispiel: *Der Fußballspieler ist blind. Ich bewundere den Fußballspieler.* Zeigen Sie auf *den Fußballspieler* und betonen Sie, dass es sich um ein Akkusativobjekt handelt. Notieren Sie darunter den entsprechenden Relativsatz *(Der Fußballspieler, den ich bewundere, ist blind.)*. Unterstreichen Sie *den* und erklären Sie, dass es sich um das männliche Relativpronomen im Akkusativ handelt. Zeigen Sie auf *bewundere* und wiederholen Sie so kurz den Satzbau in Relativsätzen *(Das Verb steht am Satzende.)*.

3 Die Sch öffnen das Buch und lesen den Grammatikspot zum Relativpronomen im Akkusativ. Lenken Sie dann die Aufmerksamkeit der Sch auf die Relativpronomen im Schüttelkasten. Bitten Sie einen Sch, den Beispielsatz 1 vorzulesen. Gehen Sie dann gemeinsam mit den Sch Satz 2 durch. Fragen Sie: *Welchen Kasus hat „Angebot"? (das) Wie heißt also das Relativpronomen?* Gehen Sie so auch bei Satz 3 und 4 vor und weisen Sie nochmals darauf hin, dass im Akkusativ die Relativpronomen die gleiche Form haben wie die bestimmten Artikel im Akkusativ.

*Arbeitsbuch: S. 104, Ü11; S. 105, Ü12*

## A8 Grammatik: Relativpronomen ergänzen

1 Die Sch arbeiten paarweise zusammen. Erklären Sie, dass sie das passende Relativpronomen ergänzen sollen. Es kann im Nominativ oder im Akkusativ stehen. Verdeutlichen Sie gegebenenfalls die Aufgabe, indem Sie gemeinsam mit den Sch den ersten Satz durchgehen. Fragen Sie: *In welchem Kasus muss das Relativpronomen stehen?* Bitten Sie bei Unklarheiten die Sch, aus dem Relativsatz zwei Hauptsätze zu machen. Schreiben Sie dann an die Tafel: *Er singt in einer berühmten Band.* Unterstreichen Sie *Er* und fragen Sie: *In welchem Kasus steht* Er*? (Nominativ; Man fragt: Wer?)*

2 In Partnerarbeit ergänzen die Sch die Relativpronomen und raten, um welche Promis es sich handelt. Sichern Sie das Ergebnis im Plenum. Fragen Sie zum Abschluss: *Warum sind diese Leute „laute Helden"? (weil sie weltberühmt sind, weil man viel von ihnen hört, weil sie Schlagzeilen machen ...)*

*Arbeitsbuch: S. 105, Ü13–14*

## A9 Sprechen: „Laute" Helden

1 Erklären Sie die Aufgabe: Jeder Sch soll sich einen „lauten" Helden denken und zu diesem ein paar Sätze aufschreiben. Bitten Sie einen Sch, das Beispiel auf dem gelben Notizzettel vorzulesen. Weisen Sie auf die Relativsätze hin und bitten Sie die Sch, in ihren Erklärungen auch mindestens zwei Relativsätze zu bilden. Geben Sie den Sch ein paar Minuten Zeit.

2 Ein Sch soll beginnen und seine Sätze vorlesen. Die anderen Sch raten. Lassen Sie auch bei fehlerhaften Sätzen zuerst den Promi raten und gehen Sie erst anschließend auf die Fehler ein. Bitten Sie dann die jeweiligen Sch, ihre Fehler zu korrigieren. Das Plenum hilft gegebenenfalls.

*Arbeitsbuch: S. 105, Ü15*

## B Zivilcourage

## B1 Sprechen: Zivilcourage

*Folie Foto A*

1 Die Sch haben das Buch geschlossen. Legen Sie die Folie auf und fragen Sie: *Was seht ihr?* Die Sch beschreiben kurz die Situation. Bieten Sie dazu auch neuen Wortschatz aus dem Buch an, z. B.: *einmischen, wegschauen, Täter, Opfer, Zeuge ...* Ermuntern Sie die Sch, Sätze mit diesen Wörtern zu bilden. Fragen Sie: *Stellt euch vor: Ihr seid Zeuge in dieser Situation, d.h. ihr geht gerade vorbei und seht das. Was würdet ihr machen? Was würdet ihr nicht machen?* Die Sch antworten im Plenum. Sammeln Sie währenddessen Redemittel an der Tafel, die die Sch verwenden.

2 Teilen Sie die Klasse in Gruppen von drei oder vier Sch. Die Sch schlagen ihr Buch auf. Gehen Sie mit den Sch die Rede-mittel durch und klären Sie noch unbekannten Wortschatz.

3 In den Kleingruppen sehen sich die Sch anschließend die beiden anderen Fotos an und sprechen über die Situation. Gehen Sie herum und helfen Sie gegebenenfalls.

4 Gehen Sie zum Abschluss auf die Überschrift ein. Fragen Sie: *Was bedeutet* Zivilcourage? (Courage *kommt aus dem Französischen und heißt* Mut.) *Was denkt ihr: Wie wichtig ist sie?* Einzelne Sch antworten im Plenum.

Arbeitsbuch: S. 106, Ü16–17

## B2 Globales Hören: Auf dem Schulhof

1 Bitten Sie einen Sch, die vier Sätze der Aufgabe vorzulesen. Weisen Sie auf die Illustration zur Klärung von *abschreiben lassen* hin.

2 Stimmen Sie die Sch auf den Hörtext ein, indem Sie erklären, dass sie nun eine Situation auf dem Schulhof hören werden. Sie sollen während des Hörens entscheiden, welche der Aussagen jeweils richtig ist. Betonen Sie, dass die Sch zur Lösung der Aufgabe nicht jedes Wort verstehen müssen.

3 Spielen Sie den kompletten Hörtext vor (Track 9). Die Sch kreuzen während des Hörens an. Anschließend vergleichen sie ihre Lösung mit der ihres Nachbarn. Sichern Sie das Ergebnis im Plenum.

## B3 Selektives Hören: Auf dem Schulhof

1 Die Sch lesen still die Aussagen 1 bis 8. Klären Sie anschließend Wortschatzfragen. Weisen Sie außerdem auf die Worter-klärungen zum Hörtext hin.

2 Erklären Sie die Aufgabe. Die Sch sollen während des Hörens entscheiden, welche Aussagen richtig oder falsch sind. Spielen Sie zur Verdeutlichung den Hörtext bis „... *Aber du, Markus, kennst sie, oder?*" vor (Timecode: ~00:45). Fragen Sie: *Ist Aussage 1 richtig oder falsch? (Falsch; Eva ist erst seit drei Monaten an dieser Schule.)*

3 Spielen Sie den kompletten Hörtext vor. Die Sch lösen die Aufgabe und vergleichen anschließend ihre Lösung mit der ihres Nachbarn. Besprechen Sie das Ergebnis im Plenum. Spielen Sie bei Unklarheiten den Hörtext nochmals in Abschnitten vor.

Arbeitsbuch: S. 106, Ü18

## B4 Grammatik: Relativpronomen im Dativ

1 Die Sch haben die Bücher geschlossen. Wiederholen Sie kurz die Verben mit Dativ. Schreiben Sie an die Tafel: *Lehrer / gratulieren / Schüler*. Bitten Sie die Sch, den Satz zu bilden und schreiben Sie *Der Lehrer gratuliert dem Schüler* darunter an die Tafel. Fragen Sie: *In welchem Kasus steht das Objekt? (Dativ)*

2 Bitten Sie die Sch, weitere Verben zu nennen, die mit dem Dativ stehen (z. B. *helfen, erzählen, geben*). Notieren Sie diese auf Zuruf an der Tafel.

3 Schreiben Sie den einleitenden Satz *Das ist der Schüler, ...* an die Tafel und zeigen Sie auf den Eingangssatz. Bitten Sie die Sch, einen Relativsatz zu bilden *(... dem der Lehrer gratuliert.)*.

4 Formulieren Sie den Eingangssatz im Perfekt: *Der Lehrer hat dem Schüler gratuliert.* Bitten Sie die Sch wiederum, den Satz *Das ist der Schüler, ...* zu vervollständigen, um die Position des konjugierten Verbs zu vertiefen *(... dem der Lehrer gratuliert hat.)*.

5 Die Sch schlagen das Buch auf, sehen sich den Grammatikspot zum Relativpronomen im Dativ an und lesen die vier Bei-spielsätze still, bevor sie den „Meine-Regel"-Kasten ergänzen. Sichern Sie das Ergebnis im Plenum.

6 Übersetzen Sie gemeinsam mit den Sch die Lernstrategie in die Muttersprache. Die Sch notieren sie sich im Arbeitsbuch auf S. 160.

Arbeitsbuch: S. 107, Ü19–21; S. 108, Ü22–23

## B5 Grammatik: Relativsätze im Dativ

*leere Kärtchen; rote, grüne und blaue Stifte*

1 Teilen Sie die Klasse in Dreiergruppen. Jede Gruppe erhält einen Satz leere Kärtchen und drei Stifte. Erklären Sie die Spiel-vorbereitung: *Es soll drei Kärtchenstapel geben. Einen Stapel mit Satzanfängen (rot), einen mit Personen (blau) und einen mit Verben im Dativ (grün), wie im Buch.* Stellen Sie aber klar, dass die Sch auch eigene Ideen notieren sollen und dass auf jedem Kärtchen nur ein Eintrag stehen soll!

2 Die Sch beschriften ihre Kärtchen der Farbe ihres Stiftes entsprechend. Schreiben Sie währenddessen dreifarbig an die Tafel: *Wie heißt ... / Lehrerin / helfen*

Lenken Sie die Aufmerksamkeit der Sch auf die Tafelanschrift. Sagen Sie: *Das sind die drei Kärtchen, die ich gezogen habe. Wie kann man daraus einen Relativsatz im Dativ bilden?* Lassen Sie mehrere Möglichkeiten zu. Weisen Sie dann auf die Sprechblasen im Buch hin und bitten Sie zwei Sch, diese vorzulesen.

3 In den Dreiergruppen ziehen die Sch reihum jeweils drei Kärtchen und bilden Relativsätze im Dativ. Gehen Sie herum und helfen Sie gegebenenfalls.

Arbeitsbuch: S. 108, Ü24

## B6 Lesen: Zivilcourage

Folie Plakat B6

1 Die Sch haben die Bücher geschlossen. Legen Sie die Folie auf. Bitten Sie die Sch, sich das Plakat kurz anzusehen und fragen Sie: *Was ist das? Worum geht es auf dem Plakat? (Zivilcourage)* Lesen Sie dann Frage 1 vor und bitten Sie einen Sch, die Einleitung vorzulesen. Unterstreichen Sie die Schlüsselwörter auf der Folie.

Kopien Hinweise 1–3 und Hinweise 4–6

2 Teilen Sie die Klasse in zwei Gruppen ein. Gruppe A bekommt die Hinweise 1 bis 3, Gruppe B die Hinweise 4 bis 6. Die Sch sollen ihre Hinweise lesen, um sie anschließend der anderen Gruppe vorzustellen.

3 Die Sch gehen jeweils ihren Text durch und machen sich Notizen. Gehen Sie herum und helfen Sie bei Wortschatzfragen.

4 Jede Gruppe stellt ihre Tipps mithilfe ihrer Notizen der anderen Gruppe vor.

5 Die Sch öffnen ihre Bücher. Fragen Sie: *Habt ihr alle Tipps verstanden? Welche findet ihr gut? Welche findet ihr nicht so gut?* Die Sch sprechen im Plenum.

**!** Nutzen Sie Wissenslücken, indem Sie die Sch dazu anregen, sich gegenseitig das, was sie wissen, erklären. So schließen die Sch Wissenslücken und vertiefen vorhandenes Wissen.

Arbeitsbuch: S. 109, Ü25–26

## B7 Wortschatz: Nomen, Verben, Adjektive

1 Bitten Sie die Sch, sich die Wörter in den drei Schüttelkästen anzusehen. Fragen Sie: *Wonach sind diese Wörter geordnet? (a) Nomen, b) Verben, c) Adjektive)*

2 Erklären Sie, dass die Sch die Wörter in den Schüttelkästen mithilfe der ihnen bekannten Strategien *(Erschließen aus dem Kontext, Wortfamilie ...)* den Erklärungen zuordnen sollen. Bitten Sie die Sch, sich die entsprechenden Strategien aus dem Arbeitsbuch in Erinnerung zu rufen (S. 159, L37, A1; S. 160, L42, A5 und L43, B3).

3 Die Sch ordnen in Stillarbeit die Wörter den Erklärungen zu und vergleichen anschließend ihr Ergebnis mit dem ihres Nachbarn. Sichern Sie das Ergebnis im Plenum. Bitten Sie die Sch jeweils kurz zu sagen, mithilfe welcher Strategie sie sich die unbekannten Wörter erschlossen haben.

Arbeitsbuch: S. 109, Ü27–28; S. 110, Ü29

## B8 Selektives Lesen: Was kann ein Zeuge tun?

1 Teilen Sie die Klasse in drei Gruppen ein. Jede Gruppe bekommt drei Arbeitsaufträge: *A) Wie kann man sich als Zeuge dem Täter gegenüber verhalten? B) Wie kann man sich als Zeuge dem Opfer gegenüber verhalten? C) Was kann man sonst noch tun?*

2 Die Gruppen gehen den Text des Plakates noch einmal durch und machen sich zu ihrer jeweiligen Frage Notizen. Gehen Sie herum und helfen Sie wenn nötig. Anschließend stellt jede Gruppe ihr Ergebnis im Plenum vor.

## B9 Grammatik: Aufforderungen

1 Bitten Sie die Sch, Satz 1 aus a) im Text zu suchen. Lassen Sie sich den kompletten Satz zurufen und notieren Sie ihn an der Tafel. Anschließend ergänzen die Sch die Sätze 2 und 3 in Stillarbeit.

2 Sichern Sie das Ergebnis, indem Sie sich auch Sätze 2 und 3 zurufen lassen und an der Tafel notieren. Unterstreichen Sie in Satz 1 das Verb im Imperativ *(Helft)*. Bitten Sie die Sch, sich die Aufforderungsmöglichkeiten aus dem *Meine-Regel-Kasten* durchzulesen. Fragen Sie: *Was passt zu Satz 1? (Imperativ)* Gehen Sie mit den Sätzen 2 und 3 ebenso vor.

3 Bitten Sie die Sch, zur Vertiefung des Themas die Sätze 1 bis 3 jeweils so umzuformulieren, dass jeder Satz mit *sollen im Konjunktiv II, Imperativ* und *Infinitiv* gebildet wurde.

Arbeitsbuch: S. 110, Ü30

**B10** **Schreiben: Ein Poster gestalten**

1 Gehen Sie im Plenum kurz die Wortschatzhilfe durch und fragen Sie: *Welche Situationen gibt es außerdem, in denen man Zivilcourage braucht?* Sammeln Sie die Ideen an der Tafel.

*leeres Plakatpapier, Stifte*

2 Teilen Sie die Sch in Kleingruppen. Jede Gruppe sucht sich ein Thema/eine Situation aus und soll dazu ein Plakat mit praktischen Tipps erstellen. Schön wären auch Bilder, Icons oder Skizzen dazu. Verweisen Sie zur Verdeutlichung auf das Beispiel im Buch: *Schlägerei auf der Straße.*
3 Die Gruppen haben 15 Minuten Zeit. Anschließend präsentieren sie ihr Plakat im Plenum. Diese Aufgabe kann auch als Hausaufgabe gegeben werden.

*Arbeitsbuch: S. 110, Ü31*

**C** **Comic-Helden**

**C1** **Sprechen: Comic-Helden**

*populärer Comic*

1 Zeigen Sie zur Einstimmung auf das Thema einen im Heimatland der Sch populären Comic und fragen Sie: *Wer kennt diesen Comic? Wer ist der Held dieses Comics? Welche Comics kennt ihr sonst noch? Welchen Comic-Helden mögt ihr am liebsten?*
2 Die Sch öffnen ihr Buch und sehen sich die Bilder der Comic-Helden an. Fragen Sie: *Kennt ihr diese Figuren? Woher?* Verweisen Sie auf die Wortschatzhilfe und bitten Sie einzelne Sch, im Plenum zu antworten.
3 Fragen Sie anschließend: *Was wisst ihr über diese Comic-Figuren?* Sammeln Sie die Antworten der Sch an der Tafel.

**C2** **Lesen: Comic-Helden**

*Folie Tabelle*

1 Legen Sie die Folie mit der Tabelle auf. Klären Sie unbekannten Wortschatz. Erklären Sie die Aufgabe, indem Sie exemplarisch mit den Sch die erste Informationslücke füllen. Bitten Sie einen Sch, den ersten Satz von Janoschs Tigerente vorzulesen. Fragen Sie: *Von wem wurde die Tigerente erfunden? (Janosch)* Tragen Sie den Namen in die Tabelle auf der Folie ein.
2 Machen Sie die Sch auf die Wortschatzerklärungen am Textende aufmerksam und bitten Sie sie, die Tabelle in Stillarbeit zu ergänzen.
3 Die Sch vergleichen ihr Ergebnis mit dem ihres Nachbarn. Sichern Sie anschließend das Ergebnis im Plenum. Bitten Sie dazu einen Sch nach vorne und lassen Sie ihn auf Zuruf die Tabelle auf der Folie ergänzen. Lassen Sie sich bei Unklarheiten die Belegstellen im Text nennen.
4 Wenn Sie nicht viel Zeit im Unterricht haben, teilen Sie die Sch in drei Gruppen ein, und lassen Sie jede Gruppe jeweils einen Text lesen und daraus die Informationen sammeln. Anschließend stellt jede Gruppe im Plenum ihren Comic-Helden vor.

**C3** **Sprechen: Einen Comic-Helden vorstellen**

1 Bitten Sie die Sch, sich einen Comic-Helden auszusuchen, den sie in der Klasse vorstellen möchten. Lassen Sie gegebenenfalls die Möglichkeit zu, dass die Sch zu zweit oder in Kleingruppen arbeiten.
2 Gehen Sie gemeinsam mit den Sch die Redemittel aus b) durch und betonen Sie, dass in der Präsentation diese Fakten vorkommen sollten. Ermutigen Sie die Sch aber auch, darüber hinaus Informationen zu sammeln. Bitten Sie die Sch außerdem, Bildmaterial mitzubringen.
3 Die Sch recherchieren als Hausaufgabe über ihren jeweiligen Comic-Helden und präsentieren ihn mithilfe der Redemittel aus dem Buch in der nächsten Stunde.

# A Ich will wählen!

## A1 Lesen: Wahlrecht

1 Die Sch haben das Buch geschlossen. Fragen Sie: *Ab welchem Alter darf man in eurem Land/hier Auto fahren? Einen Vertrag unterschreiben? Eine Entschuldigung für die Schule unterschreiben? Bis 24 Uhr ausgehen? Bonbons kaufen?* Schreiben Sie *die Wahl* und *wählen* an die Tafel und klären Sie gegebenenfalls deren Bedeutung. Fragen Sie: *Und ab wann darf man wählen?* Die Sch antworten im Plenum.

2 Wiederholen Sie dann die Fragen aus Schritt 1, allerdings in Bezug auf Deutschland. Sammeln Sie die Vermutungen der Sch an der Tafel: *Was denkt ihr? Ab welchem Alter kann man in Deutschland …? (Auto fahren: 17 (mit Begleitperson), 18 (ohne) / Vertrag: 18 / Entschuldigung: 18 / bis 24 Uhr: 16 / Bonbons: 0 / Wählen: 18)*. Gehen Sie dabei mit den Sch auf Redemittel ein, mit denen man Vermutungen anstellt *(Ich glaube, … / Ich bin mir nicht sicher, aber ich denke, … / Ich vermute, …)*.

3 Die Sch öffnen das Buch und sehen sich die Plakate und das Zitat an und formulieren Vermutungen, worum es hier geht.

4 Klären Sie anschließend unbekannten Wortschatz *(wahlberechtigt = man darf wählen; das achtzehnte Lebensjahr vollenden = 18 Jahre alt werden)*. Gehen Sie dann kurz auf die Vermutungen der Sch aus 1 ein: Lagen die Sch richtig?

## A2 Sprechen: Klassenumfrage

*leere DIN-A4-Blätter*

1 Lenken Sie die Aufmerksamkeit der Sch auf den gelben Notizzettel. Verteilen Sie die leeren Blätter und bitten Sie die Sch, die Struktur der Umfrage auf ihren Blättern zu übernehmen.

2 Teilen Sie die Klasse in drei Gruppen, in denen die Umfrage gemacht wird: *Wer ist dafür, dass man erst mit 18 Jahren wählen kann (Wahlrecht ab 18)? Wer ist dagegen? Ab welchem Alter soll man wählen dürfen?*

3 Die Sch befragen sich gegenseitig in ihren Kleingruppen und machen für jede Antwort einen Strich auf ihrer Liste. Dazu haben sie fünf Minuten Zeit.

4 Sammeln Sie im Plenum, für welches Wahlrecht jeweils die Mehrheit jeder Gruppe ist. Notieren Sie das Ergebnis an der Tafel (für A3).

*Arbeitsbuch: S. 112, Ü1*

## A3 Lesen: Wahlrecht ab 16

1 Notieren Sie *Wahlrecht ab 16* sowie *pro (P)* und *kontra (K)* an der Tafel und klären Sie gegebenenfalls die Bedeutung *(dafür/dagegen)*. Fragen Sie: *Welche Gruppe ist pro Wahlrecht ab 16? Welche ist kontra Wahlrecht ab 16?*

2 Sammeln Sie auf Zuruf Argumente, weshalb man erst ab einem bestimmten Alter wählen soll, an der Tafel. Erklären Sie, dass die Sch im Lesetext Argumente für und gegen das Wahlrecht finden werden.

3 Erklären Sie die Aufgabe, indem Sie Argument 1 gemeinsam mit den Sch durchgehen. Ein Sch liest das Argument vor. Weisen Sie dann auf das *P* hin: *Dieses Argument ist pro Wahlrecht ab 16*. Ordnen Sie gegebenenfalls auch Argument 2 gemeinsam mit der Klasse zu *(K)*. Lassen Sie sich bei Unklarheiten die Schlüsselstellen des Arguments nennen.

4 Bitten Sie die Sch, gemeinsam mit ihrem Sitznachbarn die weiteren Argumente zuzuordnen. Weisen Sie auf die Worterklärungen unter dem Text hin.

5 Die Sch lösen die Aufgabe und vergleichen anschließend ihr Ergebnis mit dem ihres anderen Sitznachbarn. Korrigieren Sie das Ergebnis auf Zuruf im Plenum. Lassen Sie sich bei Unklarheiten die Schlüsselstellen im Text nennen.

6 Lenken Sie die Aufmerksamkeit der Sch auf den Infospot zur Adjektivbildung mit *-bar*. Klären Sie gegebenenfalls die Bedeutungen von *manipulieren* und *beeinflussen*. Schreiben Sie die Verben im Infinitiv an die Tafel und trennen Sie das *-en* durch einen farbigen Strich ab. Notieren Sie darunter in einer anderen Farbe *+bar*. Ergänzen Sie dann das Adjektiv und gehen Sie auf die Bedeutungserklärung ein: *Kann manipuliert werden bzw. man kann es manipulieren. / Kann beeinflusst werden bzw. man kann es beeinflussen.*

7 **Zusatzaktivität:** Vertiefen Sie das Thema, indem Sie folgende Verben an die Tafel schreiben, aus denen man Adjektive mit *-bar* bilden kann: *machen / trennen / lesen / essen / hören / lösen / bestellen / denken*. Zu zweit bilden die Sch Adjektive und jeweils einen Beispielsatz damit. Sichern Sie das Ergebnis im Plenum, schreiben Sie die Adjektive mit *-bar* an die Tafel.

8 Gehen Sie abschließend auf die kausale Präposition *laut* in Aussage 8 ein. Bitten Sie die Sch, die Aussage zu paraphrasieren. Was bedeutet *laut*? Übersetzen Sie die Präposition gemeinsam mit den Sch in deren Muttersprache.

*Arbeitsbuch: S. 112, Ü2–4; S. 113, Ü5*

**A4** **Lesen: Paraphrasen**

1 Bitten Sie einen Sch, die erste Pro-Aussage vorzulesen, die Schlüsselwörter zu nennen *(Mit 16 / mehr Rechte)* und das entsprechende Argument aus A3 zu finden *(Argument 4)*.

2 Die Sch lesen in Stillarbeit die weiteren Aussagen und ordnen sie den Argumenten aus A3 zu. Anschließend vergleichen sie ihr Ergebnis mit dem ihres Nachbarn. Sichern Sie das Ergebnis im Plenum. Gehen Sie bei Unklarheiten auf die Schlüsselwörter der jeweiligen Aussage ein.

**A5** **Wortschatz: Die Suffixe** *-heit / -keit / -ität*

*Kärtchen mit Wortstämmen und Suffixen*

1 Wiederholen Sie bekannten Wortschatz, indem Sie mehrere Kärtchensätze vorbereiten: Auf jeweils einem Kärtchen steht ein Wortanfang (z. B.: *Heiz- / Ordn- / Anmeld- / Ausbild- / Land- / Wirt- / Sehenswürdig- / Gesund- / Krank- / Univers-)* und auf jeweils einem andersfarbigen Kärtchen das dazu passende Suffix (z. B.:*-ung / -ung / -ung / -ung / -schaft / -schaft / -keit / -heit / -heit / -ität)*.

2 Bilden Sie Dreier- oder Vierergruppen gleichstarker Sch. Verteilen Sie an jede Gruppe einen Kärtchensatz. Die Sch ordnen die Wortanfänge den Suffixen zu. Sichern Sie das Ergebnis an der Tafel.

3 Fragen Sie: *Welchen Artikel haben alle diese Nomen? (die)* Die Sch schlagen ihr Buch auf. Übersetzen Sie gemeinsam mit den Sch die Lernstrategie in die Muttersprache. Die Sch notieren sie sich im Arbeitsbuch auf S. 160.

4 Lenken Sie die Aufmerksamkeit der Sch auf die Wortanfänge in A5. Bitten Sie einen Sch, den ersten Satz der Einleitung des Lesetextes aus A3 vorzulesen. Fragen Sie dann: *Wie heißt das Wort Nummer 1 aus Aufgabe A5? (Qualität)*

5 Die Sch gehen still den Text durch und ergänzen die Wortanfänge 2 bis 5. Sichern Sie das Ergebnis im Plenum, indem Sie die Wörter auf Zuruf an die Tafel schreiben. Bitten Sie zur Verständnissicherung die Sch anschließend, die Wörter auf Deutsch zu erklären. Helfen Sie wenn nötig.

*Arbeitsbuch: S. 113, Ü6–7*

**A6** **Grammatik: Zweiteilige Konnektoren**

1 Die Sch haben das Buch geschlossen. Schreiben Sie als Beispiel an die Tafel:

> *Leo mag gern Pizza. Leo mag auch gern Salat.*

**!** Um neue Grammatikstrukturen zu erklären, ist es oft hilfreich, einfache Beispielsätze zu wählen, damit die Sch sich sofort auf die Grammatik konzentrieren können und das Verständnis nicht durch schwierigen Wortschatz erschwert wird.

2 Fragen Sie: *Wie kann man die Information dieser Sätze in einem Satz formulieren und dabei betonen, dass beide Vorlieben gleichwertig sind?* Erklären Sie, dass es im Deutschen sogenannte zweiteilige Konnektoren gibt, mit denen man dies kann, in diesem Fall *nicht nur ... sondern auch*.
Ergänzen Sie das Tafelbild: *Leo mag nicht nur gern Pizza, sondern auch gern Salat.*

3 Führen Sie nun das Beispiel *Leo mag keine Bananen. Leo mag aber Äpfel.* an. Hier gleichen sich beide Informationen aus (sie sind in gewisser Weise „gleichwertig"). In dem Fall braucht man den zweiteiligen Konnektor *zwar ... aber: Leo mag zwar keine Bananen, aber er mag Äpfel.*

4 Übersetzen Sie beide Beispielsätze gemeinsam mit den Sch in deren Muttersprache. Gibt es eine ähnliche Struktur? Bitten Sie dann einzelne Sch, Sätze nach den Beispielen mit ihren eigenen Vorlieben zu formulieren.

5 Die Sch öffnen das Buch und sehen sich den Grammatikspot zu zweiteiligen Konnektoren an. Bitten Sie dann einen Sch, die Aufgabe und das Beispiel vorzulesen. Formulieren Sie zur Vertiefung mit den Sch Satz 2 gemeinsam um.

6 In Stillarbeit formulieren die Sch die restlichen Sätze um. Anschließend vergleichen sie ihre Sätze mit denen ihres Nachbarn. Sichern Sie das Ergebnis im Plenum.

*Arbeitsbuch: S. 113, Ü8–9; S. 114, Ü10*

**A7** **Wortschatz: Politik und Wahlen**

1 Die Sch sehen sich die Fotos an. Bitten Sie einen Sch, Satz 1 vorzulesen. Fragen Sie: *Zu welchem Foto passt diese Aussage? (Foto C)*

2 Die Sch lösen den Rest der Aufgabe in Stillarbeit. Sichern Sie das Ergebnis im Plenum.

**3 Zusatzaktivität:** Vertiefen Sie den neuen Wortschatz, indem Sie zwei Kärtchensätze vorbereiten. In dem einen Stapel sind ausschließlich Karten mit den Fragen nach den Begriffen, im anderen nur Karten mit den Begriffen selbst.

| Kärtchensatz 1: Fragen | Kärtchensatz 2: Antworten |
|---|---|
| Wie heißt das deutsche Parlament? | der Bundestag |
| Wo sitzt das deutsche Parlament? | im Reichstag |
| Wie nennt man ein Papier, mit dem man wählt? | der Stimmzettel |
| Was sind Formen der Meinungsäußerung? | die Demonstration, die Bürgerinitiative |
| Wie heißt die Gruppe von gewählten Politikern, die das Land führen? | die Regierung |
| Wie heißt die Gruppe von Politikern im Parlament, die nicht zur Regierungspartei gehört? | die Opposition |

Die Sch schließen ihre Bücher. Teilen Sie die Klasse in zwei Gruppen ein. Nehmen Sie zuerst den Stapel mit den Fragen und lesen Sie immer abwechselnd einer Gruppe eine Frage laut vor. Weiß die Gruppe den richtigen Begriff, bekommt sie einen Punkt. Weiß sie ihn nicht, darf die andere Gruppe die Lösung sagen und bekommt bei richtiger Antwort den Punkt. Nehmen Sie dann den Stapel mit den Begriffen und erklären Sie den Sch, sie sollen nun den Begriff erklären. Die Punkteverteilung verläuft wie in der ersten Runde. Bitten Sie als Abschluss aus jeder Gruppe einen Sch an die Tafel. Einer bekommt die Kärtchen mit den Fragen, der andere die mit den Begriffen. Die Sch ordnen auf Zuruf die Begriffe den Definitionen zu und kleben diese an die Tafel.

**!** Vertiefen Sie neuen schwierigen Wortschatz direkt im Anschluss an die Lektion mit passenden Kurzaktivitäten.

*Arbeitsbuch: S. 114, Ü11–12*

## A8 Globales Hören: Diskussion

1 Erklären Sie den Sch, dass sie nun eine Diskussion zwischen zwei Jugendlichen über Politik hören werden, nämlich zwischen Sandra und Chris. Lesen Sie die drei Diskussionsthemen, die zur Auswahl stehen vor und klären Sie unbekannten Wortschatz. Betonen Sie, dass die Sch nicht jede Einzelheit des Hörtextes verstehen müssen, um die Aufgabe zu lösen.
2 Spielen Sie den kompletten Hörtext vor (Track 10), die Sch lösen die Aufgabe während des Hörens. Anschließend vergleichen die Sch ihre Lösung mit der ihres Nachbarn. Sichern Sie das Ergebnis im Plenum.

## A9 Selektives Hören: Diskussion

1 Bitten Sie einen Sch, die Aussagen von Chris vorzulesen. Klären Sie unbekannten Wortschatz und verweisen Sie auch auf die Wortschatzerklärungen zum Text.
2 Erklären Sie nun, dass die Sch zu jeder Aussage von Chris die Reaktion von Sandra zuordnen sollen. Bitten Sie einen anderen Sch, Sandras Aussagen vorzulesen. Fragen Sie: *Könnt ihr euch noch an manche Reaktionen erinnern? Was könnt ihr schon jetzt zuordnen?* Geben Sie den Sch einen Moment Zeit.
3 Spielen Sie den Hörtext bis „*... die Volksvertreter wählen.*" vor (Timecode: ~00:30). Lassen Sie Chris' Aussage 1 im Plenum zuordnen *(Sandras Reaktion c)*. Spielen Sie dann den Rest des Hörtextes vor. Die Sch lösen die Aufgabe und vergleichen anschließend ihre Lösung mit der ihres Nachbarn. Sichern Sie das Ergebnis im Plenum. Spielen Sie bei großen Unklarheiten den Hörtext noch einmal in Abschnitten vor.
4 Fragen Sie zum Abschluss: *Konnte Sandra Chris überzeugen oder nicht? Oder hat Chris einfach keine Lust mehr auf die Diskussion? Was macht Chris nun? (Er geht auch zur Wahl.)*

*Arbeitsbuch: S. 115, Ü13*

**A10** Grammatik: *brauchen … zu* + Infinitiv

1 Schreiben Sie dann an die Tafel:

> *Du brauchst nur hinzugehen.* = *Du musst nur hingehen.*
>
> *Du brauchst dich nicht zu beschweren.* = *Du musst dich nicht beschweren.*
>
> *Du brauchst keine Angst zu haben.* = *Du musst keine Angst haben.*

Gehen Sie darauf ein, dass in der Modalkonstruktion Modalverb und Infinitiv stehen. Im Unterschied steht *brauchen* mit *zu* und Infinitiv. Wiederholen Sie anschließend kurz die Besonderheit bei trennbaren Verben (*zu* steht zwischen Präfix und Verbstamm).

2 Die Sch schlagen ihr Buch auf. Lesen Sie die Aufgabe a) ausformuliert vor: *Was brauchst du am Wochenende nur zu tun? Was brauchst du nicht zu tun?* Teilen Sie die Klasse in Kleingruppen ein. Erklären Sie Aufgabe a), indem Sie einen Sch Stichpunkt 1 vorlesen lassen und die Sch im Plenum Satz 1 in der ich-Form mit *nicht brauchen zu* beispielhaft formulieren lassen. (*Am Wochenende brauche ich nicht so früh aufzustehen.*)

3 Innerhalb der Kleingruppen formulieren die Sch die Sätze 2 bis 7. Ein Sch der Gruppe notiert diese.

4 Anschließend liest nacheinander immer eine Gruppe einen Satz vor. Die anderen Gruppen korrigieren und/oder helfen aus.

5 Verweisen Sie auf die E-Mail aus b) und erklären Sie, dass die Sch nun eine E-Mail schreiben sollen. Dazu können sie entweder die Beispiele aus a) verwenden, oder sich auch selbst Dinge überlegen, die sie am Wochenende nicht oder nur zu tun brauchen. Wiederholen Sie kurz, wie man eine lebendige Mail schreiben kann: nicht jeden Satz mit *Ich* … beginnen, sondern die Satzstellung variieren (z.B. mit: *Außerdem* … / *Weißt du,* …) und die Sätze miteinander verknüpfen (z.B. mit: *nicht nur* … *sondern auch* … / *aber* / *und* / *weil* / *zwar* … *aber* …).

6 Geben Sie den Sch mindestens zehn Minuten Zeit, um die E-Mail zu schreiben. Gehen Sie währenddessen herum und helfen Sie wenn nötig. Sammeln Sie anschließend die Mails ein und korrigieren Sie sie bis zur nächsten Stunde. Diese Aufgabe kann auch als Hausaufgabe gegeben werden.

*Arbeitsbuch: S. 115, Ü14–15; S. 116, Ü16*

**A11** Sprechen: Diskussion

1 Gehen Sie mit den Sch die Redemittel durch und klären Sie gegebenenfalls unbekannten Wortschatz. Fragen Sie dann: *Sollen Jugendliche ab 16 wählen können?* Lassen Sie zwei Sch beispielhaft Antworten mithilfe der Redemittel bilden.

2 Teilen Sie die Klasse in Kleingruppen und erklären Sie, dass die Sch nun miteinander diskutieren sollen. Teilen Sie den Gruppen Aufgabe a) oder b) zu. Weisen Sie den Sch Diskussions-Rollen zu: Jeweils die Hälfte der Kleingruppe ist dafür, die andere Hälfte ist dagegen. Stellen Sie klar, dass es sich nun nicht darum handelt, die eigene Meinung in der Diskussion wiederzugeben, sondern die zugewiesene Rolle zu spielen.

3 Geben Sie den Gruppen einige Minuten Zeit, sich aus A4 und A10 Argumente zu suchen. Lassen Sie dann die Diskussionen beginnen. Gehen Sie währenddessen herum und helfen Sie wenn nötig.

4 Lassen Sie zum Abschluss Vertreter der einzelnen Gruppen kurz im Plenum vortragen, ob ihre Gruppe zu einem Ergebnis gekommen ist und wenn ja, zu welchem.

*Arbeitsbuch: S. 116, Ü17–18*

**B** **Politik pur**

**B1** Wortschatz: Parteien

1 Fragen Sie die Sch: *Welche Parteien gibt es hier in eurem Land?* Sammeln Sie die Parteien an der Tafel.

2 Die Sch schlagen das Buch auf und sehen sich die Wortschatzhilfen aus a) an. Klären Sie unbekannten Wortschatz.

3 In Dreier- oder Vierergruppen überlegen die Sch sich, welche Eigenschaften und Ziele zu den Parteien passen, die an der Tafel stehen. Sammeln Sie die Ergebnisse im Plenum. Berichtigen Sie gegebenenfalls.

4 Lenken Sie die Aufmerksamkeit der Sch auf die Parteilogos aus b). Erklären Sie, dass dies die größten Parteien in Deutschland sind. Bitten Sie die Sch, sich zu überlegen, wofür welche Partei steht. Verweisen Sie als Hilfe auf den gelben Notizzettel.

5 Die Sch arbeiten wieder in den Kleingruppen. Anschließend stellt jede Gruppe nacheinander ihre Vermutungen im Plenum vor. Sammeln Sie die Vermutungen an der Tafel.

*Arbeitsbuch: S. 117, Ü19–20*

**B2** **Hören: Deutsche Parteien**

1 Erklären Sie den Sch, dass sie nun eine Radiosendung hören werden, in der fünf Jugendliche zu den Zielen der fünf großen Parteien befragt werden. Die Sch sollen in Aufgabe a) zuordnen, wofür (nach Meinung der Jugendlichen) die fünf Parteien stehen.

2 Die Sch lesen zuerst still die Aussagen a bis e durch. Klären Sie gegebenenfalls unbekannten Wortschatz. Spielen Sie anschließend den kompletten Hörtext vor (Track 11). Die Sch ordnen während des Hörens zu.

3 Die Sch vergleichen ihre Lösung mit der ihres Nachbarn. Sichern Sie das Ergebnis im Plenum. Spielen Sie bei großen Unklarheiten die relevanten Stellen des Hörtextes nochmals vor.

**B3** **Selektives Hören: Jugendorganisationen der Parteien**

1 Gehen Sie gemeinsam mit den Sch die Aussagen a bis i durch. Klären Sie unbekannten Wortschatz und verweisen Sie auf die Worterklärungen.

2 Erklären Sie nun, dass die Sch nun eine Fortsetzung der Radiosendung mit den fünf Jugendlichen hören werden und ankreuzen sollen, für wen diese Aussagen zutreffen (Track 12). Spielen Sie zur Verdeutlichung den Hörtext bis „... und Kernenergie." vor (Timecode: ~00:30) und fragen Sie: *Wer hat gerade gesprochen? (Lisa) Wogegen engagiert sie sich? (Gegen Kohlekraftwerke und Kernenergie)*

3 Spielen Sie den restlichen Hörtext ohne Pause vor. Die Sch kreuzen während des Hörens an. Anschließend vergleichen sie ihr Ergebnis mit dem ihres Nachbarn. Sichern Sie das Ergebnis im Plenum. Fragen Sie zum Abschluss: *In welcher Jugendorganisation oder in welcher Partei sind die Jugendlichen? Wisst ihr es noch? (Lisa: Grüne Jugend; Felix: Julis; Marion: Jusos; Andreas: Junge Union; Johanna: Linksjugend)*

*Arbeitsbuch: S. 117, Ü21–22*

**B4** **Grammatik: Zweiteilige Konnektoren**

1 Wiederholen Sie die zweiteiligen Konnektoren *nicht nur ... sondern auch ...* und *zwar ... aber ...* anhand eines Beispiels: *Ich bin nicht nur für Gerechtigkeit, sondern auch für Solidarität. / Ich bin zwar gegen Kohlekraftwerke, aber nicht gegen Atomenergie.* Erklären Sie, dass es noch andere zweiteilige Konnektoren im Deutschen gibt. Veranschaulichen Sie diese zuerst wieder anhand sehr leichter Beispielsätze, z. B.:

> Leo mag keine Bananen. Er mag auch keine Orangen.
>   2 x „mag kein" → Leo mag weder Bananen noch Orangen.
> Leo mag Äpfel. Er mag auch Birnen.
>   2 x „mag" → Leo mag sowohl Äpfel als auch Birnen.

2 Verweisen Sie auf den Infospot zu zweiteiligen Konnektoren. Erklären Sie die Bedeutungen von *weder ... noch* und *sowohl ... als auch*. Bitten Sie dann die Sch, die Sätze an der Tafel mit dem jeweils passenden Konnektor zu verbinden. Helfen Sie gegebenenfalls. Schreiben Sie die korrekten Sätze jeweils unter die Beispielsätze.

3 Lesen Sie zur Verdeutlichung zuerst Aussage g) aus Aufgabe B3 und anschließend Satz 1 von B4 vor. Verfahren Sie ebenso mit Satz 2 und den Aussagen h) und d) aus B3. Bitten Sie nun die Sch, die Sätze 3 und 4 selbst mit dem passenden Konnektor zu verbinden. Korrigieren Sie die Lösung im Plenum.

*Arbeitsbuch: S. 118, Ü23–25; S. 119, Ü26*

**B5** **Lesen: Das politische System in Deutschland**

*Fotos von historisch bedeutenden Politikern, z. B. Helmut Kohl, Willy Brandt, Helmut Schmidt, Konrad Adenauer, Angela Merkel ...*

1 **Zusatzaktivität:** Halten Sie die Fotos der Politiker hoch und fragen Sie die Sch: *Wisst ihr, wer das ist? Wisst ihr, welches Amt diese Politiker haben/hatten und von welcher Partei sie sind/waren?* Die Sch entscheiden sich anschließend in Kleingruppen, über welchen Politiker sie bis zur nächsten Stunde Informationen sammeln werden. Erstellen Sie einen kurzen Fragenkatalog an der Tafel: *Wann war er/sie politisch aktiv? In welcher Partei? Hat er/sie etwas Besonderes bewirkt? Welches Amt hat/hatte er/sie?* In der nächsten Stunde stellen die Sch nacheinander die Politiker in einem Kurzreferat zu diesen Fragen der Klasse vor.

2 Geben Sie den Sch einen Moment Zeit, sich die Grafik anzusehen. Fragen Sie dann: *Was bedeuten die Pfeile? (wählen / Wahl)* Erinnern Sie die Sch: *Wie heißt das deutsche Parlament? (Bundestag)* Erklären Sie außerdem, dass Deutschland in 16 Bundesländer (kurz: *Länder*) aufgeteilt ist, z. B. *Bayern, Hessen, Berlin ...*

3 Machen Sie die Sch auf die Wörter im Schüttelkasten aufmerksam und erklären Sie, dass die Sch nun diese Wörter den nachfolgenden Erklärungen 1–7 zuordnen sollen. Die Grafik hilft dabei.

4 Bitten Sie einen Sch, die Erklärung von Nummer 1 vorzulesen. Lassen Sie die Sch im Plenum den passenden Begriff zuordnen *(Wähler)*. Die Sch ordnen in Partnerarbeit die restlichen Wörter zu und vergleichen anschließend ihre Lösung mit der ihres anderen Sitznachbarn. Sichern Sie dann die Lösung im Plenum. Klären Sie gegebenenfalls unbekannten Wortschatz.

*Arbeitsbuch: S. 119, Ü27–28*

**B6** **Grammatik: Demonstrativartikel *dies-***

1 Lenken Sie die Aufmerksamkeit der Sch auf den Grammatikspot zum Demonstrativartikel *dies-* und auf die Lernstrategie. Übersetzen Sie diese gemeinsam mit den Sch in die Muttersprache. Die Sch notieren sie sich im Arbeitsbuch auf S. 160.

2 Gehen Sie mit den Sch Akkusativ- und Dativdeklination durch. Erklären Sie, dass der Demonstrativartikel *dies-* die Endungen des bestimmten Artikels im jeweiligen Kasus trägt. Bitten Sie einen Sch an die Tafel, der auf Zuruf die Deklinationen an der Tafel notiert.

*leere Kärtchen*

3 Teilen Sie die Sch in Vierergruppen. Verteilen Sie an jede Gruppe einen Stapel leere Kärtchen und bitten Sie sie, jeweils eine Institution oder eine Person aus B5 auf ein Kärtchen zu schreiben.

4 Erklären Sie die Aktivität, indem Sie die Sch auf die Redemittel aufmerksam machen. Schreiben Sie *Bundestag* an die Tafel und bitten Sie einen Sch, beispielhaft einen Satz mithilfe der Redemittel zu bilden, z. B.: *Diese Institution wählt den Bundeskanzler.* oder *Dieses Organ wird von den Wählern gewählt.* Helfen Sie gegebenenfalls.

5 Die Sch arbeiten nun in den Kleingruppen. Nacheinander zieht ein Sch ein Kärtchen und erklärt das Wort, ohne das Kärtchen den anderen zu zeigen. Betonen Sie, dass die Sch die Grafik ansehen und zu Hilfe nehmen dürfen. Wer als Erster den Begriff errät, bekommt das Kärtchen. Wer am Schluss die meisten Kärtchen hat, hat gewonnen.

*Arbeitsbuch: S. 120, Ü29*

**B7** **Schreiben: Das politische System im eigenen Land**

1 Teilen Sie die Klasse in zwei Gruppen. Die Sch sollen sich vorstellen, dass sie den fünf Jugendlichen aus B3 nun Informationen zur Politik aus ihrem Land geben sollen. Dazu erstellen sie ein Plakat. Gruppe A beschäftigt sich mit dem Thema *Politisches System* und Gruppe B mit dem Thema *Parteien*.

2 Gehen Sie gemeinsam mit den Sch die Redemittel durch und klären Sie gegebenenfalls unbekannten Wortschatz.

*leeres Papier in Plakatgröße, Stifte, Bilder*
*und Fotos von Politikern des Heimatlandes der Sch*

3 Verteilen Sie Papier, Stifte und das Bildmaterial und bitten Sie die Sch, zuerst Informationen zu ihrem Thema zu sammeln und dann ein Plakat mit kurzen Texten und Bildern zu gestalten. Gehen Sie herum und helfen Sie gegebenenfalls.

4 Jeweils zwei Vertreter der Gruppen stellen das Plakat ihrer Gruppe kurz im Plenum vor. Anschließend werden die Plakate im Klassenzimmer aufgehängt.

5 **Zusatzaktivität:** Vertiefen und wiederholen Sie die Themen, die Sie in Lektion 46 bisher behandelt haben, mit einem Politik-Quiz über Deutschland. Teilen Sie die Klasse in drei Gruppen. Bereiten Sie verschiedene Fragen vor, z. B.:
*An welchem Tag wird in Deutschland immer gewählt? (Sonntags)*
*In welchem Gebäude sitzt das deutsche Parlament? (Im Reichstag)*
*Wie heißt das deutsche Parlament? (Bundestag)*
*Wie heißt der/die aktuelle deutsche Bundeskanzler/in?*
*Wie heißt der/die aktuelle deutsche Bundespräsident/in?*
*Wie heißen die fünf größten Parteien in Deutschland?*
*Ab wie viel Jahren darf man in Deutschland wählen? (Ab 18)*
*Wie heißt die Jugendorganisation der Partei* Die Linke*? (Linksjugend)*
*Wie heißen die Parteien im Parlament, die nicht regieren? (Opposition)*
Lesen Sie dann eine Frage vor. Zuerst darf Gruppe 1 antworten. Weiß sie die richtige Antwort, bekommt sie einen Punkt. Weiß sie sie nicht, dürfen die anderen Gruppen die Antwort ins Plenum rufen. Wer am schnellsten ist, bekommt einen Punkt. Lesen Sie die nächste Frage vor. Nun darf Gruppe 2 als Erste antworten usw. Welche Gruppe hat schließlich die meisten Punkte gesammelt?

*Arbeitsbuch: S. 120, Ü30*

# C Geht mich das etwas an?

## C1 Sprechen: Sich selbst engagieren

1 Teilen Sie die Klasse in Dreier- oder Vierergruppen. Fragen Sie: *Wo könnt ihr in der Schule wählen? Wie könnt ihr eure Meinung ausdrücken, wie und wo könnt ihr euch am Schulleben beteiligen?* Lassen Sie einzelne Sch beispielhaft im Plenum antworten und bitten Sie dann die einzelnen Gruppen, ihre Ideen zu sammeln.

2 Die Gruppen tragen nacheinander im Plenum ihre Ideen vor. Sammeln Sie diese an der Tafel.

## C2 Lesen: Wortschatz

Bitten Sie einen Sch, die Einleitung des Textes aus C3 vorzulesen. Lenken Sie anschließend die Aufmerksamkeit der Sch auf die Ausdrücke 1–4 aus C2. Lassen Sie Nummer 1 im Plenum zuordnen, um die Aufgabe zu erklären. Die Ausdrücke 2 bis 4 ordnen die Sch in Partnerarbeit zu. Sichern Sie das Ergebnis im Plenum. Erklären Sie gegebenenfalls, dass in Brüssel, der Hauptstadt Belgiens, der Hauptsitz der EU (der Europäischen Union) ist und dass Deutschland Mitglied der EU ist.

## C3 Lesen: Schülerforderungen

1 Gehen Sie gemeinsam mit den Sch die einzelnen Forderungen in der linken Spalte durch und klären Sie unbekannten Wortschatz. Fragen Sie: *Habt ihr selbst noch Forderungen?* Notieren Sie diese an der Tafel.

2 Erklären Sie die Aufgabe, indem Sie die Aufmerksamkeit der Sch auf den Balken neben Aussage 1 lenken. *Orange bedeutet: selbst dafür verantwortlich sein. Grün bedeutet: Die Politiker sind dafür verantwortlich.* Fragen Sie: *Findet ihr auch, dass für Aussage 1 vor allem die Politiker verantwortlich sind?* Lassen Sie die Sch auch Begründungen für ihre Antworten nennen.

3 Bitten Sie nun die Sch, sich in Stillarbeit zu überlegen, wofür sie selbst und wofür ihrer Meinung nach die Politiker verantwortlich sind. Die Sch sollten auch die zusätzlich gesammelten Forderungen an der Tafel berücksichtigen.

## C4 Sprechen: Ergebnisse vergleichen

1 Erklären Sie den Sch, dass sie nun über ihre Bewertungen diskutieren sollen. Gehen Sie dazu im Plenum die Redemittel der ersten beiden Redemittel-Kringel durch. Klären Sie unbekannten Wortschatz, indem Sie zuerst andere Sch fragen, ob sie den Begriff / Ausdruck erklären können. Helfen Sie dann gegebenenfalls.

2 Bitten Sie die Sch nun, in der Klasse herumzugehen und ihre Ergebnisse mit denen ihrer Mitschüler zu vergleichen. Fragen Sie: *Bei welchen Aussagen stimmen alle ungefähr überein? Bei welchen Aussagen nicht? Warum nicht? Was sind eure Argumente?* Die Sch tauschen sich mithilfe der Redemittel aus. Gehen Sie herum und helfen Sie gegebenenfalls.

3 Bitten Sie nun die Sch, genauer auf ein Thema einzugehen, auf das sie auch Einfluss nehmen könnten, z.B. *Ordentlichere Klassenzimmer!, Gesünderes Essen in der Schulmensa!* ... Die Sch sollen darüber diskutieren, was getan werden könnte. Gehen Sie dazu im Plenum die Redemittel aus dem dritten Redemittel-Kringel durch. Bitten Sie einzelne Sch, beispielhaft einen Vorschlag mithilfe der Redemittel zu formulieren.

4 Geben Sie dann den Sch einige Minuten Zeit, untereinander zu diskutieren. Gehen Sie herum und helfen Sie gegebenenfalls. Sammeln Sie anschließend die Vorschläge der Sch auf Zuruf an der Tafel.

# Lektion 47: Freundschaften

## A Gute Freunde

### A1 Sprechen: Freundschaft

Folie Foto A1

1 Die Sch haben das Buch geschlossen. Legen Sie die Folie auf. Die Sch sehen sich das Foto an. Einzelne Sch erzählen im Plenum, was sie darauf sehen.
2 Fragen Sie: *Was ist Freundschaft für euch?* Sammeln Sie beispielhaft ein paar Antworten an der Tafel. Die Sch öffnen dann ihr Buch. Verweisen Sie auf Aufgabe a) und bitten Sie die Sch, ihre Assoziationen um die Buchstaben des senkrecht stehenden Wortes „Freundschaft" zu notieren. Übernehmen Sie währenddessen die Skizze aus dem Buch an die Tafel.
3 Bitten Sie einen Sch an die Tafel. Auf Zuruf ergänzt er das Wort *Freundschaft* mit den Ergebnissen der Klasse. Gibt es mehr Vorschläge als Buchstaben, bitten Sie den Sch, ein weiteres Mal *Freundschaft* senkrecht an die Tafel zu schreiben und hier die Vorschläge zu ergänzen.
4 Teilen Sie die Klasse in Dreier- oder Vierergruppen. Fragen Sie: *Was davon ist für euch am wichtigsten? Einigt euch auf drei Dinge.* Die Sch überlegen und diskutieren in den Kleingruppen. Gehen Sie herum und helfen Sie gegebenenfalls.
5 Lenken Sie die Aufmerksamkeit der Sch auf den Redemittelkasten. Bitten Sie einen leistungsstarken Sch zu beginnen und beispielhaft mithilfe der Redemittel das Ergebnis seiner Gruppe vorzutragen. Nacheinander stellen dann die einzelnen Gruppen ihre Top-3-Liste vor.

### A2 Lesen: Statements zum Thema Freundschaft

1 Bitten Sie einen Sch, die Überschrift und die Einleitung des Artikels vorzulesen. Klären Sie unbekannten Wortschatz.
2 Bitten Sie einen Sch, Text 1 vorzulesen und klären Sie Wortschatzfragen. Lenken Sie dann die Aufmerksamkeit der Sch auf den blauen Notizzettel 1, auf dem Laras Freundschaftskriterien notiert sind. Bitten Sie die Sch, mit den fünf anderen Texten nach diesem Beispiel zu verfahren.
3 Die Sch lösen die Aufgabe in Stillarbeit. Anschließend vergleichen sie ihre Notizen mit denen ihres Nachbarn. Sichern Sie kurz das Ergebnis im Plenum, indem Sie einzelne Sch fragen, was sie notiert haben.
4 Wenn Sie nicht viel Zeit im Unterricht haben, können Sie die Klasse auch in zwei oder drei Gruppen teilen, und jeder Gruppe einen oder zwei Kurztexte zur Bearbeitung zuweisen. Anschließend stellen die Sch im Plenum ihre Ergebnisse vor, die Sie an die Tafel schreiben. Diesen gesammelten Wortschatz zum Thema Freundschaft notieren alle Schüler in ihren Heften.

Arbeitsbuch: S. 126, Ü1–3

### A3 Grammatik: Relativsätze im Akkusativ und Dativ mit Präpositionen

Zettel mit Verben und Präpositionen

1 Wiederholen Sie Verben mit Präpositionen. Bereiten Sie dafür Zettel vor, auf denen Verben stehen, und Zettel, auf denen jeweils eine zugehörige Präposition steht, z.B.: *zusammen sein / sich interessieren / sich verlassen; mit / für / auf.* Hängen Sie die Zettel an die Tafel: auf die linke Seite die Verben, auf die rechte die Präpositionen. Fragen Sie: *Welche Präposition gehört zu welchem Verb?*
2 Ordnen Sie auf Zuruf der Sch den Verben die korrekten Präpositionen zu und bitten Sie die Sch, gleich noch einen Beispielsatz mit dem Verb zu bilden. Wiederholen Sie an dieser Stelle gegebenenfalls, welche Präposition welchen Kasus regiert *(mit, bei, von ... = Dativ; für, über ... = Akkusativ).*

Folie mit Sätzen

3 Wiederholen Sie kurz Relativsätze ohne Präpositionen. Bereiten Sie dazu eine Folie vor, auf der bekannte Hauptsätze aus Lektion 45 stehen, die die Sch dann durch ein Relativpronomen miteinander verbinden sollen.

■ Der Fußballspieler ist blind. Ich bewundere den Fußballspieler.

→ Der Fußballspieler,    den ich bewundere, ist blind.

● Ich sehe den Schüler. Der Lehrer gratuliert dem Schüler.

→ Ich sehe den Schüler,    dem der Lehrer gratuliert.

▶ Ein guter Freund ist ein Mensch. <u>Auf den</u> Menschen kann ich mich verlassen.

→ Ein guter Freund ist ein Mensch,    auf den ich mich verlassen kann.

Die Sch formulieren auf Zuruf die Sätze um. Sichern Sie die Lösung, indem Sie den jeweiligen Relativsatz auf der Folie abdecken.

4 Lenken Sie die Aufmerksamkeit der Sch auf die letzten beiden Hauptsätze: *Ein guter Freund ist ein Mensch. Auf den Menschen kann ich mich verlassen.* Fragen Sie: *Wie könnt ihr diese beiden Sätze durch ein Relativpronomen miteinander verbinden?* Die Sch antworten auf Zuruf. Sichern Sie die Lösung, indem Sie den Relativsatz mit Präposition auf der Folie abdecken.

5 Fragen Sie die Sch: *Was ist hier anders als bei den vorigen Relativsätzen auf der Folie? (Hier steht eine Präposition vor dem Relativpronomen.)* Erklären Sie, dass bei Relativsätzen mit Verben, die eine Präposition fordern, die Präposition vor dem Relativpronomen steht und den Kasus des Relativpronomens bestimmt.

6 Die Sch ergänzen in Stillarbeit die fehlenden Präpositionen aus A3 und vergleichen dann ihre Lösung mit der ihres Nachbarn. Sichern Sie das Ergebnis im Plenum.

*Arbeitsbuch: S. 126, Ü4–5*

### A4 Grammatik: Relativsätze im Akkusativ und Dativ mit Präpositionen

1 Lesen Sie den Beispielsatz vor. Fragen Sie: *Ist „Mensch" maskulin, neutral oder feminin? Wie heißt hier die Präposition? (von) Mit welchem Fall steht diese Präposition? (Dativ) Wie heißt also das Relativpronomen? (dem)* Lassen Sie die Sch die Sätze 1 a) und 2 a) im Plenum lösen. Bitten Sie die Sch, auch dabei schrittweise vorzugehen.

2 Die Sch formulieren die restlichen Sätze in Stillarbeit und vergleichen anschließend ihr Ergebnis mit dem ihres Nachbarn. Sichern Sie das Ergebnis im Plenum. Lassen Sie sich bei Unklarheiten die einzelnen Schritte von den Sch nennen.

*Arbeitsbuch: S. 127, Ü6–9*

### A5 Sprechen: Zitate

1 Bitten Sie zwei Sch, jeweils ein Zitat vorzulesen und klären Sie unbekannten Wortschatz. Mithilfe der Redemittel sprechen die Sch zuerst paarweise über die Zitate.

2 Fragen Sie anschließend einzelne Sch im Plenum, was sie über die Zitate denken. Verweisen Sie dazu nochmals auf die Redemittel; die Schüler sollen damit ihre eigene Meinung zum Ausdruck bringen.

3 Fragen Sie die Sch: *Welche Sprüche oder Zitate über Freundschaft gibt es in eurer Muttersprache?* Überlegen Sie gemeinsam mit den Sch, wie man diese auf Deutsch übersetzen oder den Sinn auf Deutsch umschreiben könnte.

4 **Zusatzaktivität:** Als Hausaufgabe recherchieren die Sch im Internet weitere Sprichwörter und Redensarten rund um „Freund", um diese in der nächsten Stunde dem Plenum zu präsentieren und zu erläutern.

### A6 Hören: Antworten in eine Reihenfolge bringen

1 Die Sch lesen still die vier Aussagen. Klären Sie unbekannten Wortschatz. Erklären Sie: *Ihr hört jetzt vier Antworten auf Fragen zum Thema Freundschaft. Notiert, in welcher Reihenfolge ihr die Antworten hört.*

2 Spielen Sie den Anfang des Hörtextes inklusive Antwort 1 vor (Track 13). Fragen Sie dann: *Welche Aussage entspricht Antwort 1? (Wer Freunde hat, hat ein besseres Immunsystem.)*

3 Spielen Sie den Hörtext bis zum Ende vor. Die Sch notieren während des Hörens die richtige Reihenfolge und vergleichen dann ihre Lösung mit der ihres Nachbarn. Sichern Sie das Ergebnis im Plenum. Spielen Sie bei Unklarheiten die einzelnen Antworten nochmals in Teilen vor.

**A7  Wortschatz: Paraphrasen**

1 Erklären Sie die Aufgabe, indem Sie die Sch auf den kursiven Ausdruck in Satz 1 aufmerksam machen. Fragen Sie: *Was bedeutet der Ausdruck „unter etwas leiden"? Alternative a) oder b)?* Die Sch lesen still die Sätze durch und entscheiden. Sichern Sie das Ergebnis im Plenum.

2 Die Sch lösen die Aufgabe in Stillarbeit. Anschließend vergleichen sie ihre Lösung mit der ihres Nachbarn.

3 Besprechen Sie das Ergebnis im Plenum. Übersetzen Sie bei großen Verständnisschwierigkeiten die Ausdrücke gemeinsam mit den Sch in die Muttersprache.

*Arbeitsbuch: S. 128, Ü10*

**A8  Grammatik: Relativpronomen im Genitiv erkennen**

1 Schreiben Sie Satz 1 an die Tafel. Bitten Sie die Sch, aus diesem Satzgefüge aus Haupt- und Relativsatz zwei Sätze zu bilden. *(Menschen müssen viele Freunde haben. Das Immunsystem der Menschen ist besonders gut.)* Fragen Sie: *In welchem Kasus steht „Menschen" im zweiten Satz? (Genitiv) Wie heißt das zugehörige Relativpronomen? (deren)*

2 Gehen Sie gemeinsam mit den Sch auch die Sätze 2 und 3 in diesen Schritten durch.

3 Die Sch ergänzen in Stillarbeit den „Meine-Regel"-Kasten. Sichern Sie das Ergebnis im Plenum. Übersetzen Sie dann gemeinsam mit den Sch die Lernstrategie in die Muttersprache. Die Sch notieren sie sich im Arbeitsbuch auf S. 161.

*Arbeitsbuch: S. 128, Ü11*

**A9  Grammatik: Relativpronomen im Genitiv**

1 Lesen Sie den einleitenden Satz vor und fragen Sie: *Ist „Freund" maskulin, neutral oder feminin? Wie heißt also das Relativpronomen im Genitiv? (dessen) Wie heißt dann Satz a?*

2 Lassen Sie die Sch die Sätze b und c im Plenum formulieren und sich die Lösung zurufen.

3 Machen Sie die Sch auf den gelben Notizzettel aufmerksam. Bitten Sie einen Sch, beispielhaft den Relativsatz im Genitiv zu ergänzen (mit *deren*). Korrigieren Sie gegebenenfalls.

4 Die Sch notieren sich Relativsätze im Genitiv. Sie können die Sch auch paarweise zusammenarbeiten lassen, eine bestimmte Zeit vorgeben (z.B. drei Minuten) und als Aufgabe stellen: *Wer die meisten korrekten Relativsätze mit Relativpronomen im Genitiv formuliert hat, hat gewonnen!*

5 Lassen Sie einzelne Sch nacheinander ihre Sätze im Plenum vorlesen. Bitten Sie bei Fehlern die anderen Sch, den jeweiligen Satz zu korrigieren.

*Arbeitsbuch: S. 128, Ü12–13*

**A10  Grammatik: Relativsätze**

1 Fragen Sie: *Kennt ihr die Person auf dem Bild? Wer ist das? Was macht er?* Bitten Sie einen Sch, die Sätze auf dem gelben Notizzettel vorzulesen.

2 Als Hausaufgabe suchen sich die Sch jeweils eine prominente Person aus, zu der sie mindestens fünf Relativsätze formulieren. Die Sch nehmen in die nächste Stunde ein Bild der Person mit und stellen diese Person mithilfe der zu Hause notierten Relativsätze vor.

3 Die Präsentation der prominenten Personen können Sie auch als Ratespiel gestalten. Der jeweilige Sch liest die von ihm formulierten Relativsätze vor, ersetzt aber den Namen der Person mit einem beschreibenden Nomen, z.B.: *Das ist ein Schauspieler / Junge / Mann / Prominenter, der ...* Die Klasse versucht zu erraten, um wen es sich handelt. Zur Auflösung wird das Bild gezeigt.

4 Sammeln Sie die Relativsätze ein und korrigieren Sie sie bis zur nächsten Stunde.

**A11  Schreiben: Freundschaft**

1 Erklären Sie den Sch, dass sie einen kurzen Text über das Thema „Freundschaft" schreiben sollen. Verweisen Sie als Anhaltspunkte auf die Fragen. Bitten Sie einzelne Sch, diese vorzulesen. Verweisen Sie als Hilfestellung auch auf die schon gesammelten Punkte in A1 und A2.

2 Bevor die Sch anfangen zu schreiben , fragen Sie: *Worauf sollte man achten, wenn man einen Text schreibt? (abwechslungsreiche Satzstellung, nicht nur Hauptsätze, abwechslungsreiche Wortwahl, Bezug auf Sprichwörter aus A5)*

3 Die Sch schreiben als Hausaufgabe einen kurzen Text. Sammeln Sie die Texte in der nächsten Stunde ein und korrigieren Sie sie.

*Arbeitsbuch: S. 129, Ü14*

## B Besondere Freundschaften

### B1 Sprechen: Filme

1 Die Sch haben das Buch geschlossen. Stimmen Sie die Sch auf das Thema ein, indem Sie fragen: *Kennt ihr einen Film, in dem es um Freundschaft geht?* Lassen Sie einzelne Sch im Plenum antworten. Fragen Sie dann die anderen Sch: *Kennt ihr diese Filme? Wie findet ihr sie?*

2 Die Sch sehen sich die beiden Bilder im Buch an. Fragen Sie: *Kennt ihr diese beiden Filme? Würdet ihr sie weiterempfehlen?* (weiterempfehlen = sagen, dass etwas gut ist)

3 Teilen Sie die Klasse in Dreier- oder Vierergruppen. Achten Sie bei der Aufteilung darauf, dass in jeder Gruppe mindestens ein Sch ist, der einen Film kennt. Die Sch unterhalten sich mithilfe der Redemittel über die beiden Filme. Gehen Sie herum und helfen Sie gegebenenfalls.

> *Arbeitsbuch: S. 129, Ü15*

### B2 Globales Lesen: Besondere Freundschaften in Filmen

1 Schreiben Sie Teile aus B1 an die Tafel: *Der Film heißt ... / In dem Film geht es um ... / Die Hauptpersonen sind ... / Sagen Sie: Sammelt Informationen und berichtet im Plenum.* Teilen Sie die Klasse in zwei Gruppen. Gruppe A liest den Text über E.T., Gruppe B den über Asterix und Obelix. Jeder Sch liest anfangs den jeweiligen Text still und macht sich Notizen zu der Aufgabe an der Tafel. Stellen Sie klar, dass die Sch nicht jedes Wort verstehen müssen und verweisen Sie auch auf die Wortschatzhilfe unter den Texten.

> *leeres DIN-A3-Papier*

2 Die Sch kommen in ihren Gruppen zusammen. Jede Gruppe bekommt ein leeres Blatt und sammelt darauf die relevanten Informationen. Gehen Sie herum und helfen Sie gegebenenfalls.

3 Jeweils zwei oder drei Sch pro Gruppe präsentieren im Plenum ihre Ergebnisse. Steuern Sie gegebenenfalls ergänzende Informationen bei.

> *Arbeitsbuch: S. 129, Ü16; S. 130, Ü17*

### B3 Selektives Lesen: Eigenschaften von Freunden und Freundschaften

1 Die Sch arbeiten nun in Stillarbeit und lesen beide Texte. Dabei sammeln sie Informationen über die jeweiligen Helden der Filme in Stichpunkten (Alter, Aussehen usw.).

2 Notieren Sie diese Informationen als Wortigel auf Zuruf an der Tafel.

3 Lenken Sie die Aufmerksamkeit der Sch auf die gelben Notizzettel und bitten Sie einen Sch, den Satz 2 über Obelix beispielhaft zu ergänzen. Die Sch sammeln dann wiederum in Stillarbeit Eigenschaften der beiden Freundschaften. Sichern Sie das Ergebnis, indem Sie im Plenu m einzelne Sch die Besonderheiten der Freundschaften vorstellen lassen.

### B4 Wortschatz: Antonyme

1 Klären Sie die Bedeutung von dem Gegensatzpfeil (*Antonym*) und von *hier (in diesem Kontext)*. Lenken Sie dann die Aufmerksamkeit der Sch auf die Wörter im Schüttelkasten, die in den Texten 1 und 2 zu finden sind.

2 Bitten Sie die Sch, das Adjektiv *feindlich* in Text 2 zu suchen und durch den Kontext die Wortbedeutung zu erschließen. Fragen Sie: *Was ist das Gegenteil von feindlich?* (hier: *freundschaftlich*) Helfen Sie gegebenenfalls, indem Sie die Sch bitten, *feindlich* zu paraphrasieren oder wenn nötig in ihre Muttersprache zu übersetzen.

3 Die Sch suchen in Stillarbeit die weiteren Adjektive im Text und ordnen sie ihrem Gegenteil zu. Anschließend vergleichen sie ihr Ergebnis mit dem ihres Nachbarn. Sichern Sie das Ergebnis im Plenum.

> *Arbeitsbuch: S. 130, Ü18*

**B5** Grammatik: *wo* und *was* als Relativpronomen

1 Die Sch haben das Buch geschlossen. Schreiben Sie an die Tafel:

| | |
|---|---|
| E.T. landet in der Garage. | Dort begegnet er Elliot. (wo?) |
| E.T. landet in der Garage, | wo er Elliott begegnet. |
| Elliot versteckt E.T. | Das ist bei einem Außerirdischen nicht leicht. (was?) |
| Elliot versteckt E.T., | was bei einem Außerirdischen nicht leicht ist. |

Unterstreichen Sie *Dort* und *Das*. Fragen Sie: *Worauf bezieht sich* Dort*? (in der Garage) Worauf bezieht sich* Das*? (Elliot versteckt E.T.) Wie fragt man nach* Dort *oder* Das*? (Wo? Was?)*

2 Schreiben Sie *wo* unter Satz 1 und *was* unter Satz 2. Erklären Sie, dass auch *wo* und *was* Relativpronomen sind, mit denen man Relativsätze bilden kann. Ergänzen Sie die jeweiligen Relativsätze an der Tafel.

3 Die Sch öffnen ihr Buch. Bitten Sie einen Sch, Satz 1 vorzulesen und Satz 2 beispielhaft zu ergänzen. Gehen Sie die weiteren Sätze nacheinander gemeinsam mit den Sch im Plenum durch. Fragen Sie: *Worauf bezieht sich der Relativsatz? (das Beste, vieles, alles, dort) Welches Relativpronomen muss also stehen:* was *oder* wo*?* Lassen Sie bei Unklarheiten die Sch die Sätze im jeweiligen Text suchen.

4 Lenken Sie die Aufmerksamkeit der Sch auf den „Meine-Regel"-Kasten. Lesen Sie **Relativsätze** mit **wo** stehen bei **Ortsangaben** vor und fragen Sie: *In welchen Beispielsätzen ist das so? (1 und 6)*

5 Die Sch arbeiten paarweise zusammen und ergänzen die weiteren Regeln. Anschließend vergleichen sie ihr Ergebnis mit dem ihres anderen Sitznachbarn. Sichern Sie das Ergebnis im Plenum.

*Arbeitsbuch: S. 130, Ü19; S. 131, Ü20–21*

**B6** Grammatik: Relativsätze mit *wo* und *was*

1 Bitten Sie einen Sch, Satz 1 vorzulesen und beispielhaft zu ergänzen. Fragen Sie: *Worauf bezieht sich das Relativpronomen? (Indefinitpronomen „alles")*

2 Die Sch ergänzen in Stillarbeit die Sätze 2–6. Gehen Sie auf Wortschatzfragen ein. Erklären Sie dann: *Jetzt hört ihr die Sätze. Hört zu und kontrolliert eure Lösung!* Spielen Sie die Sätze vor (Track 14) und sichern Sie anschließend das Ergebnis im Plenum.

3 Bitten Sie zur Auflockerung einzelne Sch, die Sätze mit viel Pathos bzw. Theatralik vorzutragen.

*Arbeitsbuch: S. 131, Ü22*

**B7** Lesen: „Ein Freund von mir"

1 Die Sch sehen sich das Filmplakat an. Fragen Sie: *Kennt ihr diesen Film? Kennt ihr einen dieser Schauspieler? (Daniel Brühl, Jürgen Vogel)*

2 Lenken Sie die Aufmerksamkeit der Sch auf den Text. Fragen Sie: *Was ist das für ein Text? (Forumsbeitrag) Worum geht es? (Filmtipp)* Erklären Sie: *Auf dem Filmplakat seht ihr links Karl und rechts Hans. Was erfahrt ihr über die beiden Charaktere im Text? Macht euch Notizen und vergleicht dann mit eurem Nachbarn!*

3 Die Sch lesen still den Text und vergleichen anschließend ihre Notizen mit denen ihres Nachbarn. Sichern Sie das Ergebnis kurz im Plenum.

*Arbeitsbuch: S. 131, Ü23*

**B8** Grammatik: Irreale Vergleichssätze mit *als ob* im Konjunktiv II

1 Schreiben Sie zur Wiederholung an die Tafel:
*Was* würdest *du* machen*, wenn du mit deinem besten Freund / deiner besten Freundin* streiten würdest*?* Unterstreichen Sie die Verben und fragen Sie: *Welche Form hat das Verb hier? (Konjunktiv II der Gegenwart: würd- + Infinitiv)* Bitten Sie einzelne Sch zu antworten. Korrigieren Sie gegebenenfalls. Rufen Sie den Sch in Erinnerung, dass man den Konjunktiv II verwendet, um eine Vorstellung / ein Gedankenspiel auszudrücken.

2 Schreiben Sie unter den Beispielsatz:
   *Was hättest du gemacht, wenn du mit deinem besten Freund / deiner besten Freundin gestritten hättest?* Unterstreichen
   Sie wieder die Verben und erklären Sie: *Das ist der Konjunktiv II der Vergangenheit. Wie wird er gebildet? (Konjunktiv II
   von „haben" oder „sein" + Partizip Perfekt).* Die Sch sehen sich den Grammatikspot zum Konjunktiv II in der Vergangenheit im Buch an.

3 Bitten Sie dann zwei Sch, die Beispielsätze 1 und 2 vorzulesen. Paarweise ergänzen die Sch den „Meine-Regel"-Kasten.
   Sichern Sie anschließend das Ergebnis im Plenum und erklären Sie: *Mit „als ob" kann man Vergleiche anstellen. Verwendet
   man dann den Konjunktiv II, sind die Vergleiche irreal, also nicht wirklich, sondern nur gedacht.* Gehen Sie zur Verdeutlichung nochmals auf die Beispielsätze ein. Lesen Sie Satz 1 vor und ergänzen Sie: *Aber er gehört dazu.* Lesen Sie Satz 2
   vor und ergänzen Sie: *Aber es ist etwas passiert.*

*Arbeitsbuch: S. 132, Ü24–25*

### B9  Grammatik: Irreale Vergleichssätze mit *als ob*

1 Lenken Sie die Aufmerksamkeit der Sch auf die Illustration 1. Fragen Sie: *Was seht ihr? Was denkt ihr über die Situation?
   Was vermutet ihr? Welche Interpretation habt ihr?* Stellen Sie klar, dass die Sch eine Vermutung anstellen, also eine mögliche Interpretation der Realität äußern. Gehen Sie so mit allen vier Illustrationen vor.

2 Erklären Sie den Sch, dass sie nun irreale Vergleichssätze (in der Gegenwart) mit *als ob* schreiben sollen. Bitten Sie einen
   Sch, Satz 1 beispielhaft zu ergänzen und die anderen Sch gegebenenfalls auszuhelfen. Notieren Sie den Satz an der Tafel.

3 Die Sch formulieren die weiteren Sätze in Stillarbeit und vergleichen ihr Ergebnis mit dem ihres Nachbarn. Bitten Sie einen
   Sch an die Tafel, der die Sätze dann auf Zuruf an die Tafel schreibt.

*Arbeitsbuch: S. 132, Ü26; S. 133, Ü27–28*

### B10  Grammatik: Irreale Wünsche im Konjunktiv II der Vergangenheit

1 Die Sch sehen sich das Foto an. Fragen Sie: *Was seht ihr? Wie fühlt sich der Jugendliche?*

2 Lenken Sie die Aufmerksamkeit der Sch auf den Grammatikspot zu irrealen Wunschsätzen im Konjunktiv II der Vergangenheit und bitten Sie einen Sch, den Beispielsatz vorzulesen. Schreiben Sie diesen auch an die Tafel und fragen Sie: *Wo
   steht das konjugierte Verb? (Position 1) Wo steht das Partizip? (Satzende)* Unterstreichen Sie *nur* und erklären Sie, dass
   die Partikeln *nur* und *bloß* den Inhalt eines Satzes verstärken.

3 Bitten Sie einzelne Sch, mit den Vorschlägen im Wortschatzkasten irreale Wünsche nach dem Beispiel zu formulieren.
   Gehen Sie auch auf *entspannt bleiben*, als Beispiel mit dem Hilfsverb *sein*, ein.

4 Zu zweit formulieren die Sch immer abwechselnd irreale Wünsche. Gehen Sie herum und korrigieren Sie gegebenenfalls.

*Arbeitsbuch: S. 133, Ü29; S. 134, Ü30*

### B11  Sprechen: Berühmte Freundschaften

1 Bitten Sie einen Sch, die Freundschaften aus dem Wortschatzkasten vorzulesen. Fragen Sie: *Welche berühmten Freundschaften kennt ihr noch?* Sammeln Sie die Antworten an der Tafel.

2 Erklären Sie den Sch, dass sie eine Präsentation über eine berühmte Freundschaft machen sollen. Dafür sollten sie sich
   jetzt für eine bestimmte Freundschaft entscheiden. Bilden Sie entsprechende Gruppen.

3 Bitten Sie die einzelnen Gruppen, bis zur nächsten Stunde zu recherchieren. Als Anhaltspunkte dienen die drei Fragen im
   Buch. Bitten Sie einen Sch, diese vorzulesen. Ermuntern Sie die Sch aber, auch zusätzliche Informationen zu geben und
   Bilder, Bücher, Filme oder Fotos mitzubringen.

4 In der nächsten Stunde präsentieren die einzelnen Gruppen ihre berühmte Freundschaft dem Plenum.

*Arbeitsbuch: S. 134, Ü31*

## C Grenzen der Freundschaft

### C1 Wortschatz: Redewendungen

1 Fragen Sie: *Was würdest du für deinen besten Freund tun? Was geht zu weit? Was würdest du auch für deinen besten Freund nicht tun?* Einzelne Sch antworten im Plenum.
2 Lesen Sie den ersten Absatz des Gedichts vor. Gehen Sie nicht sofort auf Wortschatzfragen ein, sondern erklären Sie, dass in dem Gedicht sehr viele Redewendungen vorkommen und ermutigen Sie die Sch, in C1 selbst herauszufinden, was diese bedeuten.
3 Ein Sch liest die Erklärungen a bis e vor. Klären Sie unbekannten Wortschatz. Paarweise gehen die Sch nun die Redewendungen durch und versuchen, diese den Erklärungen zuzuordnen. Anschließend vergleichen sie ihre Lösung mit der ihres anderen Sitznachbarn. Sichern Sie das Ergebnis im Plenum.
4 Fragen Sie die Sch: *Gibt es diese Redewendungen auch in eurer Muttersprache?* Übersetzen Sie gegebenenfalls zur Hilfe gemeinsam mit den Sch die Redewendungen wortwörtlich und fragen Sie dann: *Wie sagt man in eurer Sprache? Gibt es dafür auch einen speziellen Ausdruck? Oder sogar mehrere?* Notieren Sie diese an der Tafel.

### C2 Globales Lesen: „Freundschaften"

*Folie mit Sätzen*

1 Fragen Sie die Sch: *Wie viele Personen sprechen in dem Gedicht?* Die Sch antworten im Plenum.
2 Fragen Sie dann: *Was sagt Person A? Was sagt Person B?* Markieren Sie auf Zuruf die Sätze der beiden Personen mit jeweils einer anderen Farbe auf der Folie.

### C3 Selektives Lesen: „Freundschaften"

1 Geben Sie den Sch Zeit, nochmals die Zeilen 2 bis 8 und 13 bis 18 zu lesen. Fragen Sie dann: *Was ist der Unterschied zwischen den beiden Aussagen?* Sammeln Sie die Antworten der Sch an der Tafel. Fragen Sie: *Was könnte so eine besondere Situation sein, in der man nicht alles für seinen Freund tut?* Geben Sie Beispiele, abgestuft von z. B. *müde sein* bis hin zu *sich selbst in Lebensgefahr bringen.* Die Sch entscheiden, was sie als Freund jeweils erwarten bzw. entschuldigen würden.
2 Fragen Sie: *Was bedeutet der letzte Satz? Was denkt ihr?* Einzelne Sch antworten im Plenum.
3 Teilen Sie die Klasse in zwei oder drei Gruppen. Fragen Sie: *Welche Idee von Freundschaft findet ihr besser? Die von Person A oder die von Person B? Diskutiert!* Gehen Sie herum und helfen Sie gegebenenfalls.
4 Die einzelnen Gruppen berichten kurz im Plenum, was bei ihrer Diskussion herausgekommen ist.

### C4 Vorlesen: „Freundschaften"

Die Sch proben paarweise das Vortragen des Gedichts mit verteilten Rollen. Falls Sch freiwillig Lust haben, können Sie das Gedicht anschließend im Plenum mit verteilten Rollen vortragen.

## A  Boah ...!

### A1  Hören und sprechen: Interjektionen

1  Die Sch haben ihre Bücher geschlossen. Stimmen Sie die Klasse auf das Thema ein. Mimen Sie unterschiedliche Situationen, z. B. wie Sie sich freuen oder wenn Sie etwas eklig finden. Bitten Sie die Sch, die entsprechenden Geräusche dazu zu machen. Alternativ können Sie jedem Sch eine Situationsanweisung geben, was er pantomimisch darstellen soll, und das Plenum macht die dazugehörigen Geräusche. Sammeln Sie die Ausrufe an der Tafel.

*Folie der Illustrationen A–F aus A1*

2  Spielen Sie die Hörtexte vor (Track 15). Die Sch ordnen während des Hörens die Aussagen den Bildern zu und vergleichen anschließend ihre Lösung mit der ihres Nachbarn.

3  Sichern Sie das Ergebnis im Plenum. Gehen Sie dabei auf die deutschen Interjektionen ein und bitten Sie die Sch, diese den Ausrufen an der Tafel zuzuordnen. Gibt es Ähnlichkeiten?

4  Fragen Sie: *Was seht ihr auf den Bildern? Was passiert?* Bitten Sie einen Sch, den Text in der Sprechblase vorzulesen und zu ergänzen. *(Der Junge ärgert sich sehr, weil ...)* Einzelne Sch beschreiben die anderen Situationen im Plenum.

*Arbeitsbuch: S. 136, Ü1–2*

### A2  Globales Hören: Gespräche Bildern zuordnen

1  Erklären Sie den Sch, dass sie nun vier Gespräche hören werden (Track 16). Jedes Gespräch passt zu einem der Bilder aus A1. Sie sollen die Dialoge den entsprechenden Bildern zuordnen. Stellen Sie klar, dass die Sch zur Lösung der Aufgabe nicht jedes Wort verstehen müssen.

2  Spielen Sie Gespräch 1 vor (Timecode: ~00:56) und fragen Sie: *Zu welchem Bild passt dieses Gespräch? (Bild F)* Spielen Sie dann die anderen drei Gespräche ohne Pause vor. Die Sch lösen die Aufgabe und vergleichen dann ihr Ergebnis mit dem ihres Nachbarn. Sichern Sie das Ergebnis im Plenum.

3  Die Sch tragen im Plenum zusammen, was sie sonst noch verstanden haben, z. B. wer die Personen sind, die sprechen, und wer davon auf den Bildern zu sehen ist.

### A3  Selektives Hören: Gespräche

1  Bitten Sie einen Sch, die Aussagen 1 und 2 zum Gespräch 1 vorzulesen. Klären Sie unbekannten Wortschatz und verweisen Sie auch auf die Worterklärungen unter der Aufgabe. Fragen Sie: *Sind diese Aussagen richtig oder falsch?* Lassen Sie die Sch im Plenum ihre Meinung rufen.

2  Spielen Sie dann Gespräch 1 noch einmal vor und fragen Sie wieder. *(Aussage 1: richtig; Aussage 2: falsch)* Fragen Sie: *Wem haben die Knie gezittert? Warum? (Julia, weil sie so aufgeregt war.)* Fragen Sie außerdem: *Werden Sven wohl auch die Knie zittern?*

3  Geben Sie den Sch Zeit, die Aussagen 3 und 4 zu lesen. Spielen Sie dann Gespräch 2 vor (Timecode: ~02:02) und besprechen Sie die Lösung im Plenum. Gehen Sie bei Gespräch 3 und 4 ebenso vor. Spielen Sie bei Unklarheiten nochmals das entsprechende Gespräch vor.

*Arbeitsbuch: S. 136, Ü3–4*

### A4  Wortschatz: Verben Definitionen zuordnen

*Folie der Illustrationen A–F aus A1*

1  Legen Sie noch einmal die Folie mit den Illustrationen A–F auf und weisen Sie die Sch auf die Nomen im Schüttelkasten in a) hin. Bitten Sie einen Sch, die Sprechblase vorzulesen. Er kommt dann nach vorn und zeigt den Notarzt auf der Folie.

2  Einzelne Sch beschreiben, auf welchen Bildern man die Wörter aus a) sieht. Ein Sch steht vorne und zeigt die Dinge auf der Folie.

3  Die Sch lesen still die Verben und die Erklärungen aus b). Ordnen Sie gemeinsam mit den Sch Nummer 1 der Erklärung *(e)* zu, um die Aufgabe zu verdeutlichen.

4  Die Sch lösen in Stillarbeit die Aufgabe und vergleichen ihr Ergebnis mit dem ihres Nachbarn. Sichern Sie anschließend das Ergebnis im Plenum und gehen Sie wenn nötig auf Wortschatzfragen ein.

# Lektion 48

Kärtchen

5 **Zusatzaktivität:** Um den Wortschatz zu vertiefen, bereiten Sie Kärtchen vor, auf denen einzelne Wörter aus der bisherigen Lektion stehen. Diese Wörter sollen von den Sch erklärt werden. Notieren Sie auf dem Kärtchen jeweils zwei weitere Wörter, die direkt damit zu tun haben, z. B.: *einparken – Auto, Straße.* Diese beiden Wörter dürfen beim Erklärungsversuch nicht verwendet werden, sie sind tabu. Reihum zieht je ein Sch ein Kärtchen und erklärt das entsprechende Wort. Sein Nachbar kontrolliert, dass die „Tabu-Wörter" nicht gesagt werden. Wer als Erster im Plenum das Wort errät, bekommt das Kärtchen. Wer am Schluss am meisten Kärtchen hat, hat gewonnen.

*Arbeitsbuch: S. 137, Ü5–6*

**A5** **Grammatik: Modalverben im Perfekt**

1 Die Sch haben das Buch geschlossen. Wiederholen Sie die Satzstellung im Perfekt und mit Modalverb. Schreiben Sie dazu an die Tafel:

| | | | |
|---|---|---|---|
| Ich | machte | alles. | |
| Ich | habe | alles | gemacht. |
| | | | |
| Ich | musste | alles | machen. |
| Ich | habe | alles | machen müssen. |

Fragen Sie: *In welcher Zeit stehen diese Sätze? (Präteritum, Perfekt, Präteritum mit Modalverb* müssen*) Wo stehen die Verben? In welcher Form stehen sie?*

2 Ergänzen Sie anschließend die neue Konstruktion: *Ich habe alles machen müssen.* Erklären Sie: *Das konjugierte Verb (hier: Hilfsverb „haben") steht an Position II im Satz. Das Modalverb wandert ans Satzende. Vorsicht: Hier wird kein Partizip gebildet, sondern das Modalverb (*müssen*) und das Vollverb (*machen*) stehen beide im Infinitiv! Beachtet: Bei den Modalverben im Perfekt ist das Hilfsverb immer „haben"!*

3 Die Sch öffnen ihr Buch und sehen sich den Grammatikspot zu den Modalverben im Perfekt sowie den Beispielsatz 1 an. In Partnerarbeit versuchen sie, die beiden anderen Sätze nach dem Beispiel zu formulieren. Sichern Sie das Ergebnis im Plenum, indem Sie die Sätze im Perfekt an die Tafel schreiben.

*Arbeitsbuch: S. 137, Ü7–8; S. 138, Ü9–10*

**A6** **Sprechen: Modalverben im Perfekt**

1 Bitten Sie drei Sch, die drei Fragen vorzulesen. Stellen Sie klar, dass es sich hier um Sätze mit Modalverb im Perfekt handelt und die Sch auch ihre Antworten auf diese Fragen so formulieren sollen.

leere Zettel

2 Verteilen Sie an jeden Sch einen Zettel. Lenken Sie die Aufmerksamkeit der Sch auf den gelben Notizzettel und bitten Sie sie, zu jeder Frage eine Antwort nach diesem Beispiel zu formulieren. Gehen Sie währenddessen herum und helfen Sie, wenn nötig.

3 Sammeln Sie die Zettel ein, mischen Sie sie und verteilen Sie sie wieder. Bitten Sie einen Sch, die Sprechblase aus dem Buch vorzulesen und dann beispielhaft eine Vermutung zu einer Antwort auf seinem Zettel zu formulieren. Achten Sie darauf, dass diese mit Modalverben im Perfekt formuliert wurde.

4 Abwechselnd lesen die Sch alle drei Aussagen auf ihren Zetteln vor und stellen Vermutungen an, um wen es sich dabei handelt. Liegen die Sch dreimal falsch, gibt sich der Gesuchte zu erkennen. Machen Sie sich während der Aktivität Notizen zu Grammatikfehlern und gehen Sie diese anschließend mit den Sch im Plenum durch.

**A7** **Grammatik: Nebensätze mit *sobald* und *solange***

1 Die Sch lesen still Satzteil 1 und die vier Satzteile a) bis d). Fragen Sie: *Wie kann man Satz 1 ergänzen? (c)* Schreiben Sie zur Verdeutlichung den ganzen Satz an die Tafel, unterstreichen Sie *sobald* und zeichnen Sie einen großen Punkt (= Zeitpunkt) unter *ich lache* und einen Pfeil unter *muss ich husten.*

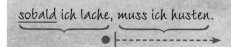

2 Die Sch lesen Satzteil 2 und ergänzen ihn (a). Verdeutlichen Sie *solange* ebenfalls mit einem Pfeil und einen großen Punkt (= Zeitpunkt).

*Solange das Knie noch so dick ist, können sie keinen Gips machen.*

3 Die Sch lösen den Rest der Aufgabe im Plenum und korrigieren sich gegebenenfalls gegenseitig. Bitten Sie die Sch anschließend, die Sätze jeweils mit den anderen Konjunktionen zu bilden und entsprechend umzuformen, z. B.: *Sobald das Knie nicht mehr dick ist, können sie einen Gips machen.*

4 Lenken Sie die Aufmerksamkeit der Sch auf den „Meine-Regel"-Kasten. Fragen Sie: *Seht euch noch einmal die Sätze 1–4 aus a) an. Was bedeutet „solange"? (in dem Zeitraum) Was bedeutet „sobald"? (sofort wenn)* Sichern Sie das Ergebnis im Plenum und übersetzen Sie bei großen Verständnisschwierigkeiten gemeinsam mit den Sch die Beispielsätze in deren Muttersprache.

*Arbeitsbuch: S. 138, Ü11–12; S. 139, Ü13*

**A8** **Sprechen: Sätze bilden**

1 Die Sch arbeiten paarweise zusammen. Bitten Sie ein Sch-Paar, die beiden Sprechblasen vorzulesen, und ein anderes Paar, beispielhaft jeweils einen weiteren Satz zu bilden.

2 Mithilfe der Redemittel bilden die Sch immer abwechselnd Sätze mit *sobald* und *solange*. Gehen Sie herum und korrigieren Sie.

**A9** **Globales Lesen: Gefühle**

1 Die Sch haben das Buch geschlossen. Schreiben Sie den Titel des Textes an die Tafel. Fragen Sie: *Welche Gefühle gibt es eigentlich? (fröhlich, glücklich, traurig, ängstlich, aufgeregt, ärgerlich, wütend sein, gute/schlechte Laune haben ...)* Sammeln Sie die Vorschläge der Sch an der Tafel. Geben Sie dann ein Beispiel als Anstoß, z. B.: *Ich bin fröhlich, ... wenn die Sonne scheint.* Fragen Sie: *Wann seid ihr fröhlich? Und traurig?* Notieren Sie stichpunktartig an der Tafel, was die Gefühle der Sch beeinflusst.

2 Die Sch schlagen ihr Buch auf und lesen still den Text. Erklären Sie bei Wortschatzfragen, dass die Sch zur Lösung dieser Aufgabe nicht jedes Wort verstehen müssen. Sammeln Sie aber die unbekannten Wörter an der Tafel und gehen Sie darauf ein, wenn alle den Text fertig gelesen haben. Bitten Sie die Sch, sich die Wortbedeutungen nach den ihnen bekannten Strategien zu erschließen *(Kontext, Wortfamilie ...)*.

3 Fragen Sie: *Was steht im Text? Was kann die Gefühle beeinflussen?* Weisen Sie darauf hin, dass die Sch nur erste grobe Stichpunkte sammeln sollen, z. B.: *Musik, Gerüche, Farben.* Vergleichen Sie gemeinsam mit den Sch die Aspekte aus dem Text mit den Stichpunkten der Sch an der Tafel.

*Arbeitsbuch: S. 139, Ü14–16*

**A10** **Selektives Lesen: Gefühle**

1 Bitten Sie einen Sch, die Fragen 1 bis 6 vorzulesen. Klären Sie unbekannten Wortschatz. Erklären Sie, dass die Sch die Fragen nur in Stichworten beantworten sollen, nicht in ganzen Sätzen.

2 Die Sch gehen zu zweit den Text durch und machen sich Notizen zu den Fragen. Gehen Sie dann die Fragen nacheinander im Plenum durch und bitten Sie einzelne Sch, mithilfe ihrer Notizen in ganzen Sätzen zu antworten. Bitten Sie einzelne Sch, ihre eigene Meinung dazu zu äußern, wie z. B. Musik oder Farben auf sie wirken, und ob die Farbwirkung universell oder kulturell geprägt ist?

3 **Zusatzaktivität:** Die Sch schreiben einen Leserbrief an „EXTRA", in dem sie entweder dem Artikel zustimmen oder kritisch ihre Meinung dazu äußern.

4 Lenken Sie die Aufmerksamkeit der Sch auf den Grammatikspot zum zweiteiligen Konnektor *entweder ... oder* und bitten Sie einen Sch, den Beispielsatz vorzulesen. Schreiben Sie diesen währenddessen an die Tafel und markieren Sie *entweder* und *oder* farbig. Erklären Sie, dass dieser zweiteilige Konnektor verwendet wird, wenn man sagen möchte: *Das eine oder das andere.* Schreiben Sie an die Tafel: *Ich gehe ins Kino. Oder ich gehe ins Theater.* Bitten Sie die Sch, diese Sätze mit *entweder ... oder* zu verbinden. *(Ich gehe entweder ins Kino oder ins Theater.)* Stellen Sie den Bedeutungsunterschied von *entweder ... oder* zu *oder* heraus: Bei *entweder ... oder* ist die Semantik der Alternative besonders hervorgehoben. Führen Sie eine Kostengrenze ein: *Ich habe noch genau 10 Euro. Ich kann entweder ins Kino oder in die Pizzeria. (Beides geht nicht.)*

**5 Zusatzaktivität:** Wiederholen und vertiefen Sie zweiteilige Konnektoren aus Lektion 46, indem Sie eine Folie mit Beispielsätzen vorbereiten. Nebeneinander stehen immer zwei Hauptsätze, z. B.:

*Lena mag Rockmusik. Lena mag auch Popmusik.*
*Chris mag keine Nudeln. Er mag auch kein Fleisch.*
*Ina mag Action-Filme. Ina mag aber keine Thriller.*
*Ruth kauft sich ein Kleid. Oder sie kauft sich einen Rock.*

Diese sollen die Sch mit einem zweiteiligen Konnektor zu einem Satz verbinden. Die Sch arbeiten in Kleingruppen. Gehen Sie herum und helfen Sie gegebenenfalls. Sammeln Sie bei einer lernschwachen Klasse erst die zweiteiligen Konnektoren an der Tafel:

*nicht nur..., sondern auch ... / zwar..., aber / weder ... noch ... / sowohl ..., als auch* und aus der aktuellen Lektion: *entweder ... oder*

Arbeitsbuch: S. 140, Ü17–20

### A11 Sprechen: Eigene Gefühle und Stimmungen

1 Verweisen Sie auf den Wortschatzkasten und sammeln Sie anschließend im Plenum Dinge und Situationen, die die Gefühle der Sch beeinflussen.
2 Bitten Sie einzelne Sch, mithilfe der Redemittel beispielhaft Sätze zu formulieren. Anschließend finden sich die Sch zu Kleingruppen zusammen und erzählen sich gegenseitig, was ihre Stimmungen und Gefühle beeinflusst. Gehen Sie herum und helfen Sie, wenn nötig. Ermutigen Sie die Sch auch, Sätze mit zweiteiligen Konnektoren und mit *sobald/solange* zu formulieren.

Arbeitsbuch: S. 140, Ü21; S. 141, Ü22

## B Träume

### B1 Sprechen: Träumen

1 Lenken Sie die Aufmerksamkeit der Sch auf das Foto und fragen Sie: *Was seht ihr? Was macht der Junge?*
2 Lesen Sie die Fragen aus B1 vor und bitten Sie einzelne Sch, die Redemittel vorzulesen und die Sätze beispielhaft zu ergänzen. Helfen Sie wenn nötig.
3 Abwechselnd berichten die Sch kurz im Plenum darüber, wie sie selbst träumen.

Arbeitsbuch: S. 141, Ü23

### B2 Hören: Fragen sortieren

1 Fragen Sie als Einstieg zum Thema: *Was wolltet ihr schon immer mal wissen zum Thema „Träume"?* Sammeln Sie die Fragen der Sch an der Tafel.
2 Erklären Sie den Sch, dass sie nun eine Radiosendung zum Thema „Träume" hören werden. In dieser Sendung werden verschiedene Fragen gestellt und beantwortet. Diese Fragen finden die Sch in B2, aber die Reihenfolge stimmt nicht. Die Sch sollen nun während des Hörens entscheiden, in welcher Reihenfolge die Fragen im Hörtext genannt werden.
3 Geben Sie den Sch Zeit, die Fragen und die Worterklärungen zu lesen, bevor Sie den Anfang des Hörtextes vorspielen (Track 17). Stoppen Sie nach *„.... warum träumen wir?"* (Timecode: ~00:38) und verweisen Sie zur Verdeutlichung der Aufgabe auf die erste Frage, die im Buch schon mit einer 1 markiert ist.
4 Spielen Sie anschließend den weiteren Hörtext vor. Die Sch bringen die Fragen in die richtige Reihenfolge und vergleichen ihr Ergebnis anschließend mit dem ihres Nachbarn. Sichern Sie das Ergebnis im Plenum.

### B3 Selektives Hören: Sätze zuordnen

1 Bitten Sie die Sch, still alle Satzteile zu lesen (1 bis 8 und a bis h). Klären Sie unbekannten Wortschatz. Fragen Sie: *Woran könnt ihr euch noch erinnern? Was habt ihr beim ersten Hören schon verstanden? Ordnet die Sätze zu.* Ermuntern Sie die Sch auch, Vermutungen anzustellen.
2 In Partnerarbeit ordnen die Sch die Aussagen zu, an die sie sich noch erinnern können oder von denen sie vermuten, dass sie zutreffen.
3 Spielen Sie den Hörtext noch mal in voller Länge vor. Die Sch ordnen während des Hörens die Satzteile zu oder korrigieren gegebenenfalls ihre Zuordnung. Anschließend vergleichen sie ihre Lösung mit der ihres Partners.

*Folie B3 a)*

4 Sichern Sie das Ergebnis im Plenum, indem Sie die Lösung auf der Folie eintragen. Spielen Sie bei Unklarheiten den Hörtext in einzelnen Abschnitten vor.

5 Lenken Sie die Aufmerksamkeit der Sch nun nochmals auf die Fragen aus B2. Fragen Sie: *Welche Aussagen geben eine Antwort auf eine Frage aus B2?* Ordnen Sie Aussage 1 gemeinsam mit den Sch im Plenum zu *(Frage 1)*. Die weiteren Aussagen ordnen die Sch in Partnerarbeit zu. Sichern Sie anschließend das Ergebnis im Plenum.

*Arbeitsbuch: S. 141, Ü24; S. 142, Ü25*

### B4 Grammatik: Infinitivkonstruktionen mit *sein* und *haben*

1 Zwei Sch lesen die beiden Beispiele inklusive der Erklärungen vor. Bitten Sie die Sch dann in Stillarbeit, den „Meine-Regel"-Kasten zu ergänzen. Sichern Sie das Ergebnis im Plenum.

2 Vertiefen Sie die Infinitivkonstruktionen, indem Sie verschiedene Beispielsätze an die Tafel schreiben, die die Sch dann nach den Beispielsätzen im Buch in eine Konstruktion mit *können* oder *müssen* umformen, z.B.:
*Manche Träume sind nicht leicht zu vergessen. / Manche Träume kann man nur schwer vergessen.*
*Einige Leute haben mit Albträumen zu kämpfen. / Einige Leute müssen mit Albträumen kämpfen.*

3 Übersetzen Sie die Infinitivkonstruktionen zur Verdeutlichung gemeinsam mit den Sch in deren Muttersprache.

*Arbeitsbuch: S. 142, Ü26–28; S. 143, Ü29*

### B5 Grammatik: n-Deklination

1 Schreiben Sie den Satz *Jeder Mensch riecht anders, denn der Körpergeruch eines Menschen wird durch seine Gene bestimmt.* von A9, Seite 100, Zeile 31 an die Tafel. Unterstreichen Sie die Endung *-en* von *Menschen*. Stellen Sie klar, dass es sich hier nicht um die Pluralform handelt, sondern um die n-Deklination.

2 Lenken Sie die Aufmerksamkeit der Sch auf den Grammatikspot zur n-Deklination und erklären Sie, dass es im Deutschen Nomen gibt, die sich je nach Kasus verändern. Fragen Sie: *Wie verändern sich diese Nomen? (Sie bekommen die Endung -n bzw. -en.)* Gehen Sie gemeinsam mit den Sch die Nomen durch, die auch so dekliniert werden. Klären Sie, dass die Nomen überwiegend maskulin sind und außer im Nominativ Singular in allen Kasus die Endung *-(e)n* haben. Im Plural kein Umlaut. Gehen Sie auch kurz auf die Ausnahme ein: *Nom. das Herz, Akk. das Herz, Dat. dem Herzen, Gen. des Herzens, Plural Nom. die Herzen.*

3 Bitten Sie einen Sch, den ersten Satz aus a) vorzulesen und beispielhaft zu ergänzen. Korrigieren Sie gegebenenfalls. In Partnerarbeit ergänzen die Sch die weiteren Sätze. Sichern Sie das Ergebnis im Plenum, indem Sie die Lösung an die Tafel schreiben.

4 Übersetzen Sie gemeinsam mit den Sch die Lernstrategie in die Muttersprache. Die Sch notieren sie sich im Arbeitsbuch auf S. 161.

5 Bei b) sollen die Sch genauso vorgehen, wie bei a), müssen allerdings zunächst herausfinden, welches Wort aus dem Schüttelkasten passt und in welchem Fall es stehen muss. Bitten Sie dazu einen Sch, den ersten Satz vorzulesen. Fragen Sie zur Erklärung: *Welches Nomen fehlt hier? (Mensch) In welchem Fall (Kasus) muss das Nomen hier stehen? (Genitiv) Woran seht ihr das? (eines)*

6 Die Sch gehen paarweise den Text durch, bestimmen das fehlende Nomen und dessen Kasus und bilden die entsprechende Form. Sichern Sie das Ergebnis im Plenum.

*große Zettel*

7 **Zusatzaktivität:** Bereiten Sie große Zettel vor, auf denen jeweils ein Nomen steht, u. a. auch aus dem Grammatikspot zur n-Deklination (bei lernstarken Klassen ohne Artikel). Üben Sie u. a. die n-Deklination ein, indem Sie *ohne (+ Akk.) / mit (+Dat.) / wegen (+ Gen.)* an die Tafel schreiben. Halten Sie immer einen Zettel in die Höhe und zeigen Sie gleichzeitig auf eine Präposition an der Tafel. Die Sch rufen jeweils Präposition, Artikel und dekliniertes Nomen gemeinsam im Plenum, z.B.: *(der) Kollege / wegen: wegen des Kollegen.*
Beginnen Sie langsam und werden Sie immer schneller. Sortieren Sie die Nomen/Fälle aus, die die Sch gut können und vertiefen Sie, womit sich die Sch schwertun.

*Arbeitsbuch: S. 143, Ü30–32*

**B6** **Lesen: Lokale Präpositionen**

1 Bitten Sie einen Sch, die Aussagen 1 bis 7 vorzulesen und klären Sie gemeinsam mit der Klasse unbekannten Wortschatz.

2 Lenken Sie die Aufmerksamkeit der Sch auf den Lesetext. Fragen Sie: *Um was für eine Art von Text handelt es sich hier? (Beitrag in einem Internetforum)* Erklären Sie, dass die Sch entscheiden sollen, ob die Aussagen richtig oder falsch sind, nachdem sie den Forumsbeitrag gelesen haben. Verweisen Sie auch auf die Wortschatzhilfen am Textrand.

3 Die Sch lesen still den Text und lösen die Aufgabe. Anschließend vergleichen sie ihr Ergebnis mit dem ihres Nachbarn. Sichern Sie das Ergebnis im Plenum. Bitten Sie die Sch, falsche Aussagen zu korrigieren. Lassen Sie sich bei Unklarheiten Belegstellen im Text nennen.

4 Gehen Sie mit den Sch die lokalen Präpositionen und deren zugehörige Skizzen im Grammatikspot durch. Dann schließen die Sch ihr Buch. Machen Sie zur Vertiefung mit der einen Hand eine Faust und mit der anderen Hand die entsprechende Bewegung zu den einzelnen lokalen Präpositionen. Lassen Sie die Sch die von Ihnen dargestellte Präposition laut im Plenum rufen.

*Arbeitsbuch: S. 143, Ü33; S. 144, Ü34–35*

**B7** **Grammatik: Direktionaladverbien**

1 Lesen Sie den Anfang der Geschichte aus B6 noch einmal vor (bis „*... was das war.*" Z. 6). Bitten Sie dann die Sch, sich die beiden Bilder aus B7 anzusehen. Lassen Sie die Sch die Sätze unter den Bildern ergänzen. Fragen Sie: *Was ist der Unterschied zwischen den Bildern? Wo steht der Sprecher? (Auf Bild 2 ist der Sprecher schon unten.)* Verdeutlichen Sie dies gegebenenfalls durch eine schematische Skizze an der Tafel nach den Bildern im Buch, z. B.: Oben ist ein Punkt mit einer Sprechblase, ein Bewegungspfeil geht vom Punkt weg. In der Sprechblase steht *hinunter*. Oben ist ein Punkt, der Bewegungspfeil geht wieder vom Punkt weg, aber die Sprechblase ist unten. Darin steht *herunter*.

2 Schreiben Sie die Vorsilben *hin-* und *her-* an die Tafel. Stellen Sie klar, dass die Vorsilbe des Direktionaladverbs davon abhängt, wer der Sprecher ist bzw. wo der Sprecher ist.

3 Lenken Sie die Aufmerksamkeit der Sch auf den Grammatikspot zu den Direktionaladverbien und gehen Sie die verschiedenen Kombinationsmöglichkeiten gemeinsam mit den Sch durch.

*Arbeitsbuch: S. 144, Ü36*

**B8** **Grammatik: Direktionaladverbien und lokale Präpositionen**

1 Die Sch sehen sich die drei Kärtchen an. Ein Sch liest die Aufgabe vor. Stellen Sie klar, welche Präpositionen und Adverbien gemeint sind. Ein anderer Sch liest die Kärtchen vor. Fragen Sie: *Welche lokalen Präpositionen kommen auf den Kärtchen vor? (an, entlang, bis zur) Welches Direktionaladverb? (hinaus)*

*Kärtchen*

2 Teilen Sie die Klasse in Dreier- oder Vierergruppen. Verteilen Sie an jede Gruppe einen kleinen Stapel Kärtchen. Jede Gruppe notiert mindestens eine Aktivität für jedes Gruppenmitglied. Gehen Sie herum und helfen Sie gegebenenfalls.

3 Die Gruppen tauschen ihre Kärtchensätze aus. Reihum zieht ein Sch ein Kärtchen und je ein Sch führt die Aktion aus.

**!** Bauen Sie immer wieder Bewegungsaktivitäten in Ihren Unterricht ein. Gerade in Phasen, in denen die Sch müde werden und die Konzentration nachlässt, können Sie so durch spielerische Aktivitäten Wissen vertiefen und die Konzentration der Sch für den weiteren Unterricht aufrechterhalten.

**B9** **Schreiben: Forumseintrag**

1 Lenken Sie die Aufmerksamkeit der Sch auf den Text. Fragen Sie: *Was für ein Text ist das? (Forumseintrag)* Bitten Sie einen Sch, den Eintrag vorzulesen. Klären Sie gegebenenfalls unbekannten Wortschatz.

2 Erklären Sie den Sch, dass sie (als Hausaufgabe oder im Unterricht) eine Antwort auf den Forumsbeitrag schreiben sollen. Gehen Sie dazu kurz darauf ein, worauf formal zu achten ist *(Anrede, Grußformel am Schluss)*. Betonen Sie, dass die Sch als Anregung die Aussagen aus B3 nochmals lesen können, bevor sie beginnen zu schreiben.

3 Sammeln Sie die Texte ein und korrigieren Sie sie bis zur nächsten Stunde.

## C Lachen und Weinen

### C1 Sprechen: Freude

1 **Zusatzaktivität:** Bitten Sie die Sch, Musik von deutschen Bands, die sie mögen, in den Unterricht mitzubringen. Ermuntern Sie die Sch, auch Informationen zu den Bands zu sammeln und vorzustellen. Zu Beginn der Stunde geben die Sch so einen kleinen Überblick über die deutsche Bandszene. Alternativ: Bringen Sie einige Lieder von bekannten deutschen Bands, die auf Deutsch singen, mit in den Unterricht (z. B. Tokio Hotel, Wir sind Helden, Die Fantastischen Vier, Jan Delay ...). Wenn Sie Internet-Zugang im Klassenzimmer haben, können Sie die Lieder direkt aus dem Netz abspielen (Auszüge der Lieder sind auf den jeweiligen Homepages der Bands zu finden) und stimmen Sie die Sch so auf das Thema ein.

2 Fragen Sie: *Kennt ihr die deutsche Band „2raumwohnung"?* Klären Sie die Bedeutung des Bandnamens. *(Zweiraumwohnung wird in Ostdeutschland eine Zweizimmerwohnung genannt. Die Band hat zwei Mitglieder.)*

3 Erklären Sie, dass die Sch gleich ein Lied der Band hören werden. Der Text ist in ihrem Buch abgedruckt. Fragen Sie: *Wie heißt das Lied? (Lachen und Weinen)* Übernehmen Sie die Skizze aus C1 als Tafelbild. Fragen Sie: *Was fällt euch zu* Weinen *und* Lachen *sonst noch ein?* Ergänzen Sie die Wortigel auf Zuruf der Sch mit weiteren Assoziationen. Gehen Sie auch auf die Wendung *vor Freude lachen/weinen* ein.

### C2 Hören: Gefühle

1 Bitten Sie einzelne Sch, jeweils eine Strophe vorzulesen. Klären Sie unbekannten Wortschatz.

2 Spielen Sie das Lied vor (Track 18). Die Sch lassen das Lied auf sich wirken. Fragen Sie am Ende: *Wie hat euch das Lied gefallen? Warum?*

### C3 Selektives Hören: Lachen und Weinen

1 Die Sch schließen ihr Buch. Erklären Sie, dass die Sch das Lied nun noch einmal hören und dabei genau auf den Text achten sollen. Schreiben Sie an die Tafel: *Was lässt die Sängerin lachen? Was lässt sie weinen? Was will sie mit dem Lied besonders betonen und klarmachen?* Diese Fragen sollen die Sch in Stichpunkten beantworten.

2 Spielen Sie das Lied noch einmal vor. Bitten Sie anschließend einzelne Sch, die Fragen im Plenum zu beantworten. Bei Unklarheiten schlagen die Sch ihr Buch auf und nennen die Belegstellen im Text.

### C4 Schreiben: Einen Liedtext schreiben

1 Die Sch arbeiten paarweise zusammen. Erklären Sie, dass sie nun selbst einen Text zu dem Lied formulieren sollen. Dafür sind einige Sätze vorgegeben. Betonen Sie aber auch, dass die Sch kreativ sein dürfen und selbst Strophen zu diesem Thema schreiben können.

2 Gemeinsam überlegen sich die Paare Textteile oder Strophen. Gehen Sie herum und helfen Sie gegebenenfalls. Anschließend stellen die Sch ihre Ideen der Klasse vor. Wer sich traut, kann seinen Text auch vorsingen.

**!** Befinden sich mehrere kreative und lernstarke Sch in der Klasse, dann teilen Sie diese auf, sodass sie mit lernschwächeren Sch in der Gruppe zusammenarbeiten und diesen gegebenenfalls helfen können.

**1  Wie heißen die Kommunikationsmittel? Schreib mit Artikel.**

a) ................................................................

b) ................................................................

c) ................................................................

d) ................................................................

e) ................................................................

_____ / 5 Punkte

**2  Wie heißt das Adjektiv als Nomen? Ergänze in der richtigen Form.**

Ab und zu kommt ein (a) ................................ (verwandt) von meinem deutschen Freund Klaus zu mir zu Besuch: sein Bruder Olaf. Er ist kein guter Freund von mir, aber ein guter (b) ................................ (bekannt). Olaf
lebt in Deutschland. Ich war auch schon einmal dort. Die (c) ................................ (deutsch) finde ich ganz
sympathisch. Immer wenn Olaf bei mir ist, gehen wir zusammen ins Jugendzentrum. Dort treffen sich die (d) ................
(jugendlich) aus meinem Ort. Olaf, der (e) ................................ (verwandt) von Klaus, bleibt nie lange bei mir.

_____ / 5 Punkte

**3  Streiche die falsche Präposition und ergänze die Endung der Zeitangabe, wenn nötig.**

Hallo Jonas!

Gestern habe ich mit meiner Oma geskypt und sie hat mir tolle Geschichten erzählt. Sie hat erst (a)
**mit/seit** vierzig Jahr......... das erste Mal telefoniert! Aber (b) **seit/vor** fünfunddreißig Jahr......... telefoniert
sie sehr viel. Jetzt ist sie fünfundsiebzig. (c) **Seit/Über** einem Jahr......... hat sie auch Internet. Und seit sie
Skype hat, telefoniert sie damit (d) **vor/über** drei Stunde......... täglich! Das finde ich toll! (e) **Vor/Mit** fünfundsiebzig Jahr......... möchte ich auch noch so offen für neue Dinge sein! Schreib mir bald!
Viele Grüße Leon

_____ / 5 Punkte

**4  Ersetze die markierten Wörter mit den passenden Pronomen und schreib die Sätze neu.**

Beispiel:    Ich habe **meinem Bruder ein Buch** geschenkt.

_Ich habe es ihm geschenkt._

a) Ich will **meiner Cousine ein Geschenk** kaufen.

................................................................

b) Ich habe **meinen Eltern eine Karte** geschickt.

................................................................

c) Ich schicke **meinem Onkel eine SMS**.

................................................................

_____ / 3 Punkte

© Hueber Verlag 2012, deutsch.com 3

**5 Ersetze die Pronomen mit dem jeweiligen Nomen im Dativ oder Akkusativ und schreib die Sätze neu.**

*Beispiel: Der Lehrer erklärt sie ihnen. (Aufgabe / die Schüler)*

*Der Lehrer erklärt den Schülern die Aufgabe.*

a) Ruth gibt **es ihr**. (das Geld / die Verkäuferin)

.................................................................................................................................

b) Lukas zeigt **sie ihm**. (die Datei / der Lehrer)

.................................................................................................................................

c) Peter schreibt **sie ihr**. (Briefe / seine Mutter)

.................................................................................................................................

\_\_\_\_ / 3 Punkte

**6 Ordne die Verben zu: *verschicken, führen, gestalten, ~~senden~~***

*Beispiel: ein Fax*  *senden* .....................................

a) ein Profil  .....................................

b) ein Gespräch  .....................................

c) eine Nachricht  .....................................

\_\_\_\_ / 3 Punkte

**7 Was passt? Ergänze in der richtigen Form: *~~überraschen~~, glauben, wundern, nehmen, vermuten, finden (2x)***

▲ Hast du den Film auch gesehen? Es *überrascht* ............... mich, dass der Film so viel Erfolg hat.

Ich (a) ........................... ihn wirklich schlecht! Ich (b) ........................... an, dass die Leute ihn mögen,

weil die Schauspieler so bekannt sind.

■ (c) ........................... du? Es (d) ........................... mich trotzdem, dass der Film so viel Erfolg hat.

▲ Ich (e) ........................... es seltsam, dass sich so viele Leute so etwas ansehen!

■ Na ja, ich (f) ..........................., dass es vielen so ging wie uns. Sie haben sich den Film angesehen, aber dann

waren sie enttäuscht.

\_\_\_\_ / 6 Punkte

Gesamtpunktzahl: \_\_\_\_ / 30 Punkte

© Hueber Verlag 2012, deutsch.com 3

**1 Was passt? Ordne zu.**

Ich habe jemanden kennengelernt,

a) Er hat zuerst Latein gelernt,

b) Das Wort „beschäftigen" habe ich nicht verstanden,

c) Britta lernt Deutsch,

d) Kannst du das

e) Es ist so:

können Sie mir das noch einmal erklären?

„Sich mit etwas beschäftigen" bedeutet „etwas als Interesse haben".

damit ihre deutsche Tante ihre Briefe lesen kann.

um die Strukturen anderer Sprachen zu verstehen.

der fünf Sprachen kann.

bitte wiederholen? Ich habe es nicht gehört.

_____ / 5 Punkte

**2 Ergänze das passende Verb in der richtigen Form: *anfangen, absolvieren, treiben, aufnehmen***

a) Der Professor .............................. mich in den Wahnsinn. Jetzt hat er die Prüfung schon zum dritten Mal verschoben!

b) Karl hat den Studiengang Anglistik .............................. . Jetzt ist er Englischlehrer.

c) Wenn man eine Fremdsprache spricht, muss man nicht mehr bei Null .............................. , wenn man eine weitere Sprache lernt.

d) Es ist kein Problem, mehrere Sprachen gleichzeitig zu lernen. Das Gehirn kann mehrere Sprachen ..............................!

_____ / 4 Punkte

**3 Schreib die Antworten auf die Frage *wozu?* mit *um … zu* oder *damit*.**

*Beispiel: Wozu lernt Herr Flosse Ungarisch? (Seine Geschäftspartner in Ungarn können mit ihm Ungarisch sprechen.)*

    *Damit seine Geschäftspartner in Ungarn mit ihm Ungarisch sprechen können.*

a) Wozu ruft Frau Lübchen ihre Kinder an? (Sie spricht mit ihnen.)

.................................................................................................................................................

b) Wozu lernt Monika Griechisch? (Ihre Eltern sind zufrieden.)

.................................................................................................................................................

c) Wozu lernt Doktor Prommer Arabisch? Er arbeitet in Saudi-Arabien.

.................................................................................................................................................

_____ / 6 Punkte

**4 Welches Adjektiv passt? Markiere.**

a) Mütter können sehr **unterschiedlich / verheiratet** sein.

b) Meine Mutter sagt zum Beispiel immer: „Du bist so **herzlos / fest**!"

c) Die Mutter meines Freundes ist da anders. Sie ist nicht so **sprachlich / dramatisch**.

d) Außerdem ruft sie ihn nicht **ähnlich / ständig** an.

e) Ich liebe meine Mutter, aber sie ist wirklich sehr **emotional / menschlich**.

_____ / 5 Punkte

**5 Formuliere die Sätze um. Verwende dabei die richtige Form von _zu_ und den (substantivierten) Infinitiv.**

_Beispiel:_    _Jule verabredet sich mit ihrer Freundin, um mit ihr zu frühstücken._

        _Jule verabredet sich mit ihrer Freundin zum Frühstücken._

a) Suna trifft ihre Freunde, um mit ihnen zu plaudern.

.................................................................................................................

b) Chris lädt oft Leute ein, um mit ihnen zu kochen.

.................................................................................................................

c) Suzanna geht ins Fitnessstudio, um zu trainieren.

.................................................................................................................

d) Youssef geht in die Bücherei, um zu lesen.

.................................................................................................................

_____ / 4 Punkte

**6 Bilde Nebensätze mit _ohne dass_ und, wo möglich, mit _ohne zu_.**

a) Paul fährt mit seiner Freundin in den Urlaub, ohne ................................................
   (Seine Eltern wissen nichts davon.)

b) Eleni ist nach Deutschland gekommen, ohne ................................................
   (Sie wusste noch nicht viel über das Land.)

c) Xiao versucht Deutsch zu lernen, ohne ................................................
   (Sie macht keinen Kurs.)

d) Gestern habe ich Marta getroffen, ohne ................................................
   (Wir hatten uns nicht verabredet.)

e) Man kann Marta nie treffen, ohne ................................................
   (Ihre Familie ist dabei.)

f) Olivia entscheidet immer sehr schnell, ohne ................................................
   (Sie überlegt nicht lange.)

_____ / 6 Punkte

Gesamtpunktzahl: _____ / 30 Punkte

## 1 Welches Wort passt nicht? Streiche.

a) das Team – die Kollegen – die Aufgabe – der Chef

b) die Überstunde – der Auftrag – die Vollzeit – die Teilzeit

c) die Nichte – der Kunde – der Neffe – die Cousine

d) der Fotograf – der Grafikdesigner – der Manager – der Maler

e) der Kompromiss – die Rente – die Versicherung – der Beitrag

____ / 5 Punkte

## 2 Welches Reflexivpronomen passt? Markiere.

| | |
|---|---|
| Susi: | Hi Johannes! Ich brauche ein Atelier, aber ich kann es (a) **mich / mir** nicht alleine leisten. Ich würde gern ein Atelier mieten – gemeinsam mit dir! Kannst du (b) **dich / dir** das vorstellen? |
| Johannes: | Hi Susi! Ich hätte schon Lust, (c) **mich / mir** mit dir ein Atelier zu teilen. Aber ich weiß nicht, ob ich (d) **mich / mir** dann so gut konzentrieren kann. :-) |
| Susi: | Ach, das geht bestimmt! |
| Johannes: | Bis wann muss ich (e) **mich / mir** denn entscheiden? |
| Susi: | Tja, ich werde (f) **mich / mir** jetzt mal um Mietangebote kümmern. Wenn ich etwas finde, sag ich dir Bescheid. Bitte mach mit! |
| Johannes: | Ich werde es (g) **mich / mir** schnell überlegen, versprochen. |
| Susi: | Das wäre so super! Ich freue (h) **mich / mir** schon total! Endlich muss ich nicht mehr alleine zu Hause arbeiten! Tschüss! |

____ / 8 Punkte

## 3 Was passt? Ordne zu.

a) Ich bin der Ansicht, dass

b) Aber ich bin mir nicht sicher, ob

c) Mein Vorschlag wäre,

d) Man müsste

e) Dann könnte man sich

Graffiti Kunst ist.

mehr legale Sprühflächen freizugeben.

einen Brief ans Rathaus schreiben.

vielleicht einigen.

es Zerstörung ist oder nicht.

____ / 5 Punkte

**4 Ergänze das passende Verb in der richtigen Form:** *reinigen, bestrafen, zerstören, zahlen, realisieren*

Viele Sprayer finden nicht, dass sie mit ihren Graffitis etwas (a) ....................................... .

Aber trotzdem ist es illegal. Wer erwischt wird, wird (b) ................................... :

Er muss die Wand (c) ........................... und eine Strafe (d) ................................. .

Der eine oder andere (e) ............................ erst dann, dass er etwas Illegales tut.

_____ / 5 Punkte

**5 Schreib die Sätze zu Ende und verwende dabei den Konjunktiv II.**

*Beispiel:*   *Florian verdient nicht viel Geld. Wenn Florian ein berühmter Künstler wäre,*

      *würde er viel Geld verdienen.*

a) Jule hat nicht viele Fototermine. Wenn Jule ein bekanntes Model wäre,

.............................................................................................................................................

b) Torsten schreibt keinen Hit. Wenn Torsten ein bekannter Musiker wäre,

.............................................................................................................................................

c) Tamara ist keine Designerin. Wenn Tamara besser zeichnen könnte,

.............................................................................................................................................

d) Leonie muss ein Atelier mieten. Wenn Leonie zu Hause mehr Platz hätte,

.............................................................................................................................................

e) Moritz darf die Hauswand nicht besprühen. Wenn Moritz eine Erlaubnis bekommen würde,

.............................................................................................................................................

f) Stefan zeichnet nicht oft. Wenn er mehr Zeit hätte,

.............................................................................................................................................

g) Christiane muss keine Rechnungen schreiben. Wenn Christiane selbstständig wäre,

.............................................................................................................................................

_____ / 7 Punkte

**Gesamtpunktzahl:** _____ / 30 Punkte

**1  Ergänze die Nomen mit dem bestimmten Artikel:** *Auflage, Autor, Buchhandlung, Dichter, Erzählung, Literatur*

a)  Person, die Gedichte schreibt: ....................................................

b)  Laden, in dem man Bücher kaufen kann: ....................................................

c)  Geschichte: ....................................................

d)  Zahl der Bücher, die gleichzeitig produziert werden: ....................................................

e)  Schriftsteller: ....................................................

f)  Romane, Gedichte, Sachbücher usw.: ....................................................

............ / 6 Punkte

**2  Was sagt Jan? Lies die Sprechblase und ergänze dann die Sätze mit *nachdem*, *bevor* oder *seitdem*.**

> Ich habe einen tollen Blog gelesen! Ich hatte dann große Lust, auch einen zu schreiben. Dann habe ich überlegt, worüber ich schreiben könnte. Weil ich gern ins Kino gehe, dachte ich: über Filme! Also habe ich angefangen und meinen ersten Blogeintrag geschrieben. Zuerst hat sich kaum jemand für meinen Blog interessiert. Aber meine Freunde haben ihren Freunden davon erzählt, und jetzt lesen viele Leute meinen Blog.

a)  ........................... Jan einen Blog gelesen hatte, wollte er auch einen Blog schreiben.

b)  ........................... er damit anfangen konnte, musste er sich erstmal überlegen, worüber er schreiben wollte.

c)  ........................... er die Idee mit den Filmen hatte, hat er angefangen, seinen Blog zu schreiben.

d)  ........................... seine Freunde ihren Freunden davon erzählt haben, hat kaum jemand Jans Blog gelesen.

e)  Aber dann haben viele Leute davon erfahren. ........................... hat er viele Leser.

............ / 5 Punkte

**3  Schreib die Nebensätze im Plusquamperfekt. Achte auf das richtige Hilfsverb (*haben*/*sein*)!**

*Beispiel:*　*nachdem / das Buch / ich / lesen*

*Nachdem ich das Buch gelesen hatte* ........................................................... ,
*wollte ich mehr über den Autor erfahren.*

a)  nachdem / seine Homepage / ich / finden

........................................................................... ,

konnte ich mehr über den Autor lesen.

b)  das Buch / fertig lesen / nachdem / sie

........................................................................... ,

fing sie sofort mit dem nächsten an.

c) gleich nachdem / Conny und Ralf / den Büchertipp / bekommen

.......................................................................................................................... ,

gingen sie in die Buchhandlung und kauften das Buch.

d) er / nach Hause gehen / nachdem

.......................................................................................................................... ,

schaltete er den Computer an und schrieb einen neuen Blogeintrag.

_____ / 4 Punkte

**4  Was passt? Ordne zu.**

a)  Was für Bücher liest du gerne?          Mindestens eine halbe Stunde, manchmal auch länger.

b)  Warum liest du so gerne?               Meine Lieblingsautorin ist Mascha Kaleko.

c)  Wie lange liest du jeden Tag?          Beim Lesen kann ich mich entspannen, das tut mir gut.

d)  Wann liest du meistens?                Am liebsten lese ich Romane.

e)  Welchen Schriftsteller findest du gut?  Normalerweise lese ich abends im Bett.

_____ / 5 Punkte

**5  Folge oder Grund? Entscheide und verbinde die Sätze mit _da_ oder _deswegen_.**

Beispiel:   _Mir gefallen längere Texte. Ich habe viele Romane gelesen._

_Mir gefallen längere Texte, deswegen habe ich viele Romane gelesen._

a)  Mir hat das Schreiben immer großen Spaß gemacht. Ich habe zum Stift gegriffen und ein Buch geschrieben.

.............................................................................................................................................................

.............................................................................................................................................................

b)  Aber ich dachte, es ist nicht gut genug. Ich wollte es keinem Verlag zeigen.

.............................................................................................................................................................

.............................................................................................................................................................

c)  Zwei meiner Freunde fanden das Buch aber sehr gut. Ich habe es trotzdem an einen Verlag geschickt.

.............................................................................................................................................................

.............................................................................................................................................................

d)  Und ich hatte Glück. Das Buch ist dann nach einem halben Jahr erschienen.

.............................................................................................................................................................

.............................................................................................................................................................

e)  Es war ein komisches Gefühl. Ich habe mich nie für einen so guten Autor gehalten.

.............................................................................................................................................................

.............................................................................................................................................................

_____ / 10 Punkte

Gesamtpunktzahl: _____ / 30 Punkte

**1 Ergänze *wenn* oder *als*.**

Gestern habe ich meine Oma besucht. (a) ..................................... ich klein war, war ich sehr oft bei meinen Groß-

eltern. Das war sehr schön. Immer (b) ..................................... ich dort war, spielte meine Oma mit mir Karten.

Und (c)..................................... mein Opa von der Arbeit nach Hause gekommen ist, dann haben wir zusammen

gegessen. (d) ..................................... ich 13 Jahre alt geworden bin, haben wir zusammen meinen Geburtstag

gefeiert. Aber das war nicht alles. Ich durfte auch immer meine Freunde zu meinen Großeltern einladen,

(e) ..................................... ich wollte. Dann haben wir dort zusammen übernachtet.

Leider ist mein Opa schon gestorben. Aber (f) ..................................... ich heute meine Oma besuche, dann spielen

wir immer noch zusammen Karten. Und (g) ..................................... ich gestern dort war, haben wir zusammen

unsere Lieblingsspeise gemacht: Apfelkuchen!

____ / 7 Punkte

**2 Was passt? Ordne zu.**

Frau Siebert wohnt in einem                                      Erdgeschoss.

a) Ihre Wohnung liegt im dritten                       35 Quadratmeter.

b) Sie ist ziemlich klein, insgesamt hat sie nur          Stadtmitte.

c) Der Briefkasten hängt neben der Haustür im          Mieter.

d) Frau Siebert mag ihre Nachbarn, das sind alles nette      Stock.

e) Das Haus liegt in der                                    Wohnblock.

____ / 5 Punkte

**3 Ergänze die Sätze mit dem Infinitiv mit *zu*.**

*Beispiel:*   *den Müll / rausbringen*

        *Hast du Zeit, den Müll rauszubringen* ..................................... ?

a) mir / beim Aufräumen helfen

    Hast du Lust, .............................................................................................

    ..................................................................................................................... ?

b) das Geschirr / abspülen und abtrocknen

    Hast du Zeit, .............................................................................................

    ..................................................................................................................... ?

c) einmal pro Monat / den Rasen von unserer Nachbarin mähen

    Kannst du dir vorstellen, ......................................................................

    ..................................................................................................................... ?

d) einem älteren Menschen / Gesellschaft leisten

    Hast du Interesse, ..................................................................................

    ..................................................................................................................... ?

____ / 4 Punkte

© Hueber Verlag 2012, deutsch.com 3

**4 Ergänze:** *sich, einander oder miteinander*

a) Jugendliche und Senioren treffen .................................... einmal pro Woche im Altenheim.

b) Senioren und Jugendliche sprechen ................................ .

c) Die älteren Menschen und die jungen Leute geben ............................ Tipps.

d) Die Jugendlichen interessieren ........................ für das Leben der Senioren.

_____ / 4 Punkte

**5 Bilde zu den Nomen Adjektive mit** *-voll* **oder** *-los*.

*Beispiel:*    *mit Humor*    *humorvoll*

              *ohne Humor*    *humorlos*

a) mit Liebe      .......................................................

b) ohne Gedanken      .......................................................

c) ohne Kosten      .......................................................

d) ohne Arbeit      .......................................................

_____ / 4 Punkte

**6 Ergänze das passende Modalverb im Präteritum in der richtigen Form.**

Pia:      Ich (a) ................................ **(dürfen / müssen)** als Kind immer schon um 19 Uhr ins Bett.
Aber meine Freunde (b) ................................ **(sollen / dürfen)** um diese Uhrzeit noch draußen
spielen. Das hat mich total genervt!

Mark:      Ich (c) ................................ **(wollen / müssen)** immer Fisch essen. Früher (d) ................................
**(mögen / sollen)** ich keinen Fisch. Das war blöd. Aber jetzt mag ich Fisch total gern!

Juliane: Ich (e) ................................ **(können / wollen)** immer fernsehen. Aber meine Eltern haben das
nicht erlaubt. Ich (f) ................................ **(mögen / sollen)** lesen. Aber das hat mir keinen Spaß
gemacht.

_____ / 6 Punkte

**Gesamtpunktzahl:** _____ / 30 Punkte

**1  Wie heißen die Synonyme zu *abschließen, begegnen, ~~enthalten~~, passieren, prüfen*? Ergänze.**

*Beispiel:*  beinhalten   *enthalten* ....................................................

a)  geschehen        ....................................................................

b)  treffen          ....................................................................

c)  kontrollieren    ....................................................................

d)  beenden          ....................................................................

_____ / 4 Punkte

**2  Ergänze *werden* in der richtigen Form.**

Hi Dilek! Wie geht's? Mir geht's ganz gut. Ich mache doch nächstes Jahr Abitur. Jetzt habe ich mir überlegt,

was ich dann machen kann: Ich (a) ............................... Informatik studieren. Toll, oder? Weißt du schon,

was du machen (b) ..............................., wenn du mit der Schule fertig bist? Stell dir vor, mein Bruder ist

zwei Jahre jünger als ich und weiß es jetzt schon. Er (c) ............................... eine Ausbildung zum Elektri-

ker machen. Das wäre nichts für mich. Und weißt du, was doof ist? Meine Eltern (d) ...............................

nächstes Jahr nach Hamburg ziehen. Mein Vater hat dort eine neue Arbeit gefunden. Jetzt weiß ich nicht,

ob ich hier bleiben oder mitgehen soll. Na, das (e) ............................... wir dann schon sehen! Viele liebe

Grüße und bis bald! Paulina

_____ / 5 Punkte

**3  Was passt? Ordne zu.**

Ich denke, dass ———————                nicht das zu machen, was einen interessiert.

a)  Sie werden also mehr arbeiten         erfolgreicher, als nach den Prognosen zu handeln.

b)  In Zukunft wird der Arbeitsmarkt       die Menschen in Zukunft mehr arbeiten.

c)  Es hat deshalb keinen Zweck,           und auch unregelmäßiger.

d)  Ich finde,                             nicht mehr so existieren, wie er früher war.

e)  Das ist auf Dauer                      man sollte herausfinden, was einem Spaß macht.

_____ / 5 Punkte

**4 Streiche die falsche Präposition und ergänze die Nomen in der richtigen Form.**

*Beispiel:* Zwischen / ~~Während~~ _den Feiertagen_ *(die Feiertage) hat Claude frei.*

a) Ab / Während ........................................... (das Studium) arbeitet Claude nicht,
um sich voll aufs Lernen konzentrieren zu können.

b) In den Winterferien zwischen / gegen ........................................... (die Semester)
arbeitet er dann.

c) Während / Zwischen ........................................... (die Sommermonate) macht er
Urlaub.

d) 2016 ist er mit dem Studium fertig und gegen / ab ........................................... (das Jahr 2017)
will er anfangen, Vollzeit bei einer Firma zu arbeiten.

_____ / 8 Punkte

**5 Was passt nicht? Streiche.**

a) das Gold – die Industrie – das Plastik – das Material

b) die Abteilung – der Betrieb – die Kantine – die Nachfrage

c) das Semester – die Software – die Datenbank – das Textverarbeitungssystem

d) der Arbeitgeber – der Auszubildende – der Trend – der Angestellte

_____ / 4 Punkte

**6 Was passt? Verbinde die Satzteile mit *bis* oder *während*?**

a) Ich habe mich für diese Ausbildung entschieden. Da verdiene ich Geld, ........................................... ich studiere.

b) Ich möchte noch keine Kinder haben, ........................................... ich mit dem Studium fertig bin.

c) Aber später könnte ich mir vorstellen, zu Hause zu arbeiten, ........................................... meine Kinder klein sind.

d) Meine Frau könnte dann ins Büro gehen, ........................................... ich auf die Kinder aufpassen würde.

_____ / 4 Punkte

**Gesamtpunktzahl:** _____ / 30 Punkte

**1   Wohin? Ergänze die Adverbien:** *nach oben, nach unten, vorwärts, rückwärts*

a) Der Aufzug steht im Erdgeschoss. Dann fährt er in den zweiten Stock, also ........................................ .

b) Das Auto fährt nach vorne, also ........................................ .

c) Der Roboter fährt zurück, also ........................................ .

d) Die Treppe geht vom Erdgeschoss in den Keller, ........................................ .

_____ / 4 Punkte

**2   Schreib Sätze mit** *lassen* **+ Infinitiv.**

*Beispiel:*   Reparierst du das Auto selbst? – *Nein, ich lasse das Auto/es reparieren.*

a) Näht Susanne das Kleid selbst? – Nein, sie .........................................................

b) Schneidet Paul sich die Haare selbst? – Nein, er .........................................................

.........................................................

c) Bauen die Müllers ihr neues Haus selbst? – Nein, sie .........................................................

.........................................................

d) Machst du die Fotos für die Schülerzeitung selbst? – Nein, ich .........................................................

.........................................................

e) Repariert ihr den Computer selbst? – Nein, wir .........................................................

_____ / 5 Punkte

**3   Was passt? Ordne zu.**

a) Am Anfang war                          aber auch sehr spannend!

b) Ich finde,                              ein interessantes Erlebnis.

c) Es war zwar anstrengend,               alles noch einfach.

d) Das war wirklich                       es war ganz schön schwierig.

_____ / 4 Punkte

**4   Schreib die Sätze im Passiv.**

*Beispiel:*   Man kocht das Essen.

       *Das Essen wird gekocht.*

a) Man sammelt die Pilze.

.........................................................

b) Man lädt Freunde zum Essen ein.

.........................................................

c) Man sucht ein gutes Rezept aus.

.........................................................

d) Man muss die Pilze putzen.

© Hueber Verlag 2012, deutsch.com 3

e) Man schneidet die Pilze in kleine Stücke.

.................................................................................................................................

f) Man brät die Pilze.

.................................................................................................................................

g) Man kann das Essen servieren.

.................................................................................................................................

_____ / 7 Punkte

**5  Verbinde die Sätze zu einem Text. Verwende diese Wörter:** *schließlich, zuerst, dann*

1. Tim kauft die einzelnen Teile für den Roboter.
2. Er baut den Roboter zusammen.
3. Der Roboter ist fertig und kann herumfahren.

.................................................................................................................................

.................................................................................................................................

.................................................................................................................................

_____ / 3 Punkte

**6  Aufgaben im Steinzeitdorf: Was passt? Ergänze:** *anzünden, besorgen, mahlen, füttern*

a) die Tiere  ...................................

b) das Feuer  ...................................

c) das Korn  ...................................

d) Nahrungsmittel  ...................................

_____ / 4 Punkte

**7  Verbinde die Hauptsätze mit** *sodass* **oder** *so ... dass.*

*Beispiel:*  *Das Müsli war lecker. Ich habe sofort alles aufgegessen.*

   *Das Müsli war so lecker, dass ich sofort alles aufgegessen habe.*

a) Das Wetter war tagelang schlecht. Alle hatten schlechte Laune.

.................................................................................................................................

.................................................................................................................................

b) Wir hatten Probleme, das Feuer anzuzünden. Oft mussten wir stundenlang frieren.

.................................................................................................................................

.................................................................................................................................

c) Die Arbeit war hart. Alle waren abends immer total müde.

.................................................................................................................................

.................................................................................................................................

_____ / 3 Punkte

Gesamtpunktzahl: _____ / 30 Punkte

**1 Was passt nicht? Streiche.**

a) Ob ich die Sporttasche nehme, hängt **davon / damit** ab, wie teuer sie ist.

b) Ein Logo besteht oft **aus / mit** Symbolen und Buchstaben.

c) Mein Bruder tauscht in der Schule oft Computerspiele **an / mit** seinen Freunden.

d) Wenn ich neue Schuhe kaufe, achte ich immer **darüber / darauf**, dass sie modisch und bequem sind.

e) Jeder hat das Recht **darauf / darum**, eine Werbung oder eine Marke abzulehnen.

f) Sarah macht **für / aus** ihren alten Sachen oft neue Kleidungsstücke.

_____ / 6 Punkte

**2 Verbinde die Sätze mit *anstatt* oder *indem*.**

*Beispiel:*  *Luisa verwendet alte Kleidung wieder. Sie näht etwas Neues daraus.*

   *Luisa verwendet alte Kleidung, indem sie etwas Neues daraus näht.*

a) Kilian verwendet alte Kleidung wieder. Er schmeißt sie nicht weg.

..........................................................................................................................................................

b) Peter spart Geld. Er benutzt seine Sachen sehr lang.

..........................................................................................................................................................

c) Franka verdient ein bisschen Taschengeld. Sie bietet ihre alten Sachen im Internet an.

..........................................................................................................................................................

..........................................................................................................................................................

d) Hannah gibt ihre alten Klamotten ihrer kleinen Schwester. Sie verkauft sie nicht auf dem Flohmarkt.

..........................................................................................................................................................

..........................................................................................................................................................

_____ / 4 Punkte

**3 Ergänze die passenden Endungen.**

Hi Fiona,

wie geht's? Du, meine ältest............ (a) Schwester hat viele gebraucht............ (b) Klamotten, die sie nicht

mehr haben möchte. Da sind aber nicht nur getragen............ (c) Sachen dabei, sondern auch ganz

neu............ (d) Dinge. Der Freund mein............ (e) Schwester hat sie ihr geschenkt, aber sie haben ihr nicht

gefallen. Also lagen sie nur die ganze Zeit in der untersten Schublade ihr............ (f) Schranks herum.

Falls du Interesse an billig............ (g) Röcken und anderen Sachen hast, dann melde dich.

Viele Grüße

Ralf

_____ / 7 Punkte

## 4 Was passt nicht? Streiche.

a) Teddybär – Brettspiel – Puppe – Ordner

b) umsonst – treu – kostenlos – billig

c) Bluse – Unterwäsche – Deo – Socken

d) abstimmen – aufheben – behalten – verwenden

e) gucken – schauen – folgen – sehen

_____ / 5 Punkte

## 5 Bilde Sätze mit *je ... desto*. Achte auf die Form der Adjektive.

*Beispiel:*   *Die Werbung ist neu. Die Leute sehen sie sich gern an.*

*Je neuer die Werbung ist, desto lieber sehen sie sich die Leute an.*

a) Die Werbung ist schlecht. Man sieht sie selten an.

........................................................................................................

b) Die Werbung ist gut. Viele Menschen wollen das Produkt kaufen.

........................................................................................................

c) Jugendliche haben viel Geld. Sie kaufen viele Dinge.

........................................................................................................

d) Man sieht die Werbung oft. Man findet das Produkt wichtig.

........................................................................................................

_____ / 4 Punkte

## 6 Wie viele CDs haben die Jugendlichen? Ergänze: *gar keine, nicht so viele, ziemlich viele, total viele*

*Chatroom*

▲ Musik ist mir total wichtig. Ich gebe fast mein ganzes Geld für CDs aus. Ich habe schon

(a) .............................. CDs zu Hause. Mindestens 500!

⬤ Ganze CDs kaufen? Nie! Ich kaufe mir immer nur ein paar Lieder, im Internet. Das ist billiger.

Ich habe deshalb (b) .............................. CDs zu Hause. Das spart auch Platz.

◼ Ja, da hast du Recht. Aber manchmal kaufe ich mir schon eine CD. Ich habe zwar

(c) .............................. CDs zu Hause, aber eigentlich ist es schon schön, wenn man ein ganzes

Album in der Hand hat.

◆ Ich kaufe mir gerne CDs, aber ich habe leider nicht so viel Geld. Ich habe schon

(d) .............................. CDs, vielleicht 100 oder 150. Aber auch nur, weil ich viele davon geschenkt

bekommen habe.

_____ / 4 Punkte

Gesamtpunktzahl: _____ / 30 Punkte

**1 Verbinde die beiden Hauptsätze durch einen Relativsatz.**

*Beispiel:*    *Das ist ein Revolutionär. Er hat für die Gerechtigkeit gekämpft.*

*Das ist ein Revolutionär, der für die Gerechtigkeit gekämpft hat.*

a) Das ist eine arme Frau. Die Ärztin der Hilfsorganisation hat ihr geholfen.

..................................................................................................................

..................................................................................................................

b) Die Ärztin ist eine stille Heldin. Ich meine die Ärztin.

..................................................................................................................

..................................................................................................................

c) Das ist der blinde Fußballspieler. Er spielt sehr gut.

..................................................................................................................

..................................................................................................................

d) Kennst du das Mädchen? Es ist alleine um die Welt gesegelt.

..................................................................................................................

..................................................................................................................

e) Das sind Menschen. Ihnen war nichts zu schwierig.

..................................................................................................................

..................................................................................................................

_____ / 5 Punkte

**2 Ergänze das Relativpronomen in der richtigen Form.**

Forum

*Felicitas:* Kennt ihr die Fußballerin Lira Bajramaj? Sie ist eine Sportlerin, die beim Verein Turbine Potsdam spielt.

*Peter:* Ja. Sie ist eine Heldin für viele Mädchen, (a) ................ Fußball spielen. Und sie hat doch den Vater,

(b) ................ nicht wollte, dass sie Fußball spielt.

*Felicitas:* Genau, aber sie hat trotzdem trainiert. Lira ist ein starkes Mädchen, (c) ................ für viele ein Vorbild

ist. Sie geht auch in Schulen und spricht über Probleme, (d) ................ sie früher hatte. So hilft sie

anderen Mädchen, (e) ................ sonst keiner Mut macht. Sie ist eine Frau, (f) ................ viele junge

Migrantinnen ihre Probleme erzählen möchten.

*Gudrun:* Lira hat auch ein Buch geschrieben, (g) ................ wirklich sehr interessant ist. Kennt ihr das?

*Peter:* Nein, aber es gibt auch noch eine andere Autobiografie, (h) ................ ich total gut finde. Von Oliver

Kahn. Das ist der Typ, (i) ................ früher Torwart in der deutschen Nationalmannschaft war.

*Gudrun:* Davon habe ich schon gehört. Es gibt wirklich viele Sportler, (j) ................ tolle Geschichten zu erzählen

haben.

_____ / 10 Punkte

© Hueber Verlag 2012, deutsch.com 3

## 3 Welches Verb passt? Ergänze in der richtigen Form: *wegschauen, ignorieren, duzen, helfen, einmischen*

a) Ihr solltet den Täter nie ............................................., sondern immer siezen.

b) Ihr solltet nicht ............................................., wenn ihr Zeugen von Gewalt seid.

c) Bitte ............................ dem Opfer, indem ihr zum Beispiel einen
   Krankenwagen ruft.

d) Leider haben viele Angst, sich ............................................. .

e) Sie ............................................. dann einfach die Situation und gehen weiter.

_____ / 5 Punkte

## 4 Wie heißt das Gegenteil? Ergänze mit Artikel.

a) der Täter ↔ .............................................

b) die Ruhe ↔ .............................................

c) der Krieg ↔ .............................................

_____ / 3 Punkte

## 5 Wie heißt das Synonym? Ergänze.

a) die Straftat = .............................................

b) anfassen = .............................................

_____ / 2 Punkte

## 6 Was passt? Ordne zu.

Kümmert euch ⟶        helfen, ohne euch selbst in Gefahr zu bringen.

a) Bitte benutzt keine        die Situation nicht zu ignorieren.

b) Und fasst den        ⟶ um das Opfer.

c) Ihr solltet        Täter nicht an.

d) Merkt euch        Gesicht und Kleidung des Täters.

e) Es ist wichtig,        Waffen.

_____ / 5 Punkte

Gesamtpunktzahl: _____ / 30 Punkte

**1  Ergänze den Demonstrativartikel *dies-* in der richtigen Form.**

*Beispiel:   Hier, das ist das Wahlprogramm der Grünen.* Diese *Partei hatte 2011 großen Erfolg bei den Landtagswahlen.*

a)  Das ist ein Diagramm von der Bundestagswahl 2009. Bei ........................... Wahl hatte die *CDU* die meisten Stimmen.

b)  Hast du das schon gesehen? ........................... Parteiprogramm ist sehr interessant.

c)  Schau mal, das war in den 80er-Jahren der Bundeskanzler. Hast du ........................... Mann schon einmal gesehen?

_____ / 3 Punkte

**2  Ergänze: *interessiert, finden, denke, Meinung, Zweifel***

*Chatroom*

▲ Meiner (a) ........................... nach brauchen wir mehr Medien im Klassenzimmer. Aber ich habe da so meine (b) ..........................., dass wir welche bekommen werden.

● Ich (c) ..........................., wir müssen etwas dafür tun. Viele (d) ..........................., das geht uns nichts an. Aber das stimmt nicht.

▲ Na ja, ich glaube, viele (e) ........................... das gar nicht. Das ist das größte Problem.

_____ / 5 Punkte

**3  Formuliere die markierten Sätze wie im Beispiel um. Verwende *dazu nur/nicht/kein* mit *brauchen … zu* + Infinitiv.**

Ich freue mich schon total aufs Wochenende.

*Beispiel:   Da muss ich nicht so früh aufstehen.*

         *Da brauche ich nicht so früh aufzustehen.*

a)  Und ich muss deshalb kein schlechtes Gewissen haben.

...........................................................................................................................................

b)  Denn ich muss am Samstag keine Hausaufgaben machen.

...........................................................................................................................................

     Die mache ich immer erst am Sonntag.

c)  Ich muss auch nicht mein Zimmer aufräumen, wenn ich keine Lust habe.

...........................................................................................................................................

d)  Samstags muss ich überhaupt nichts machen, was ich nicht machen will!

...........................................................................................................................................

e)  Das sind Menschen. Ihnen war nichts zu schwierig.

...........................................................................................................................................

_____ / 4 Punkte

© Hueber Verlag 2012, deutsch.com 3

**4 Ergänze die Artikel und die passende Endung: _-ung, -keit, -heit_**

a) ................... Minder...................    b) ................... Regier...................    c) ................... Persönlich...................

_____ / 3 Punkte

**5 Bilde das passende Adjektiv auf _-bar_.**

_Beispiel:_   _Das kann man bezahlen. Das ist_ _bezahlbar_ .

a) Das kann man gut hören. Das ist gut ..................................... .

b) Das kann man beeinflussen. Das ist ..................................... .     _____ / 2 Punkte

**6 Was passt? Formulier die Sätze neu mit: _nicht nur ... sondern auch_ oder _zwar ... aber_ oder _weder ... noch_**

_Beispiel:_   _Jugendliche sind von den Medien beeinflussbar. Erwachsene auch._

     _Nicht nur_ Jugendliche _sondern auch_ Erwachsene sind von den Medien beeinflussbar.

a) Erwachsene wissen oft kaum etwas über Politik. Aber sie dürfen trotzdem wählen.

    Erwachsene wissen ..................................... oft kaum etwas über Politik, .....................................

    sie dürfen trotzdem wählen.

b) Jugendliche interessieren sich für Politik. Erwachsene auch.

    ..................................... Jugendliche, ..................................... Erwachsene interessieren sich für Politik

c) Wähler der Grünen sind nicht für Kernkraftwerke. Und sie sind auch nicht für Kohlekraftwerke.

    Wähler der Grünen sind ..................................... für Kernkraftwerke, ..................................... für

    Kohlekraftwerke.

d) 16-Jährige sind von der Entscheidung ihrer Eltern abhängig. Und auch von der Meinung der Lehrer.

    16-Jährige sind ..................................... von der Entscheidung ihrer Eltern, .....................................

    von der Meinung ihrer Lehrer abhängig.     _____ / 8 Punkte

**6 Was passt? Setze ein: _Landesregierung, Bundesländer, Bundeskanzlerin, Bundestag_**

Hallo Udo,

wie geht's? Du, wir haben in der Schule gerade das politische System Deutschlands als Thema gehabt.

Vielleicht kannst du mir ein bisschen was darüber schreiben. Denn bei uns ist das alles ganz anders.

Also, in Deutschland gibt es 16 (a) ..................................... . Und in jedem wird alle fünf Jahre eine

(b) ..................................... gewählt. Stimmt das? Und bei euch regiert eine (c) ..................................... ,

oder? Wie oft wählt ihr eigentlich das Parlament, also den (d) ..................................... Und wer wählt den

Bundespräsidenten? Ich wäre froh, wenn du mir alles ein bisschen genauer erklären könntest!

Danke und viele Grüße

Florence

_____ / 4 Punkte

Gesamtpunktzahl: _____ / 30 Punkte

**1  Wie kann man auch sagen? Ergänze.**

a) nicht ehrlich sein                    = .................................

b) Spaß haben                            = .................................

c) mit einem Flugzeug auf die Erde kommen = .................................

_____ / 3 Punkte

**2  Wie heißt das Gegenteil? Ergänze.**

a) oberflächlich                    ↔ .................................

b) nah                              ↔ .................................

c) freundschaftlich                 ↔ .................................

_____ / 3 Punkte

**3  Was passt? Ordne zu.**

a) Ich kenne keinen                 es um zwei Freunde.

b) In dem Film geht                 der beiden Filme.

c) Die Hauptpersonen lernen         nur weiterempfehlen.

d) Den Film kann ich                sich bei der Arbeit kennen.

_____ / 4 Punkte

**4  Was passt: _wo_ oder _was_? Ergänze.**

a) Das ist leider alles, ................. ich dir darüber sagen kann.

b) Dein Hausschlüssel hängt dort, ................. er immer hängt.

c) Ich musste bei der Prüfung Englisch sprechen, ................. für mich echt schwer war!

d) Das ist wirklich das Dümmste, ................. ich je gehört habe!

e) Ich war zwei Wochen in München, ................. ich dann Curd kennengelernt habe.

_____ / 5 Punkte

**5  Wie heißt das korrekte Relativpronomen? Ergänze: _die, der, der, der, dem, den, dessen, deren_**

▲ Für mich ist ein guter Freund ein Mensch, für (a) ................. ich immer Zeit habe. Wie ist das bei euch?

● Meine beste Freundin ist meine Nachbarin, mit (b) ................. ich mich sehr gut amüsieren kann. Das ist mir wichtig.

◆ Für mich ist wichtig, dass es eine Person ist, auf (c) ................. ich mich freue.

▣ Klar. Ich finde es aber auch wichtig, einen Freund zu haben, (d) ................. Eltern ich auch kenne und mag.

▲ Das ist mir egal. Hauptsache, es ist ein Mensch, (e) ................. Rücksicht auf mich nimmt. + Es sollte jedenfalls keine Person sein, (f) ................. Freunde man blöd findet.

● Mein Klassenkamerad Paul ist ein Freund, mit (g) ................. ich viel lachen kann. Aber er ist leider ein Mensch, (h) ................. sich nicht viele Gedanken über Freundschaft macht.

# deutsch.com

Test zu Lektion 47      Name: .......................................................................................      Blatt 2/2

# 47

_____ / 8 Punkte

**6 Schreibe irreale Vergleichssätze mit *als ob* wie im Beispiel.**

*Beispiel:*   *Es sieht so aus: Klaus und Ulla / sich streiten*

     *Es sieht so aus, als ob Klaus und Ulla sich streiten würden.*

a) Die beiden benehmen sich so: ganz allein sein

...................................................................................................................................................

b) Es sah so aus: Peter und Joseph / sich gelangweilt haben

...................................................................................................................................................

c) Gustav verhält sich: ein Geheimnis haben

...................................................................................................................................................

_____ / 3 Punkte

**7 Formuliere irreale Wunschsätze wie im Beispiel.**

*Beispiel:*   *Ich bin mit dem Auto gefahren. (Fahrrad)*

     *Wäre ich nur mit dem Fahrrad gefahren!*

a) Ich bin zu spät gekommen. (früher)

...................................................................................................................................................

b) Er hat heute angerufen. (gestern)

...................................................................................................................................................

c) Ich habe zu wenig gelernt. (mehr)

...................................................................................................................................................

d) Wir sind in der Schule. (am See)

...................................................................................................................................................

_____ / 4 Punkte

Gesamtpunktzahl: _____ / 30 Punkte

© Hueber Verlag 2012, deutsch.com 3

**1  Formuliere die Sätze im Perfekt.**

*Beispiel:*   *Ich konnte mich früher immer an meine Träume erinnern.*

   *Ich **habe** mich früher immer an meine Träume **erinnern können**.*

a)  Aber ich wollte sie niemandem erzählen.

   ........................................................................................................................................

b)  Ich musste dann immer lügen, wenn mein Bruder gefragt hat.

   ........................................................................................................................................

c)  Und er konnte gar nicht glauben, was ich erzählt habe.

   ........................................................................................................................................

   _____ / 3 Punkte

**2  Ergänze: *sobald* oder *solange*?**

▲ Hi Ihr! Gestern hatte ich einen Unfall mit dem Fahrrad. Mir tut alles weh. (a) ............................ ich lache,
tut mir der Rücken weh. Außerdem habe ich mir den Fuß verletzt. Der ist total dick. (b) ............................ er
so dick ist, kann die Ärztin mir keinen Gips machen. Hat jemand Lust, mich zu besuchen?

● Ich habe keine Zeit. (c) ............................ ich noch für das Abitur lernen muss, kann ich einfach gar nichts
anderes machen.

▣ Ich kann Dich besuchen, (d) ............................ meine Mutter zu Hause ist. Bis dahin muss ich noch auf
meine kleine Schwester aufpassen.

▲ Super, dann bis später!

   _____ / 4 Punkte

**3  Verbinde die Sätze. Verwende dazu: *entweder ... oder, sowohl ... als auch, weder ... noch***

a)  Ich habe Lust, dich zu besuchen. Und ich habe Lust, ins Café zu gehen.

   ........................................................................................................................................

b)  Wir machen heute unsere Hausaufgaben. Oder wir machen sie am Sonntag.

   ........................................................................................................................................

c)  Bernhard will nicht Fußball spielen. Er will auch nicht Handball spielen.

   ........................................................................................................................................

   _____ / 6 Punkte

**4  Formuliere die Sätze um. Verwende dazu eine Infinitivkonstruktion mit *sein* oder *haben*.**

*Beispiel:*   *Oft kann man Träume nicht leicht verstehen.*   *Oft sind Träume nicht leicht zu verstehen.*

a)  Ich kann dazu nichts mehr sagen.

   ........................................................................................................................................

b)  Wir müssen noch viel tun.

   ........................................................................................................................................

c) Die anderen kann man nicht sehen.

................................................................................................................................................

d) Man kann die Musik immer noch hören.

................................................................................................................................................

_____ / 4 Punkte

**5 Ergänze die korrekte Endung, wenn nötig.**

a) Der Professor erklärt den Student................ die Relativitätstheorie.

b) Claudia geht mit dem Junge................ von nebenan zur Party.

c) Der Arzt gibt dem Patient................ ein Medikament.

d) Tief in deinem Herz................ weißt du, was du am besten tun solltest.

e) Ich habe mich mit einem interessanten Mensch................ unterhalten.

f) Luise darf mit ihrem Freund................ nach Italien fahren.

_____ / 3 Punkte

**6 Ergänze die lokale Präposition und den Artikel in der korrekten Form.**

Hi Susa,

weißt Du, was mir gestern passiert ist? Ich war allein zu Hause. Plötzlich habe ich ein Geräusch gehört, als

ob jemand mit einem Stein (a) ☐← ............................ Tür geklopft hätte. Ich habe (b) ☐← ............................

Schlüsselloch geschaut, aber ich habe niemanden gesehen. Dann habe ich die Tür aufgemacht, aber da war

niemand! Ich bin (c) ☐↓ ............................ Haus ............................ gegangen, (d) →☐ ............................ Garage,

nichts. Da habe ich Angst bekommen. (e) ☐ ............................ Hauswand ............................ bin ich zurückge-

rannt und wieder ins Haus gegangen. Tür zu! Keine Ahnung, wer das war. Komisch, oder? Was meinst Du?

Bis dann.

Ilka

_____ / 5 Punkte

**7 Ergänze mit *hin* oder *her*.**

Carola war oben in ihrem Zimmer. Da rief ihre Mutter von unten: „Komm (a) ................unter, das Essen ist fertig!"

Carola rief: „Ich kann jetzt nicht (b) ................unter kommen! Ich muss noch meine Hausaufgaben fertig machen.

Kannst du mir das Essen bitte (c) ................auf bringen? Dann esse ich hier oben." „Ich kann dir das Essen natürlich

(d) ................auf bringen, aber ich möchte, dass du mit uns isst. Mach eine Pause.", antwortete ihre Mutter. „Und

sag deinem Bruder Bescheid! Der ist gerade draußen im Garten. Er soll jetzt auch e) ................ein kommen."

_____ / 5 Punkte

**Gesamtpunktzahl: _____ / 30 Punkte**

## CD 1

### 2 Lektion 37, A2, Teil 1
*Moderatorin:* Guten Tag und herzlich willkommen zu unserer Sendung „Medien früher und heute". Welche Bedeutung hatten Brief und Telefon früher? Und welche Bedeutung haben sie heute? Diese Frage möchte ich meinen Gästen hier im Studio stellen: Frau Margarete Kind, sie ist stolze 93 Jahre alt, Herrn Peter Munz, er ist 55 Jahre alt und Anette Weiß, 17 Jahre jung. Schön dass Sie da sind!

### 3 Lektion 37, A3, Teil 2
*Moderatorin:* Frau Kind, vor Ihnen stehen zwei Kartons voller Briefe: Erzählen Sie uns doch: Was für Briefe sind das?
*Frau Kind:* Nun, das sind alles Briefe von meinem Mann. Hier in diesem Karton sind die Briefe aus der Kriegszeit. Im anderen Karton sind die Briefe aus der Kriegsgefangenschaft. Mein Mann war nämlich nach dem Krieg noch fast fünf Jahre in sowjetischer Kriegsgefangenschaft.
*Moderatorin:* Sie haben sich also viele, viele Jahre nur Briefe geschrieben?
*Frau Kind:* Ja, genau – 10 Jahre lang. Von 1939 bis 1949, immer einmal im Monat. Mehr Briefe durfte man ja nicht schreiben.
*Moderatorin:* Herr Munz, wie ist das bei Ihnen? Haben Sie auch schon so viele Briefe in Ihrem Leben geschrieben?
*Herr Munz:* Ich muss sagen, ich bin und war kein fleißiger Briefschreiber. In meiner Jugend habe ich ein paar Liebesbriefe an meine Freundin geschrieben und einige wenige Briefe an Freunde. Sie wohnten weiter weg. Naja, äh, und in meiner Kindheit gab es auch ein paar Pflichtbriefe: Wenn ich von Verwandten aus anderen Städten etwas zu Weihnachten bekam, dann musste ich Briefe schreiben und mich bedanken. Ich hatte natürlich keine Lust, aber ich musste ihnen trotzdem schreiben – das wollten meine Eltern.
*Moderatorin:* Und bei dir Anette – ich darf doch „du" sagen?
*Anette:* Ja, klar!
*Moderatorin:* Du hast seit vier Jahren Internet zu Hause. Schreibst du überhaupt noch Briefe?
*Anette:* Eher selten. Eigentlich nur zu ganz besonderen Anlässen. Letzte Woche z. B., da habe ich einer Freundin in Dortmund ein Päckchen mit DVDs und einem Brief geschickt. Sie war krank und hat sich riesig gefreut!
*Moderatorin:* Und schreibst du gern Briefe?
*Anette:* Na ja, Briefe schreiben ist schon schwieriger als z. B. E-Mails und SMS. Bei Briefen muss ich mir schon immer genau überlegen: Ja, was schreibe ich denn jetzt, und wie ... – auch wenn ich nicht mehr schreibe als in einer E-Mail. Aber bei E-Mails und SMS kann ich einfach drauf los schreiben!
*Moderatorin:* Herr Munz, macht das für Sie auch einen Unterschied? Brief oder SMS?
*Herr Munz:* Ja schon! Briefe schreiben ist sinnlicher, man nimmt sich mehr Zeit, ist mit mehr Gefühl dabei. Eine SMS ist eher so wie ein Computerspiel: Man tippt irgendetwas ein und verschickt diese Nachricht dann mal eben schnell. SMS gehen viel schneller hin und her, man überlegt nicht so viel.
*Moderatorin:* Frau Kind, schreiben Sie heute noch Briefe?
*Frau Kind:* Eigentlich wenig, sehr wenig. Ich telefoniere jetzt mehr. Eigentlich schade, weil ich ja gern schreibe. Nur zum Geburtstag, also wenn jemand Geburtstag hat, da schreibe ich noch. Das finde ich persönlicher.
*Moderatorin:* Ja, das geht mir ähnlich! Kommen wir zu unserem nächsten Punkt: dem Telefon. Heute haben 98 % aller Haushalte in Deutschland ein Telefon...

### 4 Lektion 37, A3, Teil 3
*Moderatorin:* ... Öffentliche Telefonzellen allein nutzt heute fast niemand mehr. Herr Munz, wann haben Sie zum ersten Mal telefoniert? Können Sie sich noch daran erinnern?
*Herr Munz:* Ja natürlich, ich ... ich war 15 Jahre alt – das war also vor vierzig Jahren, als ich das erste Mal telefoniert habe. Meine Eltern haben sehr spät ein Telefon bekommen. Aber wir haben nicht sehr oft telefoniert. Und vor allem nicht lange! Das Telefon war nur für kurze Informationen und für die ganz wichtigen Sachen. Alle langen Gespräche hat man dann eigentlich wieder persönlich geführt.
*Moderatorin:* Anette, wie oft und wie lange telefonierst du?
*Anette:* Hm, ich telefoniere mehrmals am Tag, ich kann nicht genau sagen, wie oft. Früher gab es auf jeden Fall einmal im Monat super viel Stress, weil die Telefonrechnung so hoch war. Aber heute kostet das Telefonieren ja fast nichts mehr! Wenn ich mit meinen Schulfreunden telefoniere, dauert das meistens fünf Minuten. Ich sehe sie ja fast jeden Tag. Wenn ich aber z. B. mit meiner Cousine telefoniere, sie wohnt in Hannover, dann kann so ein Gespräch bis zu zwei Stunden dauern ...
*Moderatorin:* Frau Kind, wie war das bei Ihnen früher? Wann haben Sie ein Telefon bekommen?
*Frau Kind:* Och, damals war ein Telefon noch etwas ganz Besonderes. Meine Familie hatte selbst lange keins, aber unsere Nachbarin hat 1946 ihr erstes Telefon gekauft, diesen Tag vergesse ich nie! Das Telefon haben wir aber nur selten benutzt, nur im Notfall, wenn z. B. etwas Schlimmes passiert war, ein Unfall oder so. Ansonsten haben wir ganz wenig telefoniert.
*Moderatorin:* Und heute?
*Frau Kind:* Ja, heute schon mehr – praktisch jeden Tag. Ich bin ja nicht mehr so mobil, da rufe ich meine Freunde eher an ...

### 5 Lektion 37, B1 und B2
*Moderatorin:* Hallo, liebe Zuhörerinnen und Zuhörer! Heute sind wir in der Goethe-Schule und machen eine Umfrage zum Thema „Kommunikation 2.0". Vor allem Jugendliche nutzen ja gern *Instant Messenger*, kommunizieren über *Skype*, sind Mitglieder eines *Online-Netzwerkes* usw. Doch was bedeuten all diese Begriffe eigentlich? Michael, Kerstin und Andreas aus der Klasse 11b kennen sich mit diesem Thema aus.
Michael, du hast mir gesagt, du bist oft bei *Online-Netzwerken* wie z. B. *Facebook* ... Kannst du bitte kurz erklären, was das ist und was du da so machst?
*Michael:* Online-Netzwerke – das sind beispielsweise *Facebook*, *SchülerVZ* oder *Twitter*. Ich bin z. B. Mitglied bei *Facebook*. Dort habe ich mein eigenes persönliches Profil mit Fotos und Informationen über mich gestaltet. Meine Freunde können sich mein Profil anschauen. Zu meinem Profil gibt es auch eine Pinnwand. Da können meine Freunde mir Nachrichten oder Notizen schreiben oder auch die Nachrichten von anderen Freunden lesen und kommentieren. Ich habe 230 „Freunde". Die sind eigentlich nicht alle meine Freunde, viele sind nur Bekannte. Die Profile von meinen besten Freunden besuche ich auch sehr gern und sehr oft.
*Moderatorin:* Kerstin, wie ist das bei dir – du hast erzählt, du chattest gern. Wie funktioniert eigentlich das Chatten in Chaträumen?
*Kerstin:* Ein Chatraum ist offen für alle. Das heißt, man kann sich dort mit vielen anderen Leuten „treffen" und chatten. Am Anfang kennt man seine Chatpartner nicht. Deshalb muss man in Chaträumen vorsichtig sein und z. B. keine persönlichen Daten verraten. Das Gute ist, dass man in einem Chatraum viele neue Leute kennenlernen kann.
*Moderatorin:* Und wie ist das, wenn man *Instant Messenger* nutzt?
*Kerstin:* Das Prinzip ist ähnlich. Nur, wenn ich *Instant Messenger* nutze, dann chatte ich privat mit Leuten – also nicht mit fremden Leuten, sondern mit Freunden oder Bekannten. Sie stehen in meiner Kontaktliste, das heißt ich weiß genau,

mit wem ich rede. *Instant Messenger* ist sehr praktisch, weil ich feststellen kann, ob meine Freunde oder Bekannten gerade online sind oder nicht. Wenn ja, dann kann ich sie direkt zum Chat einladen, oder ihnen schnell Nachrichten oder Dateien schicken.
*Moderatorin:* Und du, Andreas – wie kommunizierst du mit deinen Freunden?
*Andreas:* Ich telefoniere meist übers Internet. Dafür braucht man eine besondere Software, z. B. die *skype*-Software. Deshalb nennt man das Telefonieren übers Internet auch oft *Skypen*. Außerdem braucht man ein Mikrofon oder ein Headset. Super ist, wenn man auch noch eine Kamera hat, eine sogenannte Webcam – dann kann man seine Freunde sogar live sehen! Der Vorteil beim *Skypen* ist, dass es viel billiger ist als Telefonieren mit dem Handy oder übers Festnetz – besonders, wenn man mit Freunden im Ausland reden will.
*Moderatorin:* Und was gibt es sonst noch alles?
*Andreas:* Na ja, man kann natürlich auch ...

### 6 Lektion 38, B8, Teil 1

*Moderatorin:* Liebe Hörerinnen und Hörer, schön, dass Sie wieder mit dabei sind. Das Thema der heutigen Sendung ist *Multikulturalität*. Unsere Gesellschaft wird immer „bunter": Leute aus verschiedenen Kulturen treffen aufeinander – und manche verlieben sich auch und gründen eine Familie. Ein solches multikulturelles Paar ist heute bei uns zu Gast im Studio: Sushila und Sven, herzlich willkommen.

### 7 Lektion 38, B9, Teil 2

*Moderatorin:* ... Sushila und Sven, herzlich willkommen.
*Sushila und Sven:* Hallo!
*Moderatorin:* Sushila, du kommst aus Indien und bist mit deinen Eltern mit 13 Jahren nach Deutschland gekommen. Das war für dich sicherlich nicht einfach, so in eine ganz andere Kultur zu wechseln, ohne etwas darüber zu wissen. Alles war neu und manches fandest du als 13-Jährige sicher auch komisch ...
*Sushila:* Hm, komisch fand ich z. B., dass meine Freundinnen in dem Alter schon einen festen Freund hatten. Für mich war das unmöglich, meine Eltern waren strikt dagegen. Oder, was ich auch sehr lustig fand: dass die Deutschen so viel über das Wetter reden. In Deutschland ist das Wetter eben sehr gemischt: mal schön, mal schlecht.
*Moderatorin:* Stimmt, das Wetter ist ein sehr beliebtes Gesprächsthema unter Deutschen! Sven, du bist vor 8 Jahren aus Schweden gekommen, um in Deutschland zu studieren. Inzwischen bist du seit 6 Jahren mit Sushila verheiratet, ihr habt

ein Kind. Ihr kommt ja aus zwei sehr verschiedenen Kulturen: Ist das nicht schwierig im Alltag?
*Sven:* Na ja, Schwierigkeiten gibt es immer wieder, aber ich denke nicht mehr als in anderen Ehen, obwohl wir natürlich vom Charakter her schon sehr unterschiedlich sind: Äh, Sushila ist spontaner, sie entscheidet aus dem Bauch heraus, ohne viel zu überlegen, sie ist offener, geht leichter auf Menschen zu. Ich brauche immer sehr lange, bis ich eine Entscheidung treffe. Da entstehen schon manchmal Konflikte. Aber ansonsten kann ich sagen, dass wir ein wirklich gutes Team sind.
*Moderatorin:* Sushilas Eltern waren ja gerade am Anfang sehr streng ...
*Sven:* Ja, das ist richtig. Sushila durfte nicht mit einem Mann ausgehen, ohne dass jemand aus der Familie dabei war. In Indien gibt es da ja klare Grenzen und Regeln für den Kontakt zwischen Männern und Frauen. Und dann wollten wir auch noch heiraten! Da gab es Krach mit ihren Eltern! Sie wollten einfach nicht akzeptieren, dass Sushila einen Schweden heiratet, also keinen Inder. Aber inzwischen haben sie es akzeptiert und ich verstehe mich gut mit meinen Schwiegereltern.
*Moderatorin:* Sushila und Sven, wo seht ihr ganz konkret die Vorteile einer multikulturellen Familie?
*Sushila:* Oh, es gibt sehr viele konkrete Vorteile, z. B. können wir Urlaub bei meinen Verwandten in Indien machen oder in Schweden – in beiden Ländern sind wir zu Hause. Und für unsere Tochter ist es auch ein großer Vorteil: Sie wächst gleich mit drei Sprachen auf. Ich spreche mit ihr Englisch, Sven Schwedisch, und miteinander sprechen wir Deutsch, das lernt sie auch im Kindergarten. Es ist für sie ganz normal, dass sie in mehreren Sprachen kommunizieren kann, sie lernt ganz natürlich.
*Moderatorin:* Ja, das ist natürlich ein großer Vorteil, denn über die Sprachen ist eure Tochter dann ja von klein auf auch mit den verschiedenen Kulturen vertraut. – Gleich sprechen wir weiter, doch zuerst etwas Musik ...

### 8 Lektion 39, B4, Teil 1

*Moderatorin:* ... und weiter geht's mit unserer Sendung „Kultur aktuell", heute zum Thema „Graffiti: Pro oder kontra?" Unsere Interviewpartner habe ich Ihnen schon vorgestellt, deshalb kommen wir gleich zu unserer ersten Frage: „Ist Graffiti Zerstörung oder nicht?" Smasch und Hans Hofer haben uns darauf geantwortet ...
*Smasch:* Zerstörung ist Graffiti sprühen meiner Meinung nach nicht! Ich mache doch nichts kaputt. Graffiti sprühen ist

für mich ganz das Gegenteil: Viele Orte in meiner Stadt sind so hässlich und grau – ich will sie bunter und schöner machen ...
*H. Hofer:* Natürlich sind Graffiti eine Zerstörung! Graffiti-Sprüher machen doch alles kaputt, sie beschädigen Hauswände, U-Bahnen, Busse, Denkmäler, Kinderspielplätze ... Das geht doch nicht! Wissen Sie, was das kostet, diese Sprühereien wegzumachen? Das kostet jährlich Millionen Euro! Und wer bezahlt das? Wir alle – mit unseren Steuern ... und die Eigentümer. Das ist ein sehr großer Schaden für den Staat und für die Privatleute ...

### 9 Lektion 39, B4, Teil 2

*Moderatorin:* Smasch sagt, dass er nur seine Stadt verschönern möchte. Die Frage, die sich stellt, ist also, warum Graffiti sprühen illegal ist. Hören wir, was Smasch und Martina Moritz dazu sagen.
*Smasch:* Ja, das ist eine sehr gute Frage. Die stelle ich mir auch oft ... Ich kann überhaupt nicht verstehen, warum Graffiti sprühen illegal ist. Wieso kann man denn nicht einfach runtergehen und die Wand besprühen, die einem direkt vor der Nase steht? Ich will meine Stadt mitgestalten! Ich will mitdenken, mitreden und mitmachen! Ich kann so sagen, was mir gefällt und was nicht. Als Krimineller sehe ich mich überhaupt nicht!
*M. Moritz:* Die Antwort auf diese Frage ist ganz klar! Immer wenn Graffiti-Sprüher eine Wand oder Mauer besprühen und der Eigentümer hat das nicht erlaubt – ist also nicht damit einverstanden –, dann ist das eine illegale Aktion und sogar eine Sachbeschädigung. Das heißt: Die Graffiti-Sprüher bekommen eine Strafe und müssen Geld, sehr viel Geld zahlen. Und auch wenn sie in dem Moment kein Geld haben, bleibt die Rechnung noch offen.

### 10 Lektion 39, B4, Teil 3

*Moderatorin:* Die nächste Frage, die wir unseren Interviewpartnern gestellt haben, war folgende: „Ist Graffiti Kunst oder nicht?" Hier die Antworten darauf von JanaC. und Hans Hofer.
*JanaC.:* Graffiti ist für mich Kunst! Wenn ich Graffiti sprühe, tue ich das, weil ich den anderen Leuten etwas sagen möchte. Ich möchte mit Graffiti gesellschaftliche Probleme zeigen wie Rassismus, Diskriminierung, Intoleranz usw. Und natürlich freue ich mich, wenn Leute meine Sachen sehen und darüber nachdenken, wenn sie darüber reden.
*H. Hofer:* Ob es Kunst ist oder nicht? Na ja, im seltensten Fall ... Für mich ist ein Künstler jemand, der etwas zu sagen hat und natürlich talentiert und kreativ ist. Die meisten Graffiti-Sprüher sprühen alles sehr ähnlich; meistens sind es nur ein paar

Buchstaben oder der eigene Name – Das ist doch keine Kunst!

## 11 Lektion 39, B5, Teil 4

*Moderatorin:* ... Das sind schon sehr unterschiedliche Meinungen. Aber gibt es vielleicht Lösungen oder Kompromisse? Was könnte man tun, damit Graffiti-Sprüher ihre Werke legal sprühen können? Was würden unsere Interviewpartner vorschlagen? Hören wir die Meinungen von JanaC. und Martina Moritz.

*JanaC.:* Also ich bin der Meinung, dass die Städte Flächen für Graffiti-Sprüher freigeben müssten. Wenn die Städte das machen würden, dann könnten wir unser Talent und unsere Kreativität entwickeln. Dann würden die Graffiti-Sprüher auch nicht mehr illegal sprühen.

*M. Moritz:* Das Problem ist, dass gerade das Verbot den Sprühern Spaß macht. Deshalb bin ich mir nicht sicher, ob legale Flächen die Lösung wären. Ich glaube, sie würden weiterhin illegal sprühen. Wenn ich Politikerin wäre, dann würde ich die Anti-Graffiti-Gesetze verschärfen. Dann hätten die Sprüher Angst und würden sich jede Sprühaktion zweimal überlegen. Meiner Meinung nach dürfte man Jugendlichen unter 18 auch keine Spraydosen verkaufen. Genau wie man ihnen den Kauf von Alkohol oder Zigaretten nicht erlaubt, sollte man ihnen auch den Kauf von Spraydosen verbieten!

## 12 Lektion 40, A6

„Bald sind wir da, Schatz", flötete meine Mutter und drehte sich vorn auf dem Beifahrersitz nach mir um. Ich ignorierte sie und starrte weiter aus dem Seitenfenster auf die Landschaft, die draußen vorbeiflog: gelbbraune Felder, ab und zu ein Dorf (...).
Ich wollte nicht ankommen.
„Du wirst sehen, das Haus wird dir gefallen", sagte meine Mutter mindestens zum hundertsten Mal. Ich fragte mich allmählich, wem sie das eigentlich einreden wollte.
„Es liegt ganz in der Nähe von einem Fluss, mitten in der Natur ... wolltest du früher nicht unbedingt auf dem Land leben, Mia?"
Das stimmte, allerdings war ich damals ungefähr zehn gewesen und hatte mir nichts sehnlicher gewünscht als mein eigenes Pony. Gerade wollte ich ihr mitteilen, dass ich mir heute etwas Besseres vorstellen könnte, als in so einem Provinzkaff zu verrotten, doch ich biss mir noch rechtzeitig auf die Zunge. Brachte ja sowieso nichts. Es war sinnlos.
Vor ein paar Monaten hatte ich noch geschrien und getobt, um meine Eltern dazu zu bringen, ihre Umzugspläne ad acta zu legen. Ich erinnerte mich an die

Tränen meiner Mutter, ihr: „Zeig doch wenigstens *etwas* Verständnis für unsere Situation!" An diesen stillen, kummervollen Blick meines Vaters. Der unglücklich war, weil ich ihn unglücklich machte.
Ich erinnerte mich an meine verzweifelte, ohnmächtige Wut. Dass die beiden mein Leben einfach so völlig umkrempeln konnten, wie es ihnen gerade passte, brachte mich zur Weißglut!
Doch jetzt, nach der Sache mit Niklas, hatte ich den Kampf aufgegeben. (...) *Wenigstens muss ich ihn dann nicht mehr sehen*, dachte ich. Ich wollte nicht mehr denken, nicht mehr fühlen.
Es klappte schon ganz gut.

## 13 Lektion 40, B5

Hallo zusammen! Heute habe ich eine total aufregende Nachricht: Unser gemeinsames Buch ist zurückgekommen! Vor mehr als einem Jahr hatte ich unser Buch ja auf die Reise geschickt. Es ist quer durch Deutschland gereist, und nachdem es sogar in Österreich, Belgien, Luxemburg, Dänemark und Ungarn gewesen war, kam es gestern endlich zurück! Insgesamt 98 Seiten habt ihr mit euren Lieblingsbüchern gefüllt. Ich habe natürlich schon ein bisschen geblättert: Die Gestaltung der Seiten, eure Kreativität, die unterschiedlichen Handschriften ... – Da macht allein schon das Durchblättern Spaß und man bekommt richtig Lust zum Lesen! Jede Seite ist wie eine kleine Geschichte, sehr persönlich gestaltet. Ihr habt euch so viel Mühe gemacht, unglaublich! Eure Buchauswahl fand ich natürlich besonders interessant: Einige Bücher kenne ich bereits, andere will ich definitiv bald auch selbst lesen – Danke für die Tipps! Damit alle Blog-Leser die einzelnen Einträge sehen können, habe ich sie abfotografiert und auf meine Seite gestellt – genau wie ich es euch versprochen hatte.
Aber zurück zum Buch: Auch die Kommentare zur Aktion im Buch haben mich sehr gefreut. Ihr habt geschrieben, dass ihr gerne mitgemacht habt und dass es euch Spaß gemacht hat, nicht nur selbst eine Seite zu gestalten, sondern auch über die Lieblingsbücher der anderen zu lesen. Solche Kommentare hatte ich auch im Blog bekommen.
Übrigens: Während der Aktion haben viele neue Leser zu meinem Blog gefunden – Wahrscheinlich habt ihr euren Freunden und Bekannten von unserem Projekt erzählt. Einige von den „Neuen" haben sich auch gleich an der Aktion beteiligt. Viele hatten mir ja schon gleich am Anfang geschrieben, dass sie die Idee gut fanden. Aber dass sie so ein Erfolg war, hatte ich nicht erwartet ...

## 14 Lektion 41, A3 und A4

*Katja:* Hallo, ich heiße Katja und bin 17 Jahre alt. Als Kind war ich oft bei meiner Oma und meinem Opa. Langweilig wurde mir dort nie. Mit meiner Oma habe ich immer die Kostüme für das Schultheater genäht und mit Opa allerlei Sachen gebastelt: ein Vogelhäuschen z. B., daran kann ich mich noch gut erinnern! Da hat mir Opa auch gezeigt, wie man Nägel gerade ins Holz schlägt. Später haben wir zusammen sogar ein Holzboot gebaut. Hat echt Spaß gemacht – sicher auch, weil mein Opa so ein fröhlicher Mensch ist: Immer wenn wir zusammen „gearbeitet" haben, erzählte er mir lustige Geschichten. Manche habe ich bis heute nicht vergessen.
Jetzt bin ich 17 und besuche meine Großeltern immer noch sehr oft. Wenn wir uns sehen, dann sprechen wir darüber, wie es in der Schule so läuft und was ich sonst so mache ... Meine Großeltern, die nehmen nicht alles so ernst wie meine Eltern und schimpfen nicht gleich über schlechte Noten oder über Löcher in den Jeans. Das finde ich cool an ihnen! O.k., Opa hasst meine Technomusik. Aber das ist kein Problem. Ich höre sie über Kopfhörer, wenn ich zu Besuch bin.
*Miriam:* Mein Name ist Miriam. Ich bin 16. Als Kind war ich mit meinen beiden Geschwistern in den Sommerferien immer bei meinen Großeltern auf dem Land. Am liebsten sind wir auf den Dachboden geklettert. Dort, zwischen alten Möbeln und alten Kleidern haben wir nach versteckten Schätzen gesucht und auch welche gefunden: Opas alten Lieblingssessel und Omas Hochzeitskleid zum Beispiel. Wir fanden das toll!
Und nachmittags gab es dann oft Omas Pflaumenkuchen – einfach lecker! Den Duft habe ich heute noch in der Nase! Jedes Mal, wenn die Ferien zu Ende waren und wir nach Hause fahren mussten, waren wir furchtbar traurig und Oma und Opa mussten uns trösten.
Heute besuchen wir Oma und Opa seltener, aber genauso gerne wie früher. Was ich aber manchmal feststelle, ist, dass Oma und Opa sich mit manchen Dingen überhaupt nicht auskennen, wie z. B. mit Handys oder iPods. Als ich ihnen einmal zeigen wollte, was man mit einem Handy alles machen kann, haben sie gesagt, dass sie mit ihrem alten Telefon und Fernseher zufrieden sind. Da habe ich verstanden, dass ich mit Oma und Opa über manche Dinge nicht mehr reden kann.
*Patrick:* Ich bin Patrick und 18 Jahre alt. Als Kind habe ich praktisch bei meinen Großeltern gewohnt, weil meine Eltern viel und lange gearbeitet haben. Meine Oma war in manchen Dingen recht

streng, z. B. wenn es um die Schule ging und ich mit ihr Diktat üben musste. Das war aber ganz gut so.

Von meinem Opa habe ich Vieles gelernt: rechts von links unterscheiden z. B. – dafür habe ich sehr lange gebraucht –, Fahrräder reparieren und später Moped fahren.

Leider ist mein Opa vor Kurzem gestorben. Ich mochte ihn wirklich sehr, mit ihm habe ich mich immer sehr gut verstanden. Als ich zum Beispiel letztes Jahr in die 12. Klasse kam, wusste ich nicht genau, was ich nach der Schule machen sollte. Mein Opa war zu der Zeit schon ziemlich krank, er konnte sich nicht mehr so gut bewegen und das Haus nicht mehr verlassen. Da habe ich ihn oft besucht. Wir haben Tee getrunken und uns immer wieder darüber unterhalten, was für Pläne ich für mein Leben so habe. Er hat zugehört und meine Meinungen akzeptiert!

### 15 Lektion 41, B7 und B8

*Moderator:* ... und heute möchten wir euch eine innovative Wohnform für Jung und Alt vorstellen: Viele Leute, wenig freie Wohnungen, hohe Mieten – ein Problem in den meisten großen Städten. Die Lösung dafür könnte das Projekt „Wohnen für Hilfe" bieten: Die einen haben, was die anderen suchen. Zu Gast bei uns im Studio ist Frau Gitta Seifert. Herzlich willkommen!

*Gitta Seifert:* Guten Tag.

*Moderator:* Frau Seifert, Sie leiten und betreuen „Wohnen für Hilfe" in München. Wer hatte die Idee zu dem Projekt?

*Gitta Seifert:* Die Idee ist nicht neu, sie kommt aus London. In München gibt es solche Wohnpartnerschaften zwischen Senioren und Studenten seit 1996. Gerade in großen Universitätsstädten – wie hier bei uns in München – reichen die Wohnungen oft nicht aus. Auch sind die Mieten extrem hoch. Auf der anderen Seite leben viele alte Menschen in sehr großen Wohnungen. Oft leben sie allein, weil die Kinder ausgezogen sind oder der Lebenspartner schon gestorben ist. In eine kleinere Wohnung wollen sie aber nicht umziehen – sie haben Angst, ihre sozialen Kontakte zu verlieren. Allerdings merken die Senioren natürlich auch, dass sie den Haushalt nicht mehr allein schaffen. Sie haben nicht mehr die Kraft dazu. Da stellt sich natürlich die Frage: Warum sollen sie sich nicht einen jungen Menschen ins Haus holen?

*Moderator:* Richtig – nur ist es ja gar nicht so leicht, Senioren und Studenten zusammenzubringen ... Hier kommt dann also „Wohnen für Hilfe" ins Spiel. Frau Seifert, wie funktioniert das Projekt?

*Gitta Seifert:* Nun, zuerst müssen Senioren und Studenten einen Fragebogen ausfüllen, z. B.: Warum möchten Sie an dem Projekt teilnehmen? Wie sieht es mit Haustieren aus? Welche Wünsche haben Sie an das Zusammenleben?

*Moderator:* Mhm.

*Gitta Seifert:* Ich analysiere die Fragebögen, dann mache ich Hausbesuche bei den Senioren und spreche mit ihnen. Ältere Leute haben oft Angst, einen Fremden in ihre Wohnung zu lassen. Deshalb versuche ich, ihnen diese Angst zu nehmen. Wichtig dabei ist, dass die Senioren Vertrauen zu dem jungen Mieter haben.

*Moderator:* Ich kann mir aber trotzdem vorstellen, dass das Zusammenleben nicht immer leicht ist. Gibt es Konflikte?

*Gitta Seifert:* Die meisten Konflikte gibt es, wenn die WG-Parteien zu unterschiedliche Vorstellungen haben. Manche Senioren verstehen nicht, dass die Studenten auch lernen müssen und nicht immer für sie da sein können – gerade in Prüfungszeiten. Deshalb ist es gut, die Zeiten für gemeinsame Aktivitäten miteinander auszumachen.

*Moderator:* Und wie sind Ihre Erfahrungen mit dem Projekt?

*Gitta Seifert:* Unsere Erfahrungen mit „Wohnen für Hilfe" sind sehr positiv. Wir haben gelernt, dass das Projekt nur funktionieren kann, wenn beide Seiten offen sind. Für die Studenten muss klar sein: Die Senioren wollen nicht einsam sein, das heißt, das Gespräch mit den jungen Leuten ist ihnen sehr wichtig. Die jungen Mieter müssen aber auch verstehen, dass laute Musik und spontane Partys eher nicht möglich sind. Man kann ganz klar sagen, dass nicht jeder junge Mensch so wohnen kann. Das ist eine Typfrage. Es ist aber schön, festzustellen, wie beide Seiten voneinander lernen können.

*Moderator:* Vielen Dank Frau Seifert für das interessante Gespräch!

### 16 Lektion 42, A3 und A4

*Lehrerin:* Guten Morgen!

*Klasse:* Morgen.

*Lehrerin:* Ich hatte euch letzte Woche ja schon informiert, dass wir heute zwei Gäste im Unterricht haben: Marie und Tom aus der 12b. Für sie ist die Frage „Was soll ich werden?" ganz aktuell: In knapp 3 Monaten machen sie ihr Abitur. Wir haben in der Klasse ja schon darüber gesprochen: Es ist nicht leicht zu entscheiden, wie es nach dem Schulabschluss weitergehen soll. Ihr, Marie und Tom, habt inzwischen eine Antwort gefunden und wir sind neugierig zu erfahren, wer und was euch dabei geholfen hat. Herzlich willkommen!

*Tom / Marie:* Hallo.

*Lehrerin:* Tom, ich fange mal bei dir an: Was hat dir bei deiner Entscheidung geholfen?

*Tom:* Na ja, ich wusste ja ehrlich gesagt lange nicht, was ich machen soll, bis mir ein Freund einen Tipp gegeben hat. Er erzählte mir von einem Berufswahltest im Internet. Den habe ich dann gleich gemacht. Das war ganz interessant: Da musste man z. B. seine Lieblingsfächer angeben – das sind bei mir Mathematik und Englisch. Außerdem musste man etwas über sich selbst sagen, über seine Stärken und Schwächen. Das Ergebnis war dann, dass der Bereich Wirtschaft etwas für mich wäre. Na ja, das kann ich mir auch ganz gut vorstellen.

*Lehrerin:* Aha, es ist also gut erst einmal zu wissen, wo die eigenen Stärken und Schwächen liegen.

*Tom:* Ja genau.

*Lehrerin:* Und wie war das bei dir, Marie?

*Marie:* Ich konnte mich nicht entscheiden. Ich bin gut in Sport und Chemie und wusste nicht, was ich wählen sollte, bis ich dann meine Eltern gefragt habe. Sie meinten, ich sollte lieber etwas mit Chemie machen – da hätte ich später bessere Chancen auf dem Arbeitsmarkt. Der Bruder meiner besten Freundin studiert Chemie im 3. Semester – den habe ich dann gleich gefragt, wie ihm das Studium so gefällt und was man da so machen muss.

*Lehrerin:* Das heißt, auch die Eltern oder Freunde zu fragen, kann helfen. Und was war dann dein nächster Schritt, Marie?

*Marie:* Na ja, mit einem Chemiestudium kann man alles Mögliche machen – da wollte ich mich noch mehr informieren. Eine Freundin hat mir *Berufenet* für die Recherche empfohlen. Das ist die Datenbank der Bundesagentur für Arbeit. Da habe ich ein paar ganz interessante Informationen gefunden.

*Lehrerin:* Und bei dir, Tom?

*Tom:* Ich war bei einem Berufsberater. Das war echt hilfreich! Er hat mir vorgeschlagen, ein duales Studium zu machen, also eine Kombination aus Studium und Berufspraxis. Das heißt, ich verdiene Geld, während ich studiere. Das ist doch genial! Konkret bedeutet das, ich suche mir eine Firma aus, die ein duales Studium anbietet, und bewerbe mich dort. Wenn alles klappt und die Firma mich einstellt, dann habe ich nach meinem Studium auch gleich einen Arbeitsplatz!

*Lehrerin:* Das heißt, sobald man ungefähr weiß, was man machen will, ist es wichtig, sich zu informieren, und dabei helfen beispielsweise das Internet oder die Berufsberatung. Und wie geht es nun bei euch weiter?

*Marie:* Na ja, am liebsten würde ich hier in Berlin studieren. Nächsten Monat sind

an der Uni die „Tage der offenen Tür".
Diese Gelegenheit will ich gleich nutzen
und verschiedene Seminare besuchen.
Da bekomme ich sicherlich einen ersten
Eindruck.
*Tom:* Und ich bin schon auf der Suche
nach möglichen Firmen.
*Lehrerin:* Na, dann drücke ich euch bei-
den mal die Daumen! Corinna, du hast
eine Frage? Bitte ...

**17   Lektion 42, B7, Teil 1**
*Reporter:* Karriere? Kinder? Oder eine
Kneipe an einem Traumstrand? Kaum ein
Jugendlicher hat einen festen Plan für die
nächsten Jahrzehnte. Aber große Träume
hat fast jeder. Für uns blicken Jugendliche
in die Zukunft und erzählen von ihren
Zukunftsvisionen ...
Auf dem Tisch in der hintersten Ecke
eines Cafés liegen Bücher, fette Ordner,
einzelne Blätter, ein Taschenrechner. Lu-
cas sitzt dort mit zwei Mitschülerinnen:
Caroline und Lena. Sie lernen für ihre
Abiturprüfung.
Und wo sehen sie sich in 15 Jahren?

**18   Lektion 42, B7, Teil 2**
*Lucas:* Ich werde mit meinen beiden
Kindern und meiner Ehefrau in Berlin
leben, in einem schönen Altbau über dem
Laden meiner Frau. Sie verkauft dort
Klamotten; die macht sie selbst. Ich habe
Kommunikationsdesign studiert. Ich überlege mir Marketingkonzepte für große
Firmen und werde nebenbei Veranstaltungen für soziale Projekte organisieren.
Wegen der Kinder werde ich tagsüber
von zu Hause aus arbeiten. Und nachts
male ich – aber nicht wegen des Geldes.
Ich möchte genug Geld haben – nicht um
es für teure Autos oder Uhren aus Gold
oder Silber auszugeben, sondern für ganz
normale Dinge wie Kleidung, Möbel und
Arbeitsmaterial, einfach das, womit ich
zufrieden bin.

**19   Lektion 42, B7, Teil 3**
*Caroline:* Hm ... In 15 Jahren bin ich Infor-
matikerin. Das ist mein Traumberuf. Ich
programmiere Software und entwickle
ein ganz neues Textverarbeitungssystem.
Das werden dann Millionen Menschen
auf der ganzen Welt benutzen. Cool,
oder? So kann ich zeigen, dass ein Mädchen genauso gut mit Computern umgehen kann wie ein Junge. Und ich werde
so viel Geld verdienen, dass ich finanziell
unabhängig bin. Denn eins weiß ich: Kinder will ich noch keine. Wegen der Karriere. Und wenn überhaupt, dann kommt es
auf den richtigen Lebenspartner an. Bei
so was bin ich romantisch.

**20   Lektion 42, B7, Teil 4**
*Lena:* Ich bin mir noch nicht sicher, was
ich in 15 Jahren beruflich machen werde.

Auf keinen Fall möchte ich jeden Tag
das Gleiche machen. Neue Länder und
fremde Kulturen kennenlernen, vielen
interessanten Menschen begegnen – so
soll mein Leben später mal aussehen. Nur
wegen des Jobs in Deutschland bleiben,
das kann ich mir überhaupt nicht vorstellen! Ich will Irlands grüne Wiesen sehen,
ich will in den Läden der Modemetropole
New York shoppen, ich will in Australien
surfen und an den Stränden von Spanien
in der Sonne liegen. Als was ich arbeite,
ist mir eigentlich egal – ich will nur genügend Geld verdienen, um mir die Reisen
finanzieren zu können.
Kinder möchte ich schon haben, aber
nicht unbedingt einen Mann, ich denke,
ich werde ledig bleiben: Meine Kinder
kann ich ja auch alleine erziehen.
*Sprecher:* Und ihr? Wo seht ihr euch in 15
Jahren? Schreibt uns, wir sind gespannt
auf eure Beiträge.

## CD 2

**2   Lektion 43, A3 und A4**
*Moderatorin:* Herzlich willkommen bei
„experimentierfreudig", liebe Hörerinnen
und Hörer. In unserer heutigen Sendung
berichten wir über ein ganz besonderes
Experiment: 13 Personen sind 5000 Jahre
in die Vergangenheit gereist und haben
für 8 Wochen in einem Steinzeitdorf ge-
lebt. Mit dabei war auch Familie Matthes.
Was sie dort erlebt haben, erzählen uns
gleich Britta, Olli und Ronja. Schön, dass
ihr da seid!
*Olli, Britta, Ronja:* Hallo!
*Moderatorin:* Olli, zuerst mal ganz allgemein: Wie war's im Steinzeitdorf?
*Olli:* Also, das war schon ein interessantes Erlebnis. Anstrengend, aber auf jeden
Fall spannend! Die ersten Tage waren
natürlich besonders hart: Wie macht
man z. B. Feuer ohne moderne Hilfsmittel
wie Streichhölzer oder Feuerzeug? Gar
nicht so einfach ... Jetzt wissen wir, wie
Feuer mit einem Feuerstein angezündet
wird – allerdings hat es am Anfang mehrere Stunden gedauert, bis das Feuer
gebrannt hat.
*Ronja:* Es war auch kalt und hat auch
dauernd geregnet – tagelang. Da kriegt
man schnell schlechte Laune und hat
einfach zu gar nichts mehr Lust.
*Britta:* Ja das stimmt – die erste Zeit im
Steinzeitdorf war wirklich nicht einfach.
Am Anfang hatten wir auch große Probleme mit dem Essen. Wir mussten unser
Essen ja selbst produzieren: Einfach in
einen Supermarkt gehen oder sich eine
Pizza bringen lassen, das ging ja nicht.
Das Hauptnahrungsmittel in der Steinzeit
war Getreide. Im Dorf gab es aber nur
ganzes Korn. Wir wussten überhaupt

nicht, wie Korn gemahlen wird – so ohne
Maschinen. Die Steinzeitmenschen benutzten dafür zwei Reibsteine. Das war
ganz schön schwierig.
*Moderatorin:* Die Steinzeit hat sich also
besonders in den ersten Tagen von ihrer
harten Seite gezeigt ...
*Olli:* Wir haben aber nicht aufgegeben,
und als das Wetter besser wurde, ist
auch die Stimmung im Dorf gestiegen.
Stimmt's Ronja?
*Ronja:* Stimmt!
*Moderatorin:* Ronja, auch die Kinder im
Steinzeitdorf mussten ja schon mithelfen
und verschiedene kleine Arbeiten übernehmen ... Was musstest du denn machen?
*Ronja:* Ich habe meiner Mutter beim
Wäschewaschen geholfen. Und mit Oma
Sophia habe ich z. B. für mich einen Regenmantel genäht. Jetzt weiß ich, dass
die Wäsche in der Steinzeit mit Seifenkraut gewaschen wird und dass Regen-
mäntel nicht mit Nadel und Faden genäht
werden, sondern mit Feuersteinklinge
und Lederband – das hält dann alles
zusammen. Ja ... Und ich habe auch ab-
gewaschen und die Haustiere gefüttert ...
*Moderatorin:* Na, das ist ja ganz schön
viel Arbeit für ein 10-jähriges Mädchen ...
*Olli:* Steinzeitleben bedeutet harte Arbeit
– für alle. Wir mussten uns ja um alles
selbst kümmern, z. B. auch um kaputtes
Werkzeug. Ich habe alles selbst repariert
– was sollte ich auch machen? Normalerweise geht man zu einer Werkstatt und
lässt das Werkzeug dort reparieren. Aber
so etwas gibt es ja im Steinzeitdorf nicht.
*Moderatorin:* So hat also jeder das gemacht, was er am besten konnte – die
Kinder genauso wie die Erwachsenen.
Britta, was hat dich denn bei diesem
Experiment besonders beeindruckt?
*Britta:* In der Steinzeit dreht sich alles
um die Ernährung: essen, essen, essen.
Es gab ja nur den Supermarkt Natur: Alle
Nahrungsmittel mussten wir im Wald,
im See oder auf dem Feld finden. Das
war manchmal ganz schön schwierig: Es
gab Tage, da hatten wir kein Fleisch und
auch keinen Fisch. Und Beeren und Pilze
sind dieses Jahr leider auch nur wenig
gewachsen. Das Getreide stand noch auf
dem Feld, als wir kamen – wir mussten es
erst ernten – natürlich mit der Hand ...
*Moderatorin:* Das klingt nach viel Arbeit!
Ob die Bewohner des Steinzeitdorfes auch
wirklich mal Freizeit hatten und was sie
da gemacht haben, erfahren wir gleich ...

**3   Lektion 43, B6 und B7**
*Moderatorin:* In unserer Reihe „Junge
Erfinder" möchten wir euch heute Mat-
thias Schnaubelt vorstellen: Er hat beim
Bundeswettbewerb *Jugend forscht* dieses
Jahr großen Erfolg gehabt! Herzlich will-
kommen, Matthias!

*Matthias:* Hallo. Danke für die Einladung!

*Moderatorin:* Matthias – du hast bei *Jugend forscht* dieses Jahr gleich 2 Preise gewonnen: den 2. Platz im Bereich *Technik* und den Preis für die beste Arbeit im Bereich *Robotik*! Hat dich der Erfolg überrascht?

*Matthias:* Ja, völlig! Ich habe nicht gedacht, dass ich auf dem Bundeswettbewerb überhaupt eine Chance habe ...

*Moderatorin:* Warum denn nicht?

*Matthias:* Weil da nur gute Projekte sind und natürlich auch in diesem Jahr die Konkurrenz einfach so stark war, dass ich nicht mit dem 2. Platz gerechnet habe: Es gab ja insgesamt 16 Projekte!

*Moderatorin:* Aber nun hat dein sechsbeiniger Laufroboter dir die großen beiden Preise gebracht. Herzlichen Glückwunsch!

*Matthias:* Danke!

*Moderatorin:* Der Laufroboter sieht ja richtig professionell aus. Wo hast du ihn denn entwickelt, programmiert und gebaut?

*Matthias:* Zu Hause, in Hessen, in meinem Zimmer. Allerdings sieht es da mittlerweile schon aus wie in einem kleinen Forschungslabor...

*Moderatorin:* Was ist denn das Besondere an deinem Roboter?

*Matthias:* Der Roboter hat in jedem Bein 3 Motoren. Dadurch kann er vorwärts und rückwärts laufen. Außerdem kann er seine Beine nach oben und nach unten bewegen, sodass er immer senkrecht auf dem Boden steht.

*Moderatorin:* Interessant. Wie viele Stunden Arbeit hat dich das Projekt denn gekostet?

*Matthias:* Die reinen Arbeitsstunden habe ich genau dokumentiert: das waren 1200 Stunden in fast zwei Jahren. Aber wenn man dann noch die Vorbereitung für den Wettbewerb, die Präsentation in der Schule usw. dazu zählt, dann kommt man bestimmt auf 1400 Stunden.

*Moderatorin:* 1400 Stunden liebevolle Kleinarbeit rund um den sechsbeinigen Laufroboter! Dabei musstest du dich nebenbei ja auch noch auf dein Abitur vorbereiten ... Aber das war für dich wohl keine große Schwierigkeit – das hast du ja mit 1,0 bestanden.

*Matthias:* Och, das ging schon ... Auf jeden Fall hatte ich eigentlich immer auch genug Zeit zum Basteln.

*Moderatorin:* Und wie geht es nun für dich weiter?

*Matthias:* Ich werde mit dem Studium anfangen – Physik in Darmstadt. Ob ich dann noch viel Zeit für meinen Roboter habe, weiß ich nicht. Ich denke, eher weniger.

*Moderatorin:* Und bis dahin ist sicher Erholung angesagt, oder?

*Matthias:* Genau! Vor dem Studium werde ich noch mal richtig entspannen ...

## 4    Lektion 44, A2 und A3

*Moderatorin:* Wohin mit Sachen, die man nicht mehr braucht? Eine interessante Frage in unserer heutigen Gesellschaft ... Wir haben zu diesem Thema eine Umfrage gemacht und Jugendliche in der Fußgängerzone gefragt: „Was macht ihr mit euren Sachen, wenn ihr sie nicht mehr braucht – Schmeißt ihr sie weg? Oder hebt ihr sie auf?"

**1**

*Reporter:* Hallo! Ich bin von Radio *deutsch.com* und mache eine Umfrage. Kann ich dir ein paar Fragen stellen?

*Anna:* Hallo, ja.

*Reporter:* Es geht um deine gebrauchten Sachen, also zum Beispiel Klamotten, Bücher, technische Geräte usw.

*Anna:* O.k. ...

*Reporter:* Wie heißt du denn?

*Anna:* Anna.

*Reporter:* Also, Anna ... Was machst du mit diesen Sachen, wenn du sie nicht mehr brauchst?

*Anna:* Na ja, es kommt darauf an, was das für Sachen sind. Wenn mir meine alten Klamotten zu klein werden, bekommt sie meine jüngere Schwester. Manche Sachen tausche ich gern mit meinen Freundinnen, z. B. Röcke, Kleider oder Taschen. Dann weiß man ganz genau, von wem diese Sachen kommen. Für mich ist das wichtig, ich fühle mich dann wohler als mit Klamotten aus dem Secondhand-Laden.

*Reporter:* Und was ist mit Büchern und so Sachen?

*Anna:* Hm, Bücher heben wir zu Hause auf. Wir haben eine ziemlich große Bibliothek zu Hause, Bücher finden darin immer Platz.

*Reporter:* Und sonst vielleicht noch etwas? Spielzeug, CDs?

*Anna:* Oh, von meinen CDs habe ich neulich viele auf dem Flohmarkt verkauft. Die Puppen und Teddybären von meiner Schwester und mir liegen in einer Kiste auf dem Dachboden.

*Reporter:* Und wann schmeißt du Sachen weg?

*Anna:* Na ja, wenn Sachen kaputt gehen und man nichts mehr damit machen kann, dann schmeiße ich sie weg. Also richtig kaputte Klamotten, alte Socken mit Löchern oder kaputte Unterwäsche z. B. ... Aber ansonsten überlege ich immer, ob ich die Sachen noch gebrauchen kann, also, ob ich sie irgendwie weiterverwenden oder wenigstens weiterverkaufen kann. Das finde ich besser, anstatt dass man alte Sachen direkt wegschmeißt.

*Reporter:* O.k., danke für deine Antworten!

*Anna:* Gerne! Ciao!

## 5    Lektion 44, A2 und A3: 2

*Reporter:* Hallo! Ich bin von Radio *deutsch.com* und mache eine Umfrage. Es geht um deine gebrauchten Sachen. Kannst du mir ein paar Fragen beantworten?

*Lars:* Ja, sicher!

*Reporter:* Super! Wie ist dein Name?

*Lars:* Lars.

*Reporter:* O.k., Lars. Was machst du denn mit deinen gebrauchten Sachen? Z. B. Klamotten, CDs ...

*Lars:* Meine gebrauchten Sachen? Hm ... Also, Klamotten brauche ich nicht so viele, so schnell gehen die ja nicht kaputt. Normalerweise trage ich sie so lange, bis ich sie wirklich nicht mehr anziehen kann, dann werfe ich sie weg. Und dann kaufe ich mir etwas Neues, da ziehe ich Markensachen vor.

*Reporter:* Markensachen? Die sind aber oft ziemlich teuer.

*Lars:* Das stimmt, aber ich kaufe mir nur etwas, wenn es wirklich nötig ist. Dafür spare ich ein bisschen länger und passe dann auch richtig auf die Sachen auf. Außerdem sind sie auch von besserer Qualität als irgendwelche billigen Sachen. Dann können sie meinetwegen auch mehr kosten. Früher habe ich immer Klamotten von meinem älteren Bruder bekommen, das hat so genervt! Deshalb gucke ich lieber, dass ich mir was Eigenes kaufen kann, etwas, das nur mir gehört.

*Reporter:* Verstehe. Na, und andere Sachen, wie z. B. Fahrrad oder Spiele?

*Lars:* Mein altes Fahrrad hat mein jüngerer Cousin bekommen, der hat sich total gefreut. Und Spiele, ach, die habe ich früher sogar gesammelt, ich hatte eine ganze Spielesammlung! Die habe ich letzten Sommer übers Internet verkauft. Nur die schönsten Brettspiele habe ich behalten, die habe ich immer noch in meinem Zimmer.

*Reporter:* Alles klar, herzlichen Dank für deine Antworten!

*Lars:* Kein Problem, tschüss!

## 6    Lektion 44, A2 und A3: 3

*Reporter:* Hi, du hast es aber eilig! Könntest du mir vielleicht trotzdem ein paar Fragen beantworten?

*Erica:* Oh, na gut – wenn es nicht zu lange dauert ...

*Reporter:* Geht ganz schnell: Also, ich bin von Radio *deutsch.com* und mache eine Umfrage zum Thema „Was machen Leute mit ihren gebrauchten Sachen". Wie ist das bei dir – äh, wie heißt du eigentlich?

*Erica:* Erica.

*Reporter:* Schön. Also, Erica: Was machst du mit deinen Sachen, wenn du sie nicht mehr brauchst, z. B. mit Klamotten, Büchern, CDs – schmeißt du sie weg?

*Erica:* Wegschmeißen? Nö. Ich schmeiße

fast nichts weg. Fast alle Sachen kann man ja wiederverwenden, indem man etwas Neues daraus macht. Zum Beispiel diese Tasche hier habe ich aus einer alten Jeans gemacht.
*Reporter:* Echt? Sieht super aus! Und die hast du wirklich selbst gemacht?
*Erica:* Ja klar! So was wie Taschen, das geht ganz einfach.
*Reporter:* Nicht schlecht!
*Erica:* Eigentlich besteht fast meine ganze Garderobe aus selbst genähten Kleidern. Röcke oder Schals kann man z. B. prima aus alten Stoffen machen. Aber ich mache auch andere Sachen, z. B. Holzkisten und Bücherregale.
*Reporter:* Dann sparst du wahrscheinlich viel Geld, wenn du vieles selbst machst, oder?
*Erica:* Das stimmt, ich bin ziemlich sparsam. Aber ich bemühe mich auch sonst, nicht unnötig Geld auszugeben.
*Reporter:* Ja klar, das ist natürlich sehr sinnvoll. Gut, dann halte ich dich nicht länger auf. Vielen Dank für deine Antworten!
*Erica:* Gern! Tschüss!
*Reporter:* Ciao!

### 7   Lektion 44, B7
**1** Nur heute und nur bei Elektro-Meyer: 20 Prozent auf alle Computer außer Laptops! Greifen Sie zu! Sie finden bei uns auch eine große Auswahl an weiteren Elektrogeräten zu besten Preisen! Aber nur heute bei Elektro-Meyer: alle Computer 20 Prozent billiger, außer Laptops!
**2** ... denn wie allgemein bekannt, braucht der Körper Vitamine. Nach Meinung der Experten sollte man täglich fünf Portionen Obst und Gemüse essen. Denn Obst und Gemüse – möglichst bunt und vielfältig zubereitet – versorgen unseren Körper mit vielen wichtigen Nährstoffen ...
**3** Verehrte Kunden, hier ein wichtiger Hinweis: Wegen eines technischen Problems sind in unserem Einkaufszentrum alle Aufzüge außer Betrieb. Bei Fragen wenden Sie sich bitte an unser Sicherheitspersonal. Wir bitten Sie um Verständnis.
**4** Heute im Kühlregal: Pizza „Napoli" für nur 1,99€! Nach original italienischem Rezept hergestellt, knusprig und lecker – und in nur 10 Minuten zubereitet! Pizza „Napoli" – heute nur 1,99€!

### 8   Lektion 45, A2
*Lehrerin:* Guten Morgen!
*Schüler:* Morgen!
*Lehrerin:* So, ich hoffe, ihr hattet ein schönes Wochenende und seid jetzt fit für die neue Woche. Wie ihr wisst, werden wir uns diese Woche mit dem Thema „Helden" beschäftigen ... Zu Hause soll-tet ihr ja aufschreiben, wer für euch ein Held ist und warum. Also, welche Eigenschaften muss ein Held haben und wer ist für euch ein Held? Wer möchte seinen Helden vorstellen? Anne?
*Anne:* Meine Heldin heißt Jessica Watson und ist Weltumseglerin. Sie kommt aus Australien und ist erst 16 Jahre alt. In 210 Tagen hat sie ganz alleine die Welt umsegelt. Während ihrer Reise musste sie gegen viele Schwierigkeiten kämpfen, wie z. B. schlechtes Wetter oder Einsamkeit. Da sie aber ein entschlossener und ehrgeiziger Mensch ist, hat sie nie aufgegeben – das finde ich wirklich toll!
*Lehrerin:* Welt-um-seg-le-rin ... Je-ssi-ca-Wa-tson ... Prima, vielen Dank, Anne! Wer macht weiter – Arndt?
*Arndt:* Ich finde, ein Held muss verantwortungsvoll und mutig sein. Politiker, wie z. B. Willy Brandt, sind für mich Helden. Er hat sich immer für Frieden und Völkerverständigung eingesetzt – nicht nur in Deutschland, sondern in ganz Europa. Und ich finde es gut, dass Politiker wie er so viel Verantwortung übernehmen, obwohl die Leute gern über Politiker schimpfen und ihnen immer die Schuld für alles geben.
*Lehrerin:* Po-li-ti-ker wie Will-ly Brandt ... Aha, interessant! Da haben wir schon zwei ganz unterschiedliche Heldenbilder! Tanja, wer ist für dich ein Held?
*Tanja:* Meine Heldin ist meine Tante Marianne. Sie ist Ärztin, genauer gesagt Chirurgin. Meine Tante ist sehr intelligent und mutig und deshalb ist sie für mich eine Heldin. Am Anfang ihrer Karriere hat sie in Deutschland gearbeitet. Aber dann hat ihr ein Kollege von dem Projekt „Ärzte ohne Grenzen" erzählt und sie war begeistert. Ein paar Wochen später meldete sie sich bei dieser Hilfsorganisation. Sie war schon in Liberia und nun ist sie im Tschad tätig. Dort rettet sie täglich Menschen das Leben. Dass sie deswegen auf eine schicke Wohnung oder ein eigenes Auto verzichten muss, ist für sie kein Problem. Viel wichtiger ist ihr, dass sie anderen Menschen helfen kann.
*Lehrerin:* Tanjas Tan-te Ma-ri-an-ne ... Ärz-te-oh-ne-Gren-zen. Super! Danke, Tanja!
*Michael:* Ich möchte auch meinen Helden vorstellen ...
*Lehrerin:* Ja, gern, Michael!
*Michael:* Mein Held ist Che Guevara. Schon seitdem ich 12 Jahre alt bin, ist er mein Held. Er war ein marxistischer Revolutionär aus Argentinien und ein sehr wichtiger Anführer der Kubanischen Revolution. Deshalb nennt man ihn *Comandante* Che Guevara. Che war sehr idealistisch und entschlossen. Er wollte mehr Freiheit und Gleichheit und hat für eine gerechtere Welt gekämpft. Aber leider ist er sehr früh mit nur 39 Jahren gestorben. Mein Lebensmotto ist Ches Zitat „Lasst uns realistisch sein: Versuchen wir das Unmögliche!".
*Lehrerin:* Re-vo-lu-ti-o-när-Che-Gue-va-ra. Vielen Dank, Michael! Nadja, möchtest du auch deinen Helden vorstellen? ...

### 9   Lektion 45, B2 und B3
*Louis:* Du Schleimer!
*Daniel:* Du Streber!
*Louis:* Ich warne dich, wenn du uns morgen beim Mathe-Test nicht abschreiben lässt, dann gibt es richtig Ärger, hörst du Carlos?
---
*Eva:* He, Judith, Markus, schaut mal: Was ist denn da los? Wer ist dieser Schüler? Und wer sind die zwei anderen Typen?
*Judith:* Das sind doch Carlos, Louis und Daniel aus der 11b. Kennst du die nicht, Eva?
*Eva:* Nee ...
*Judith:* Na klar, sorry. Du bist ja erst seit drei Monaten bei uns ... Aber du, Markus, kennst sie, oder?
*Markus:* Louis und Daniel kenne ich. Das sind doch die beiden Typen, denen der Schulleiter neulich einen Verweis gegeben hat. An Carlos kann ich mich aber nicht erinnern. Ich glaube, ich kenne ihn nicht.
*Judith:* Doch, sicher! Erinnerst du dich noch an den Jungen, der letztes Jahr bei der Mathematik-Olympiade die Goldmedaille gewonnen hat und dem der Schulleiter vor der ganzen Schule gratuliert hat?
*Markus:* Stimmt, hast recht, Judith!
*Judith:* Aber was machen die dort eigentlich? Es sieht aus, als ob Louis und Daniel Carlos drohen. Armer Carlos! Der tut mir wirklich leid! Sollen wir vielleicht zurückgehen und ihm helfen?
*Markus:* Was? Du bist wohl verrückt, Judith! Was können wir schon tun? Ich habe überhaupt keine Lust, mich einzumischen!
*Eva:* Hm, ja ... Anderseits müsste man doch etwas dagegen tun, oder?
*Judith:* Das finde ich auch! Wir kennen Carlos zwar nicht sehr gut, aber ich denke, wir müssen ihm helfen. Wahrscheinlich ärgern ihn Louis und Daniel, einfach weil er gute Noten hat.
*Eva:* Das ist doch kein Grund, ihn so zu behandeln!
*Judith:* Natürlich nicht!
*Markus:* Aber das geht uns überhaupt nichts an. Die sollen das untereinander regeln! Wir haben damit überhaupt nichts zu tun!
*Judith:* Hm, ich weiß nicht. Ich habe ein schlechtes Gewissen. Wir können doch nicht einfach zusehen, wir müssen doch etwas tun! Vielleicht sollten wir mit Carlos reden? Vielleicht würden ihn Louis und

Daniel dann in Ruhe lassen. Oder wir könnten in die Schule zurück und einen Lehrer rufen.

*Eva:* Aber Judith, was passiert denn, wenn Louis und Daniel merken, dass wir es waren, die den Lehrer gerufen haben? Dann bekommen wir selbst Probleme mit den beiden!

*Judith:* Hm. Und was wäre, wenn wir Claudia Grüneberg suchen würden?

*Eva:* Claudia Grüneberg? Wer ist das denn?

*Judith:* Stimmt, die kennst du ja auch noch nicht! Claudia ist ein Mädchen aus der Zwölften, dem wir von eben solchen Konflikten erzählen können. Sie ist nämlich Streitschlichterin an unserer Schule, das heißt, sie hilft Schülern, ihre Konflikte friedlich zu lösen.

*Eva:* Hm, ich weiß nicht. Auch sie kann Louis und Daniel erzählen, dass wir mit ihr gesprochen haben.

*Markus:* Nee, also, wie gesagt, ich will mich nicht einmischen. Ich werde niemand informieren. Jeder soll seine Probleme selbst lösen. Außerdem bin ich sehr in Eile. Ich muss noch zu Frau Melzer – ihr wisst schon, das ist die ältere Frau im Altenheim, der ich immer dienstags Gesellschaft leiste.

*Eva:* Du arbeitest im Altenheim?

*Markus:* Nein, das ist keine Arbeit, das mache ich freiwillig. So, kommt, lasst uns gehen! Ich habe wirklich keine Lust, den Helden zu spielen und mich in Gefahr zu bringen!

*Eva:* Na gut, Markus ...

*Judith:* Aber ...

## 10  Lektion 46, A8 und A9

*Sandra:* Und? Gehst du am Sonntag wählen?

*Chris:* Nee, ich gehe nicht wählen. Eine Stimme mehr oder weniger macht ja eh keinen Unterschied.

*Sandra:* Doch, sicher! Wir leben in einer Demokratie, da bringt jede Stimme etwas! Wenn du wählen gehst, kannst du die Zukunft unseres Landes mitbestimmen. Du kannst unsere Politiker, die Volksvertreter, wählen.

*Chris:* Na, das sehe ich aber anders. Ob ich meine Stimme abgebe oder nicht, das ist doch egal. An der Politik ändert sich nichts. Nichts bewegt sich, alles bleibt gleich.

*Sandra:* Natürlich ändert sich etwas. Es ändert sich doch ganz klar etwas. Die Parteien haben doch unterschiedliche Programme. Wenn sie sich zur Wahl stellen und du wählen gehst, dann kannst du dich für ein bestimmtes Wahlprogramm entscheiden.

*Chris:* Aber welche Partei oder welchen Politiker soll ich denn wählen? Wenn du dir die großen Parteien anguckst, die einzigen, die sowieso an die Macht kom-

men, dann siehst du eigentlich gar keinen Unterschied mehr in ihren Programmen.

*Sandra:* Es gibt ja nicht nur große Parteien, es gibt auch andere! Nicht wählen zu gehen, ist aber auch keine Lösung, oder willst du auf dein Recht auf Mitbestimmung verzichten und die Politik gar nicht mehr mitgestalten?

*Chris:* Aber die kleineren Parteien, wie z. B. die Tierschutzpartei, die vertreten nur bestimmte Interessen. Außerdem haben so kleine Parteien doch gar keine Chance. Da lohnt es sich nicht zu wählen!

*Sandra:* Es lohnt sich nicht? Es gibt Millionen Menschen auf dieser Welt, die sich wünschen, mit ihrer Stimme etwas verändern zu können. Aber sie dürfen nicht wählen! Wir in Deutschland haben das Recht zu wählen. Also sollte auch jeder dieses Recht nutzen!

*Chris:* Ich weiß nicht ... Vielleicht hast du recht. Aber die Wahl ist am Sonntag und sonntags bleibe ich immer zu Hause und schlafe bis Mittag oder so und sehe fern. Wählen zu gehen, ist anstrengend!

*Sandra:* Also das ist wirklich eine faule Ausrede! Um zu wählen, musst du dich doch nicht anstrengen. Du brauchst eigentlich nur hinzugehen und auf dem Stimmzettel eine Partei oder den Namen eines Politikers anzukreuzen. Ist das so schwer?

*Chris:* Hm, aber wenn man nicht wählen geht, dann braucht man am Ende kein schlechtes Gewissen zu haben, wenn man den falschen gewählt hat, oder?

*Sandra:* Chris!

*Chris:* Mal sehen ... Ich kann es mir ja noch einmal überlegen!

*Sandra:* Wenn du am Sonntag nicht wählen gehst, dann brauchst du dich später auch nicht zu beschweren, denn du hast die Gelegenheit gehabt, eine andere Partei zu wählen. Nur hast du die Gelegenheit nicht genutzt!

*Chris:* Schon gut, schon gut. Du brauchst nicht weiterzureden. Ich gehe am Sonntag wählen.

## 11  Lektion 46, B2, Teil 1

*Moderator:* Hallo, liebe Hörerinnen und Hörer! Viele Jugendliche interessieren sich für Politik und sind in politischen Jugendorganisationen aktiv. Wir haben 5 Jugendliche befragt, bei welcher Jugendorganisation sie aktiv sind und wofür ihrer Meinung nach die Partei steht.

*Lisa:* Hi, ich bin Lisa, 16 Jahre alt und bei der *Grünen Jugend* aktiv. Die *Grüne Jugend* ist die politischen Jugendorganisation von *Bündnis 90 / Die Grünen*. Wofür diese Partei meiner Meinung nach steht? Also, *Bündnis 90 / Die Grünen* ist eine Partei, die sich vor allem für den Umweltschutz engagiert, deshalb heißt sie ja

„grün". Aber natürlich beschäftigt sich die Partei auch mit sozialen Problemen und Fragen zum Thema Wirtschaft.

*Felix:* Hallo, ich heiße Felix und bin 24 Jahre alt. Ich bin Mitglied der *Jungen Liberalen*, kurz *Julis* genannt – das ist die Jugendorganisation der *FDP*. Die *FDP* ist eine liberale Partei. Sie setzt sich für mehr Freiheit und Eigenverantwortung für alle Bürger ein.

*Marion:* Ich bin Marion, 19 Jahre alt und Mitglied bei den *Jusos*, den *Jungen Sozialisten* – das ist die Jugendorganisation der *SPD*. Die *SPD* steht meiner Meinung nach für soziale Gerechtigkeit und Solidarität. Alle Bürger, egal ob reich oder arm, sollen die gleichen Chancen haben.

*Andreas:* Mein Name ist Andreas. Ich bin 17 und schon seit drei Jahren in der *Jungen Union*, der Jugendorganisation der *CDU* und der *CSU*, aktiv... Beide Parteien vertreten konservative und christliche Werte und Prinzipien, mit denen ich mich identifiziere.

*Johanna:* Ich heiße Johanna, bin 20 Jahre alt und Mitglied der *Linksjugend Solid*. Das ist die Jugendorganisation der Partei *Die Linke*. *Die Linke* steht für mich für den Kampf gegen den Kapitalismus und den Kampf für den Demokratischen Sozialismus.

## 12  Lektion 46, B3, Teil 2

*Moderator:* Natürlich wollten wir auch noch wissen, warum sich die Jugendlichen gerade in dieser Jugendorganisation engagieren.

**1** Ich bin bei der *Grünen Jugend* Mitglied, weil mir das Thema Umwelt sehr wichtig ist. Später möchte ich Umweltingenieurin werden. In der *Grünen Jugend* engagieren wir uns gegen neue Kohlekraftwerke und Kernenergie. Außerdem ist die *Grüne Jugend* dafür, dass Kinder und Jugendliche wählen können – auch das war ein Grund, warum ich eingetreten bin! Wenn es nach uns gehen würde, dann könnte ich schon jetzt wählen!

**2** Ich bin vor einem Jahr den *Jungen Liberalen* beigetreten, weil ich Finanzberater bin und finde, dass ich viel zu viel Steuern zahle. Das denken auch viele andere junge Erwachsene. Als ein Freund mir von der Organisation erzählt hat, war ich sofort begeistert. Bei den *Julis* habe ich den Eindruck, dass wir gemeinsam etwas bewegen können, dass wir in der Politik aktiv mitwirken können: Wir engagieren uns für niedrigere Steuern, aber nicht nur: Ein anderes Thema, für das sich die *Julis* einsetzen, ist der Datenschutz. Wir wollen nicht akzeptieren, dass unsere Daten – unsere Telefongespräche, unsere E-Mails – vom Staat kontrolliert werden. Deshalb wollen wir unbedingt mehr Datenschutz!

**3** Ich sehe in den *Jungen Sozialisten* meine eigenen Interessen vertreten. Die *Jusos* engagieren sich z. B. gegen Kindergarten- und Studiengebühren! Und da ich dieses Jahr mit dem Studium anfangen werde, ist dieses Thema für mich sehr wichtig, denn Bildung darf nicht vom Geldbeutel abhängen!

**4** Ich bin aus ganz verschiedenen Gründen Mitglied der *Jungen Union* geworden: Ein Grund ist, dass die *Junge Union* sich z. B. dafür einsetzt, dass das Schulsystem mit drei Schultypen (Gymnasium, Realschule und Hauptschule) erhalten bleibt. Ich bin selbst Schüler und finde das System, so wie es ist, eigentlich sehr gut. Die *SPD* und *die Grünen* dagegen wollen eine Gesamtschule, das heißt eine einzige Schule für alle. Dagegen engagieren wir uns in der Union! Was ich auch gut finde, ist, dass die *Junge Union* für Minijobs ist. Andere Parteien möchten solche Beschäftigungen aber auf ein paar Stunden die Woche reduzieren.

**5** Warum ich in der *Linksjugend* bin? Ich studiere seit zwei Jahren Politikwissenschaft und interessiere mich für Themen wie z. B. Kapitalismus oder Armut in unserer Gesellschaft. Ich finde, es gibt zu viele arme Menschen, obwohl unsere Gesellschaft so reich ist. In der *Linksjugend* kämpfen wir z. B. dafür, dass die Banken und Konzerne verstaatlicht werden. Nur so kann man Arbeit und Reichtum gerechter verteilen.

### 13 Lektion 47, A6

*Moderatorin:* Wissen Sie eigentlich, warum Freundschaft so wichtig ist für unser Leben? Haben Sie sich mal gefragt, wie viele Freunde ein Mensch überhaupt haben kann? Dazu haben wir vier Antworten für Sie gefunden.
*Moderatorin:* Antwort 1
*Sprecher:* „Wer wahre Freunde hat, hat mehr vom Leben", sagen die Experten. Was heißt das? Das heißt – so eine australische Studie – Freundschaften machen uns glücklicher und gesünder. Das Immunsystem ist besser. Wir sind entspannter und leiden weniger unter Stress. Wir haben weniger Ängste. Aber heißt das auch: Menschen, deren Immunsystem besonders gut ist, müssen viele Freunde haben?
*Moderatorin:* Antwort 2
*Sprecher:* Im Laufe unseres Lebens begegnen wir unendlich vielen Menschen. Gute Freunde sind darunter jedoch selten zu finden. Denn: Mit der Freundschaft ist es genau wie mit der Liebe: Der erste schnelle Blick entscheidet! Amerikanische Kommunikationswissenschaftler fanden heraus: In weniger als 3 Minuten Kennenlernen erkennen zwei Menschen, ob sie

einander sympathisch sind und ob sie die gleichen Interessen teilen.
*Moderatorin:* Antwort 3
*Sprecher:* „Wirklich gute Freunde sind Menschen, die uns kennen und trotzdem zu uns halten", sagte schon im 19. Jahrhundert die berühmte Schriftstellerin Marie von Ebner-Eschenbach. Wo können wir stundenlang über eine Person schimpfen, deren Verhalten man nicht versteht, oder über Zukunftsängste diskutieren? Natürlich bei guten Freunden, oder? Denn nur bei guten Freunden können wir unsere Gedanken und Gefühle am besten zeigen! Sie akzeptieren uns so, wie wir sind.
*Moderatorin:* Antwort 4
*Sprecher:* Wie viele Freunde können wir überhaupt haben? Experten sagen, dass wir etwa mit 150 Menschen Kontakte pflegen können. Warum eigentlich nur so wenige? Der Grund ist unser Gehirn, dessen Kapazität einfach irgendwann an seine Grenzen stößt. Und unter diesen 150 Personen gibt es vielleicht nur 3 bis 5 Personen, die wirklich gute Freunde sind.

### 14 Lektion 47, B6

**1** Ist das alles, was du mir zu sagen hast?
**2** Erinnerst du dich an den Ort, wo wir uns kennengelernt haben?
**3** Du bist das Liebste, was ich habe!
**4** Wir müssen miteinander sprechen! Es gibt vieles, was wir noch klären müssen!
**5** Sag bloß nichts, was dir später leid tun könnte!
**6** Du bist immer dort, wo ich dich brauche.

### 15 Lektion 48, A1

**1**
*Hajo:* Na toll! Jetzt schaltet der sich aus! Och! Wie ärgerlich!
**2**
*Fahrlehrer:* Gratuliere Ihnen!!
*Julia:* Juhu! Ich habe die Fahrprüfung bestanden!
**3**
*Sprunglehrer:* Auf geht's!
*Fallschirmspringer:* Boah! Fallschirmspringen ist wirklich super!
**4**
*Cousine:* Du nimmst Ente mit Klößen?
*Rebekka:* Ja, sieht total lecker aus!
*Cousine:* Hier ist die Soße!
*Rebekka:* Danke! – Iii! Eine Fliege! Wie eklig!
**5**
*Lehrerin:* Anja ...
*Schülerin Anja:* Danke. Eine Eins, cool!
*Lehrerin:* Peter ...
*Schüler Peter:* Oh je! Schon wieder eine Vier!
**6**
*Timo:* Aua! Mein Knie tut so weh!
*Junge:* Oh! Kann ich dir helfen?

### 16 Lektion 48, A2 und A3

**1**
*Julia:* Hey Sven – du stell dir vor, ich habe die Fahrprüfung geschafft. Ich kann es gar nicht glauben. Ich hätte am liebsten die ganze Welt umarmt!
*Sven:* Ja, super, herzlichen Glückwunsch. Und wie war's?
*Julia:* Puh, ich fand es ganz schön schwierig. Ich habe echt alles machen müssen: rückwärts einparken, überholen – und sogar voll tanken!
*Sven:* Tanken?
*Julia:* Oh Mann, du hustest ja ziemlich!
*Sven:* Schon in Ordnung! Sobald ich lache, muss ich husten.
*Julia:* Ja, und an der Tankstelle, ich sage dir: Meine Knie haben so gezittert, ich war so aufgeregt.
*Sven:* Du, Arme!
*Julia:* Wann bist du eigentlich dran? Wann ist deine Prüfung?
*Sven:* Eigentlich morgen, aber ich weiß nicht ... mit meinem Husten.
*Julia:* Ha, ha, ha... Komm, du schaffst es!
**2**
*Axel:* Hallo, Hajo, na, wie geht's?
*Hajo:* Hey, Axel. Du bist's. Sag nichts, bin total genervt.
*Axel:* Warum denn?
*Hajo:* Mein Computer. Es geht gar nichts mehr.
*Axel:* Was ist denn passiert?
*Hajo:* Ich habe gerade an meiner Powerpoint-Präsentation für Bio gearbeitet und zack: auf einmal war alles weg, der Bildschirm war ganz schwarz! Ich habe nichts mehr speichern können. Alles war weg. Ich sage dir, ich habe mich so aufgeregt! Ich habe es gar nicht glauben wollen!
*Axel:* Oh, je, das hört sich nicht gut an! Hast du den Computer neu gestartet?
*Hajo:* Ja, aber sobald der Computer startet, wird der Bildschirm schwarz.
*Axel:* Vielleicht gibt es ein Problem mit der Festplatte?
*Hajo:* Ich hoffe nicht. Dann wären alle Daten weg. Das wäre eine Katastrophe!
*Axel:* Mensch, da fällt mir ein: Hat Jörg nicht so einen Computerfreak als Nachbar? Der ist zwar Musiker, kennt sich aber total gut aus. Vielleicht kann der dir weiterhelfen?
*Hajo:* Das wäre super, ich komme da nicht mehr weiter. Du, dann rufe ich jetzt mal Jörg an ...
**3**
*Susanne:* Hi Timo! Na? Warum warst du denn heute nicht in der Schule?
*Timo:* Du, ich liege auf dem Sofa – ich habe mich gestern beim Fußballspiel verletzt.
*Susanne:* Oh, je, was ist denn passiert?
*Timo:* Ich bin vor dem gegnerischen Tor gefoult worden – aber wie! Ich habe gar

nicht mehr aufstehen können. Mein Knie tat so weh – ich hätte nur noch schreien können.
*Susanne:* Uh, das hört sich nicht so gut an ...
*Timo:* Ja, der Notarzt hat mir gleich eine Spritze gegeben – gegen die Schmerzen. Da ist mir erst einmal schlecht geworden. Ich kann ja keine Spritzen sehen ...
*Susanne:* Das kann ich verstehen. Und dann?
*Timo:* Dann ging alles ganz schnell, der Krankenwagen kam, ich wurde ins Krankenhaus gefahren und in die Notaufnahme gebracht.
*Susanne:* Puh!
*Timo:* Und jetzt muss ich liegen, liegen, liegen – solange das Knie noch so dick ist, können sie keinen Gips machen.
*Susanne:* Du, ich besuche dich einfach, o.k.?
*Timo:* Oh, das wäre cool. Wann kommst du denn? ...

**4**
*Sonja:* Und, wie war der 80. Geburtstag von deiner Oma?
*Rebekka:* Schön – es waren total viele Leute da. Sie wollte ja mit allen Verwandten und Freunden feiern – und das in einem super schicken Restaurant.
*Sonja:* Hm, hört sich gut an. Deine Oma ist ja echt noch fit.
*Rebekka:* Ja, das ist sie. Sie sagt, sie wird ja schließlich nur einmal 80 Jahre alt – und solange sie noch so fit ist, möchte sie auch ordentlich feiern.
*Sonja:* Super!
*Rebekka:* Ja, war auch echt schön, alle Cousins und Cousinen wieder mal zu sehen.
*Sonja:* Und wie war das Essen – in solch einem schicken Restaurant?
*Rebekka:* Na ja, es gab ein riesiges Büffet mit vielen verschiedenen Fleischgerichten und Beilagen. Das war echt cool.
*Sonja:* Und was hast du gegessen?
*Rebekka:* Ente mit Klößen.
*Sonja:* Und?
*Rebekka:* Na ja, ich glaube, das wäre ganz lecker gewesen – aber ausgerechnet bei mir war eine Fliege in der Soße. Iiii, das war vielleicht eklig!
*Sonja:* Wie peinlich für das Restaurant!
*Rebekka:* Ja, die Bedienung hat sich auch tausend Mal entschuldigt – auch der Koch kam noch aus der Küche. Das war mir dann fast schon wieder peinlich. Ich habe auf jeden Fall keine Soße mehr essen können. War aber nicht so schlimm. Es gab auch noch tolle Nachspeisen.
*Sonja:* Na, dann ...

**17  Lektion 48, B2 und B3**
*Moderatorin:* Das Thema unserer heutigen Sendung sind Träume. Jeder Mensch

träumt: Träume sind ein wichtiger Ausdruck der Gedanken und Gefühle eines Menschen.
Um mehr über dieses spannende Thema zu erfahren, möchten wir uns heute mit einem Psychologen unterhalten. Wir begrüßen Herrn Dr. Ensberg.
Herr Dr. Ensberg, was sind denn eigentlich Träume und warum träumen wir?
*Psychologe:* Während wir schlafen, arbeitet unser Kopf weiter. Träume sind Bilder oder Geschichten, die wir im Schlaf sehen, sie sind unsere psychische Aktivität in Ruhephasen. Warum wir träumen, dafür gibt es verschiedene Ursachen. Meistens sind Träume mit sehr starken Gefühlen verbunden. Wir schlafen mit bestimmten Gedanken und Gefühlen ein, diese werden dann hinterher im Schlaf weiter verarbeitet.
*Moderatorin:* Das heißt, wir träumen, um unsere Gefühle zu verarbeiten?
*Psychologe:* Das kann man so sagen. Allerdings muss man auf die verschiedenen Funktionen der Träume achten. Manche Träume helfen uns, ein Problem zu lösen: Wir bekommen z. B. Hinweise, wie wir etwas machen sollen.
*Moderatorin:* Interessant!
*Psychologe:* Ja, manchmal zeigen sie uns aber auch, ob wir uns vor etwas fürchten, uns schuldig oder bedroht fühlen. Wir erleben also ein ganz starkes Gefühl im Traum und verstehen dann oft, was uns Sorgen macht.
*Moderatorin:* Das sind dann unsere Angstträume?
*Psychologe:* Ja, genau, manchmal sind Träume aber auch einfach Ereignisse aus unserem alltäglichen Leben, z. B. wenn wir sehr intensiv mit etwas beschäftigt sind, nehmen wir das oft auch in den Schlaf mit.
*Moderatorin:* Wenn es so viele Funktionen von Träumen gibt, dann ist es aber auch schwierig, die richtige Bedeutung zu erkennen, nicht wahr?
*Psychologe:* Es kommt darauf an. Manche Träume sind ganz einfach zu verstehen, sie sind eindeutig. Dann aber gibt es auch welche, über die man länger nachdenken muss, um ihre Bedeutung zu erfassen. Die erste Voraussetzung dafür ist, die Träume festzuhalten.
*Moderatorin:* Und wie kann man sie festhalten?
*Psychologe:* Ich rate meinen Patienten immer dazu, ein Notizheft am Bett zu haben und sich direkt nach dem Aufwachen die Träume zu notieren, denn nach wenigen Augenblicken verlieren sie an Deutlichkeit. Oder sich daran zu gewöhnen, ein Traumtagebuch zu führen.
*Moderatorin:* Kann man Träume selbst deuten?

*Psychologe:* Ja, sehr oft. Der Träumende weiß immer am besten selbst, wie er seinen Traum zu deuten hat. Und wenn er es nicht schafft, reicht es manchmal, mit einem guten Freund über den Traum zu reden. Bei Träumen, unter denen wir leiden, kann man aber auch einen Spezialisten fragen, oft stecken alte Probleme dahinter.
*Moderatorin:* Vielen Dank Herr Dr. Ensberg für Ihre interessanten Antworten!
*Psychologe:* Gern geschehen!
*Moderatorin:* Danke, und natürlich schöne Träume für unsere Zuhörer!

**18  Lektion 48, C2 und C3**
wenn ich glücklich bin
und der Himmel in meinem Kopf ist blau,
wenn ich ruhig bin
und gleichzeitig nach vorn und hinten schau,
wenn ich schwebe,
weil ich alles verzeihen kann
und plötzlich die Welt verstehe,
wenn ich wirklich lebe
und mich selbst von oben sehe,

dann ist Lachen
Lachen wie Weinen
und Weinen
Weinen wie Lachen

wenn ich stark bin
und die Menschen um mich sind wahr
und dabei,
wenn ich mutig bin
und mich einfach über nichts besonderes freue,
wenn ich springe,
weil die Nächte so warm sind,
die Tage sind gar nicht schwer,
immer wenn ich singe
und mich selbst von innen höre,

dann ist Lachen
Lachen wie Weinen
und Weinen
Weinen wie Lachen

dann ist Lachen
Lachen wie Weinen
und Weinen
Weinen wie Lachen

dann ist Lachen
Lachen wie Weinen
und Weinen
Weinen wie Lachen

**2   Lektion 37, Übung 36**

1   ▲ Schade, dass unsere Mannschaft schon wieder verloren hat.
    ● Ja, verglichen mit den anderen hat sie einfach besser gespielt.
2   ▲ Seit wann hast du eigentlich deinen Laptop?
    ● Den habe ich schon über zwei Jahre.
3   ▲ Hat Sandra dein Paket schon bekommen?
    ● Nein, ich habe es ihr ja erst heute geschickt.
4   ▲ Es überrascht mich, dass drei Viertel der Jugendlichen Internet haben.
    ● Das wundert mich gar nicht.

**3   Lektion 38, Übung 37**

1   ▲ Ich habe einen Klassenkameraden. Er kann fünf Sprachen!
    ● Wow, das ist ja toll.
2   ▲ Warum lernst du denn Latein?
    ● Damit meine Eltern zufrieden sind. Sie denken, ich lerne dann leichter andere Sprachen.
3   ▲ Warum lernst du eigentlich Schwedisch?
    ● Es ist so: Ich möchte nicht in einem Land herumreisen, ohne ein Wort zu verstehen.
4   ▲ Seit wann trägst du denn eine Brille?
    ● Schon lange, ich brauche sie aber nur zum Lesen.

**4   Modul 13, Hören**

*Moderator:* Guten Tag, liebe Hörerinnen und Hörer, unser Thema heute ist „Auslandsjahr nach der Schule: ja oder nein?" Wir haben Jugendliche auf den Straßen Frankfurts gefragt, was sie dazu denken. Hört hier einige Antworten!

*Mädchen 1:* Nee... ein Auslandsjahr nach dem Abi möchte ich nicht machen! Auf keinen Fall! Ich kenne viele Freunde und Bekannte, die es gemacht haben und letztendlich ist das nichts anders als ein Jahr Urlaub. Dafür habe ich zu wenig Zeit und auch nicht genug Geld! Gleich nach der Schule möchte ich mit meinem Studium anfangen. Ich möchte Jura studieren. Das Studium dauert mindestens 10 Semester, vielleicht kann ich dann ein oder zwei Semester im Ausland verbringen... das könnte ich mir sehr gut vorstellen. Auch für den Lebenslauf, für die Karriere ist so eine Erfahrung nicht schlecht...

**5**

*Junge 1:* Na, sicher!!... Ich selbst habe 2011 ein Jahr im Ausland verbracht... ich war in Schweden. Und ich kann nur sagen, macht es! Ein Auslandsaufenthalt ist eine ganz tolle Erfahrung! Man lernt andere Menschen, andere Kulturen kennen und nicht zuletzt auch sich selbst! Man sieht, wie Menschen in anderen Ländern leben, wie sie denken und man lernt, dass unsere Sichtweisen, unsere Meinungen relativ sind und von unserer Gesellschaft, unserer Kultur, unseren Eltern und Freunden beeinflusst werden. Das darf man nicht vergessen, wenn man andere Kulturen verstehen möchte. Wer die ganze Zeit zu Hause bleibt und sich anderen Kulturen nicht öffnet, ist ein „ärmerer" Mensch...

**6**

*Mädchen 2:* Ein Auslandsjahr... hm... das habe ich mir auch schon überlegt... aber ich weiß nicht... Ein Jahr ist schon viel Zeit... Wenn ich es mache, dann vermisse ich meine Freunde... Wir verstehen uns alle sehr gut und unternehmen jedes Wochenende etwas gemeinsam... Wenn ich, sagen wir mal, ein Jahr in Australien oder Neuseeland verbringe, dann vergessen sie mich vielleicht alle... Und ich weiß auch nicht, ob ich in einem anderen Land so leicht Freunde finden kann...

**7**

*Junge 2:* Ja, ich denke schon, dass ein Auslandsjahr eine gute Idee ist! Nächstes Jahr möchte ich mich schon über die verschiedenen Möglichkeiten informieren: Freiwilliges Soziales Jahr, Freiwilliges Ökologisches Jahr, Au-Pair, Work&Travel oder was es sonst noch so gibt... Ich kenne einige Leute, die sowas gemacht haben, und sie waren am Ende alle sehr zufrieden, vor allem, weil es für sie dann leichter war, einen Ausbildungsplatz oder einen Job neben dem Studium zu finden. Ich denke schon, dass Personalchefs darauf achten, ob man Auslandserfahrung hat oder nicht... Ich habe sogar schon gehört, dass manchmal so eine Erfahrung wichtiger ist als gute Noten... Keine Ahnung!... Ich möchte es auf jeden Fall versuchen!

**8**

*Mädchen 3:* Ein Jahr im Ausland lohnt sich auf jeden Fall! Ich bin nach dem Abi ein Jahr in die USA gegangen... Ich habe bei einer sehr netten Gastfamilie gewohnt. Meine Gasteltern hatten zwei Töchter, Emily und Mary. Sie waren damals sieben und fünf. Vormittags habe ich einen Englischkurs besucht, hier habe ich viele Leute aus allen möglichen Ländern kennengelernt... Und nachmittags habe ich mich um die Kleinen gekümmert... Englisch hat mir so viel Spaß gemacht, dass ich mich dafür entschieden habe, Englisch zu studieren. Das mache ich nun seit zwei Semestern hier an der Uni...

**9   Lektion 39, Übung 33**

1   ▲ Ich stehe auf dem Standpunkt, dass man Graffiti grundsätzlich verbieten sollte.
    ● Da stimme ich Ihnen vollkommen zu.
2   ▲ Wie wäre es, wenn wir nach dem Einkaufen noch ins Museum gehen?
    ● Also, ich würde mich lieber ausruhen.
3   ▲ Ich wünsche mir, dass ich später mal sehr viel Geld verdiene.
    ● Das hoffe ich auch. Ich möchte mir viel leisten können.
4   ▲ Ich bin davon überzeugt, dass man bei einem Praktikum viel lernen kann.
    ● Das sehe ich auch so.

**10   Lektion 40, Übung 33**

1   ▲ Also ich lese am liebsten Krimis. Und du?
    ● Ich nicht. Ich lese am liebsten Mangas.
2   ▲ Wie lange liest du denn normalerweise?
    ● Also jeden Tag mindestens eine Stunde vor dem Einschlafen.
3   ▲ Wann kannst du mir denn das Buch zurückgeben?
    ● Na, nachdem ich es ausgelesen habe.
4   ▲ Ich habe gestern Abend noch ewig lang gelesen.
    ● Ach, deswegen bist du so müde.

**11   Lektion 41, Übung 34**

1   ▲ Hast du als Kind gern im Garten geholfen?
    ● Nein, ich mochte das überhaupt nicht.
2   ▲ Als ich noch klein war, hat meine Oma ganz viel mit mir unternommen.
    ● Ja, meine Oma auch. Und meine Oma hat mir immer meinen Lieblingskuchen gebacken.
3   ▲ Kannst du mir bitte mal helfen, das Geschirr abzuwaschen?
    ● Oh, ich habe überhaupt keine Zeit. Ich habe so viele Hausaufgaben!
4   ▲ Warst du als Kind oft bei deinen Großeltern?
    ● Nein, wir haben eher miteinander telefoniert. Sie haben weit weg gewohnt.

**12   Lektion 42, Übung 34**

1   ▲ Ich habe überhaupt keine Ahnung, was ich nach dem Abi machen soll.
    ● Du interessierst dich doch für Tiere! Ich könnte mir vorstellen, dass du ein guter Tierarzt wärst!

2 ▲ Was hast du denn nach der Schule
vor?
● Ich werde erst mal ein Praktikum
machen, und dann möchte ich studieren.
3 ▲ Warum willst du denn unbedingt
umziehen?
● Wegen des Lärms! Der wird immer
schlimmer.
4 ▲ Na, wie läuft dein Praktikum?
● Jetzt bin ich ganz zufrieden. Zuerst
war ich etwas enttäuscht.

### 13  Modul 15, Hören

*Reporter:* Wir haben heute einen ganz
besonderen Gast in unsere Sendung
eingeladen. Alexandra Bering hat einen
für Frauen ungewöhnlichen Beruf: Sie ist
Kapitänin zur See. Herzlich Willkommen,
Frau Bering!
*A.B.:* Hallo!
*Reporter*: Wie heißt Ihr Beruf ganz genau?
*A.B.:* Diplom-Wirtschaftsingenieurin für
Seeverkehr.
*Reporter:* Wie sind Sie auf die Idee ge-
kommen, diesen Beruf zu wählen?
*A.B.:* Ich wollte noch nie einen „normalen"
Beruf haben, und die Idee, das Kapitäns-
patent zu machen, hat mir irgendwie
gefallen. Ohne eine genaue Vorstellung
von Studium und Berufsbild habe ich
nach dem Abitur eine Bewerbung an eine
Fachhochschule geschickt. Zu meiner
Überraschung habe ich eine positive
Antwort bekommen. Zwei Wochen
später bin ich umgezogen und nach vier
Jahren Studium halte ich das Diplom in
der Hand. J Obwohl es im Studium nicht
immer einfach war, habe ich meine Entscheidung nie in Frage gestellt – es hat
einfach zu mir gepasst.
*Reporter:* Können Sie kurz erklären, was
Sie in dem Beruf eigentlich machen?
*A.B.:* Also ganz einfach gesagt: Ziel ist es,
ein Schiff mit Waren und Personal sicher
von einem Hafen zum nächsten Hafen zu
bringen. Ich arbeite nämlich auf einem
Handelsschiff.
*Reporter:* Mhm. Welche besonderen
Interessen oder Fähigkeiten sollte man
mitbringen, um Spaß in diesem Beruf zu
haben?
*A.B.:* Zunächst einmal war und ist die
Seefahrt nicht romantisch. Früher war
es gefährlich und heutzutage ist es ein
hartes Termingeschäft. Das heißt, man
sollte mit unregelmäßigen Arbeitszeiten,
mit Stress und Zeitdruck umgehen können. Ebenso wichtig sind Teamfähigkeit
und kulturelles Verständnis für eine gute
Zusammenarbeit an Bord. Außerdem
verlangt das Zusammenleben auf engem
Raum gute Nerven und eine gewisse
Toleranz.

*Reporter:* Welche Fächer hatten Sie im
Studium?
*A.B.:* Insgesamt waren es um die 40 ver-
schiedenen Fächer. Viele davon natürlich
mit mathematischen und physikalischen
Inhalten, z. B. Elektrotechnik, Navigation,
Schiffbau. Aber es stehen auch Fächer
wie Gesundheitspflege, Psychologie,
Meteorologie auf dem Programm.
*Reporter:* Welche Hobbys haben Sie?
Haben Ihre Hobbys etwas mit Ihrem
Beruf zu tun?
*A.B.:* Skifahren, Bergwandern und
Klavierspielen sind keine Hobbys für die
See, ich weiß. ☺Aber für mich ist es
sehr wichtig, auch auf andere Gedanken
zu kommen; raus aus der „maritimen
Isolation". Nach einigen Monaten auf See
brauche ich einfach die Berge. Aber auch
an Bord ist es wichtig, kleine Hobbys zu
entwickeln: Meine Leidenschaft ist z.B.
die Pflanzenpflege...
*Reporter:* Wie sehen Ihre Arbeitszeiten
aus?
*A.B.:* Grundsätzlich gilt: Die Arbeit
beginnt mit dem ersten Schritt auf, und
endet mit dem letzten von der Schiffs-
treppe. Man ist sozusagen 24 Stunden im
Dienst – natürlich mit Pausen: fürs Essen,
Schlafen und Entspannen.
*Reporter:* Haben es Frauen schwerer in
dem Beruf als Männer?
*A.B.:* Im Allgemeinen kann ich keine Diskriminierung von Frauen in der Seefahrt
feststellen. Es ist nicht so sehr die harte
Arbeit; die Vorurteile machen den Beruf
so schwierig! Meiner Meinung nach liegt
das Problem in der Akzeptanz, denn die
Seefahrt ist ein typischer Männerbereich.
*Reporter:* Wie viele weibliche Kapitäne
gibt es in etwa?
*A.B.:* Nach letztem Wissenstand haben
wir derzeit fünf deutsche Frauen als
Kapitäne im Rennen. Hoffentlich kommen da noch ein paar dazu, denn es sind
ziemlich wenige im Vergleich mit anderen
Ländern wie Schweden, Norwegen, Dänemark, Polen oder Kanada.
*Reporter:* Wenn Sie einen Wunsch frei
hätten, was würden Sie sich wünschen?
*A.B.:* Anders herum: Ich wünsche keinem
Seemann ein Schiff voller Frauen und ihn
als Einzigen mittendrin. Was traumhaft
klingt, könnte traumatisch enden. ☺
*Reporter:* Vielen Dank für das Interview
und weiterhin viel Spaß auf hoher See.

### 14  Lektion 43, Übung 35
1 ▲ Wie war deine Reise?
● Anstrengend, aber auf jeden Fall
sehr spannend.
2 ▲ Kann ich dir noch etwas helfen?
● Ja, gern, der Salat muss noch gewaschen werden und der Tisch muss
auch noch gedeckt werden.

3 ▲ Was ist denn mit dir los?
● Ich weiß auch nicht. Ich bin so
müde, dass ich sofort einschlafen
könnte.
4 ▲ Machst du mit beim Musikwettbe-
werb?
● Nein, denn ich bin nicht gefragt
worden.

### 15  Lektion 44, Übung 36
1 ▲ Du hast noch ziemlich viele CDs!
● Ja, ich kann sie einfach nicht weg-
werfen.
2 ▲ Du verkaufst aber viele Klamotten.
● Klar, ist doch besser, anstatt sie im
Schrank hängen zu lassen.
3 ▲ Je mehr Werbung ich sehe, desto
nerviger finde ich sie.
● Na ja, ich finde, das hängt ganz
davon ab, ob sie witzig ist.
4 ▲ Was du nicht alles weißt? Wie
machst du das nur?
● Indem ich viel lese und Radio höre.

### 16  Lektion 45, Übung 32
1 ▲ Wer war eigentlich Albert Schweit-
zer?
● Das war ein Arzt, der in Afrika gearbeitet hat. Er hat sich für Frieden
eingesetzt.
2 ▲ Jana und Tim streiten sich ständig.
Das nervt. Wie würdest du dich da
verhalten?
● Ich würde mich auf keinen Fall einmischen.
3 ▲ Du solltest morgen pünktlich sein,
der Zug wartet nicht auf dich.
● Das ist kein Problem für mich.
4 ▲ Bitte keine Wörterbücher benutzen.
● Ach, deshalb sollten wir die Wörter
noch einmal lernen.

### 17  Lektion 46, Übung 31
1 ▲ Warum gehst du eigentlich nicht zur
Wahl?
● Das hat doch keinen Sinn. Diese
eine Stimme.
2 ▲ Ich denke, die Mehrheit der Jugendlichen unter 18 Jahre würde zur
Wahl gehen.
● Ich habe da so meine Zweifel.
3 ▲ Warum kommst du denn nicht mit
ins Kino?
● Ich habe weder Zeit noch Geld.
4 ▲ Und wie fandest du die Veranstaltung?
● Seltsam, sowohl die Themen als
auch die Gäste waren ziemlich langweilig.

### 18  Modul 17, Hören
Guten Tag, Sie sind mit dem Anrufbeantworter der „Beratungsstelle zur Berufs-
orientierung" verbunden. Unsere Beratungsstelle ist vom 01. bis zum 15. Juli
wegen Urlaub geschlossen. Ab dem 16.

sind wir zu den gewohnten Sprechzeiten wieder für Sie da: Montag bis Freitag von 9 bis 13 Uhr. Vielen Dank für Ihren Anruf.

**19**

Hallo liebe Mitschülerinnen und Mitschüler… hier ein paar wichtige Änderungen zu unserer Sportwoche: Das Mädchen-Basketballturnier wird doch nicht im Stadion, sondern in der Sporthalle unserer Schule stattfinden. Das Basketballturnier der Jungen ist wie geplant am Mittwoch um 14 Uhr im Stadion. Das Finale findet …

**20**

Sehr geehrte Fahrgäste, bitte beachten Sie: Der Intercityexpress 79 aus Frankfurt nach Brüssel über Köln und Aachen, planmäßige Abfahrt 17:20, wird wegen einer technischen Störung ca. 20 Minuten später auf Gleis 7 ankommen. Ich wiederhole: Wegen einer technischen Störung hat der Intercityexpress 79 aus Frankfurt nach Brüssel ca. 20 Minuten Verspätung…

**21**

Sie haben eine neue Nachricht, erhalten heute um 9 Uhr und 3 Minuten.

Guten Tag, Herr Mayer, hier ist die Arztpraxis von Dr. Schneider, es geht um Ihren Termin heute… Könnten Sie anstatt um 13 Uhr um 14 Uhr kommen? Bitte rufen Sie uns bis spätestens 12 Uhr zurück und sagen Sie uns, ob das möglich ist… Ich danke Ihnen sehr. Auf Wiederhören. Sie haben keine weiteren Nachrichten…

**22**

Berlin, -5 Grad; Potsdam, -7 Grad; Cottbus -6 Grad… Und nun die Wettervorhersage für morgen, Mittwoch, den 7. Februar… Morgen früh regnet es, ab und zu kann es auch einen leichten Schneefall geben… Am Nachmittag scheint die Sonne und es bleibt trocken… Temperaturen: -6 bis +2 Grad…

**23  Lektion 47, Übung 32**

1  ▲ Sag mal, hat Lena dich gestern noch angerufen?
   ● Ja. Man kann sich echt auf sie verlassen.
2  ▲ Hast du mein Handy irgendwo gesehen?
   ● Nein, liegt es nicht dort, wo du es immer hinlegst?

3  ▲ Tom sieht vielleicht müde aus.
   ● Ja, er sieht aus, als ob er die ganze Nacht nicht geschlafen hätte.
4  ▲ Hätte ich doch bloß meinen Regenschirm mitgenommen!
   ● Ja, dann hätte es bestimmt nicht geregnet!

**24  Lektion 48, Übung 37**

1  ▲ Oh nein! Ich habe meine Fahrkarte vergessen.
   ● Och, wie ärgerlich!
2  ▲ Solange sich Tim nicht entschuldigt, rede ich kein Wort mehr mit ihm.
   ● Oh je, habt ihr euch wieder gestritten?
3  ▲ Warum warst du gestern nicht in der Schule?
   ● Mir ging es so schlecht. Ich konnte nicht mehr aufstehen!
4  ▲ Ich kann Emma nicht erreichen. Entweder sie ist verreist oder einfach nie zu Hause.
   ● Ich glaube, sie ist im Moment viel unterwegs.

# Lösungsschlüssel

## Kursbuch deutsch.com 3

### Lektion 37

**A2** Thema: „Medien früher und heute" – a) 93 Jahre – b) 55 Jahre – c) 17 Jahre
**A3 a)** 1b – 2c – 3b – 4c – 5b – 6b
**A3 b)** 1f – 2r – 3r – 4f – 5f – 6r
**A4 a)** 1d – 2e – 3g – 4a – 5c – 6b – 7f
**A4 b)** 1d) Wann war Margarete Kinds Ehemann in sowjetischer Kriegsgefangenschaft? – Nach dem Krieg. – 2e) Wann hat Peter Munz Liebesbriefe geschrieben? – In seiner Jugend. – 3g) Wann musste Peter Munz Briefe schreiben und sich für Geschenke bedanken? – Zu Weihnachten. – 4a) Seit wann hat Anette Weiß Internet zu Hause? – Seit vier Jahren. – 5c) Wann hat Peter Munz zum ersten Mal telefoniert? – Vor vierzig Jahren. – 6b) Wie oft telefoniert Anette Weiß (über das Internet)? – Mehrmals am Tag. – 7f) Wie lange dauern die Anrufe zwischen Anette Weiß und ihrer Cousine? – Bis zu zwei Stunden.
**A5 a)** 1) Dativ: meiner Freundin – Akkusativ: das Päckchen – 2) Dativ: ihr – Akkusativ: das Päckchen – 3) Dativ: meiner Freundin – Akkusativ: es – 4) Dativ: ihr – Akkusativ: es **A5 b)** Dativergänzung in der Regel vor der Akkusativergänzung → Sätze: 1, 2. Akkusativergänzung = Pronomen nach der Dativergänzung → Sätze: 3, 4.
**A6** *Lösungsvorschlag*: 2) Soll ich meiner Freundin die E-Mail schicken oder lieber nicht? – 3) Sie erklärt den Schülern die Aufgabe zum dritten Mal! – 4) Sie zeigt ihrer besten Freundin das tolle Kleid.
**B1 a)** Online-Netzwerke – b) Chatraum – c) Instant Messenger – d) Skypen
**B2** Online Netzwerk: 2, 4, 7 – Chatraum: 1, 6 – Instant Messenger: 3, 9 – Skypen: 5, 8, 10
**B4** a4 – b1 – c2 – d3
**B5** 1) Mehr als die Hälfte der Jugendlichen haben einen eigenen Internetzugang. – 2) Mädchen surfen genauso lange wie Jungen. – 3) Die Bereiche Information, Spiele und Unterhaltung sind bei Jugendlichen genauso beliebt wie der Bereich Kommunikation. – 4) Jugendliche kommunizieren am häufigsten über Instant Messenger. – 5) Mädchen spielen und telefonieren weniger oft online als Jungen.
**B6 a)** 2e – 3c – 4a – 5f – 6b
**B7 a)** 1c – 2d – 3a – 4f – 5b – 6e
**B7 b)** 1) besitzen – 2) über – 3) verteilt sich fast gleichmäßig auf – 4) tauscht sich regelmäßig – 5) sind ... etwas stärker in Online-Netzwerken vertreten – 6) führen – 7) haben ... so gut wie keine Bedeutung

**C1** Eine Plattform für sicheres Surfen
**C2** 1) Für jugendliche Webbenutzer – 2) Information zur Sicherheit von privaten / persönlichen Daten im Netz zu geben. – 3) Schaue / Achte auf deine persönlichen Daten im Netz!
**C3 a)** adden – hinzufügen; der Klick – der Klick; das Web – das Netz; surfen – im Internet nach Informationen suchen; das Tutorial – die Anleitung

### Lektion 38

**A3** 1) mehrere Sprachen sprechen / lernen, bezieht sich auf Gesellschaften oder Einzelpersonen – 2) eine Kultur kennenlernen, erfolgreiche Geschäfte, private Beziehungen, individuelle Gründe – 3) man erlernt jede weitere Sprachen viel leichter
**A4 a)** c **A4 b)** *um*: Position 1 – Verb mit *zu*: am Ende **A4 c)** zu unterhalten – auszuwandern – bestellen zu können
**A5** A) Wozu braucht man ein Wörterbuch? – Um wichtige Wörter nachzuschlagen. B) Wozu schreibt man Wörter auf Karteikarten? – Um Wörter in verschiedenen Sprachen vergleichen zu können. C) Wozu benutzt man das Internet? – Um mit seinem Sprachpartner zu chatten. D) Wozu fliegt man ins Ausland? – Um einen Sprachkurs zu machen.
**A6** damit die Eltern zufrieden sind – damit man die Strukturen anderer Sprachen leichter versteht
**A7 a)** b **A7 b)** Subjekt gleich → Nebensatz mit *um ... zu* – Subjekt gleich oder verschieden → Nebensatz mit *damit*
**A8** A) um Geschäfte in China zu machen – damit er Geschäfte in China machen kann B) um von ihren Verwandten verstanden zu werden – damit ihre Verwandten sie verstehen C) um ein Praktikum in Argentinien machen zu können – damit sie ein Praktikum in Argentinien machen kann D) um von anderen nicht verstanden zu werden – damit andere sie nicht verstehen
**B1 a)** Text A) Hauptfigur: Anja – Herkunft: Russland – Probleme: familiäre Ratschläge, Jobsuche, Beziehung. Text B) Herkunft: Sankt Petersburg – Wohnort: München – Studium: Osteuropastudien
**B1 b)** *Lösungsvorschlag*: Familienleben (in einer russischen Familie) – Erwachsen, selbständig / unabhängig werden – Beziehung
**B2** Unterschiede im Verhalten von russischen und deutschen Müttern gegenüber ihren Kindern
**B3** 1d – 2e – 3a – 4c – 5b

**B4** 1) Na wie geht's dir so? – 2) Sie sagen, dass es die Erfüllung ihres Lebens ist, Mutter zu sein, und kritisieren, wenn man sich nicht genug um die Familie kümmert. – 3) Deutsche Mütter kümmern und sorgen sich zu wenig um ihre Kinder. 4) Sie rufen jeden Tag an, wünschen ihnen gute Nacht, erkundigen sich nach ihrem Befinden ...
**B5** *Lösungsvorschlag*: z. B. übertriebene Angaben zur Häufigkeit: ständig (Z. 4), tagtäglich (Z. 6), in jedem Telefongespräch (Z. 13), jeden Tag (Z. 23); Zitate der Mutter (Z. 2-3, Z. 16-19).
**B6 a)** 1a – 2b **B6 b)** 1) zum Kochen – 2) zum Frühstücken – 3) zum Lesen
**B8** 1b – 2b
**B9** 1r – 2f – 3r – 4f – 5r – 6f – 7r – 8f
**B10 a)** Subjekt gleich → Nebensatz mit *ohne ... zu* – Subjekt gleich oder verschieden → Nebensatz mit *ohne dass*
**B10 b)** 1) ..., ohne etwas über die deutsche Kultur zu wissen. / ..., ohne dass sie etwas über die deutsche Kultur wusste. – 2) ..., ohne dass sie sich anstrengen muss. / ..., ohne sich anzustrengen (anstrengen zu müssen) – 3) ..., ohne dass die Eltern von Sushila das akzeptiert haben.

### Lektion 39

**A2** 1d – 3c – 4e – 5f – 6b
**A3 a)** 1) die Fachhochschule – 2) der Kunde – 3) die Stelle – 4) der Auftrag – 5) der Gedanke **A3 b)** 1c – 2f – 3d – 4e – 5a – 6b
**A4** a) Kunst – b) Neue Medien – c) Atelier – d) Maler – e) unabhängig – f) Arbeitszeiten – g) Einkommen – h) Beiträge – i) Rentenversicherung – j) Broschüren – k) Webseiten – l) Nichte – m) Neffe – n) Zeitdruck – o) Kosten – p) Rechnungen
**A5 b)** Verb ohne Akkusativergänzung: Akkusativ – Verb mit Akkusativergänzung: Dativ **A5 c)** 2) mir – 3) mir – 4) mich
**A6** c) mich – d) mir – e) sich – f) mich – g) mir – h) mich
**B2** 1) Martina Moritz – 2) Smash – 3) JanaC. – 4) Hans Hofer – 5) JanaC. – 6) Hans Hofer – 7) Martina Moritz – 8) Smash
**B3** 1) der Staat – 2) die Steuer – 3) das Kunstwerk – 4) die Sprühfläche – 5) das Eigentum – 6) das Gesetz
**B4** Teil 1: 1) Er will sie bunter und schöner machen. – 2) Hauswände, U-Bahnen, Busse, Denkmäler, Kinderspielplätze ... – 3) jährlich Millionen Euro; wir alle – mit unseren Steuern ... und die Eigentümer. Teil 2: 1) Er will nur seine Stadt mitgestal-

ten, mitdenken, mitreden, mitmachen. –
2) ... wenn der Eigentümer es nicht
erlaubt hat. – 3) ... sehr viel Geld zahlen.
Teil 3: 1) ... weil sie den anderen Leuten
etwas sagen möchte; gesellschaftliche
Probleme wie Rassismus, Diskriminierung, Intoleranz aufzeigen. – 2) ... wenn
die Leute über ihre Sachen nachdenken
und reden. – 3) ... die meisten Sprüher
alles sehr ähnlich sprühen und auch
meistens nur Buchstaben bzw. den eigenen Namen.

**B5** 1d – 2c – 3e – 4b – 5a

**B6** Bei den meisten Verben: würde +
Infinitiv z. B. freigeben würden, würde
verschärfen, würden überlegen, würden sprühen – Konjunktiv II der Verben:
haben → ich hätte, sein → ich wäre – Konjunktiv II der Modalverben: ich könnte,
ich müsste, ich dürfte

**B7** Wenn ich Politiker /-in wäre, ... würde
ich mehr legale Flächen freigeben. ...,
hätte ich mehr Verständnis. ..., wäre ich
toleranter. ..., würde ich mit den Sprühern sprechen. ..., würde ich die Gesetze
verschärfen. ..., würde ich die Strafen
erhöhen.
Wenn ich Graffiti-Sprüher /-in wäre, ...
würde ich nur mit Erlaubnis sprühen. ...,
hätte ich Angst, erwischt zu werden. ...,
könnte ich meine Stadt verschönern. ...,
würde ich illegal sprühen. ..., würde ich
nur hässliche Wände besprühen. ..., würde ich keine öffentlichen Verkehrsmittel
besprühen.

**C2** 1) aus Amerika – 2) Anisha Ronnin-
ger und ihre Freundin – 3) Weil illegales
Plakatieren strafbar wurde. – 4) jeder –
5) Man kann eine Arbeit abgeben oder
beim Verteilen dabei sein.

**C3** 1) unten rechts – 2) unten links –
3) oben links – 4) oben rechts

## Lektion 40

**A2** 1) Jens Friebe ist Musikjournalist;
Marlene Röder ist Schriftstellerin. –
2) Jens Friebe schreibt Texte über Musik
für Zeitschriften und in Blogs sowie
eigene Liedtexte; Marlene Röder schrieb
früher Kurzgeschichten und Erzählungen
und heute Romane. – 3) Jens Friebe hat
durch das Schreiben eines Blogs über
seine Wochenenden mit dem Schreiben
angefangen; Marlene Röder hat damit
angefangen, weil ihr nicht alles, was sie
gelesen hat, gefallen hat, und weil sie
dachte, sie könnte das besser. – 4) Jens
Friebe schreibt sehr spontan, d.h. er
arbeitet ohne Notizen und vertraut auf
seine Ideen; Marlene Röder schreibt nicht
jeden Tag, sondern in Phasen.

**A3** 1b – 2c – 3a – 4e – 5f – 6d

**A4 a)** deshalb – denn – deswegen – da –
darum **A4 b)** Marlene Röder gefallen

längere Texte, deshalb / deswegen /
darum schreibt sie Romane. – Jens Friebe
schreibt, weil / da er seine Alltagsein-
drücke dokumentieren möchte.

**A5** *Lösungsvorschlag:* 1) Theo schreibt,
denn er kann sich beim Schreiben sehr
gut entspannen. – 2) Lisa schreibt, weil
sie so ihre Gedanken und Gefühle besser
verstehen kann. – 3) Ernest schreibt, da
er sonst immer alles vergisst. – 4) Kristina
ist gern kreativ, deshalb schreibt sie.

**A6** a3 – b5 – d2 – e4

**B2** *richtige Reihenfolge:* 2) Dann wähle
ich den ersten Empfänger aus und das
Buch geht auf die Reise. – 1)Nachdem ihr
das Buch erhalten habt, beschreibt euer
Lieblingsbuch auf einer Seite. – 4) Bevor
ihr das Buch weiterschickt, macht bitte
ein Foto von euch und dem Notizbuch!
Schickt mir dieses Foto per Mail zu und
ich stelle es in meinen Blog. – 5) Jetzt
könnt ihr das Buch weiterschicken – die
Adresse des nächsten Empfängers bekommt ihr von mir per E-Mail. – 6) Wenn
das Buch voll ist, geht es zurück an mich.
Meine Adresse schicke ich an den Letzten
von euch.

**B3 a)** 1) der Absender – 2) der Empfänger – 3) der Autor – 4) der Teilnehmer –
5) die Buchhandlung – 6) der Zufall

**B3 b)** 2) führen – 3) halten – 4) gehen –
5) auswählen – 6) beachten

**B4 a)** Eine Handlung findet nach einer
anderen statt → Satz 1: *nachdem* – Eine
Handlung beginnt in der Vergangenheit
und dauert bis heute → Satz 3: *seitdem*

**B4 b)** 1) Bevor – 2) Seitdem – 3) Bevor –
4) Nachdem

**B5** 1f – 2r – 3r – 4r – 5f – 6r

**B6 a)** zuerst – b) dann

**B7** 1) ... und alle Beiträge gelesen.
2) Nachdem ich mein Lieblingsbuch aus
dem Regal genommen hatte, habe ich
einen Beitrag geschrieben. – 3) Nachdem
ich ein Foto vom Buch und von mir gemacht hatte, habe ich das Foto per E-Mail
an Annika geschickt. – 4) Nachdem ich
die nächste Adresse von Annika bekommen hatte, habe ich das Buch weiterver-
schickt.

**C2** *richtige Reihenfolge:* 1) Sie öffnet die
Tür. – 2) Sie dreht den Schlüssel dreimal
um. – 3) Sie setzt sich auf den Boden. –
4) Sie wird ruhiger. – 5) Sie schließt ihre
Augen. – 6) Es wird dunkel. – 7) Draußen
wird es leiser. – 8) Sie öffnet die Augen.

**C3** 1) lehnt sich – 2) pocht – 3) beruhigt
sich – 4) reguliert sich – 5) trocknet –
6) verstummen

## Lektion 41

**A2 a)** 1b – 2a **A2 b)** hoffnungsvoll – hoff-
nungslos – hilflos – liebevoll – lieblos –
gedankenvoll – gedankenlos

**A3** 1c – 2a – 3b

**A4** 1K – 2P – 3P – 4M – 5K – 6M – 7K –
8P – 9K – 10M – 11P –12M – 13P – 14K –
15M – 16K – 17M – 18P

**A5** a) mochte – b) durfte – c) wollte – d)
konnte – e) musste – f) mochte –
g) sollte – h) durften

**A6 a)** 1) früher einmal – 2) früher oft

**A6 b)** einmal: Nebensatz mit *als* – oft:
Nebensatz mit *wenn*

**A7** a) Als – b) wenn – c) wenn – d) Als

**A9** a3 – c4 – d2

**A10** 2) Die Großeltern und Enkel erzählen einander Geschichten. – 3) Die
Enkel und die Großeltern telefonieren oft
miteinander. – 4) Großeltern und Enkel
streiten selten miteinander. – 5) Die Enkel
und Großeltern helfen einander gern. –
6) „Moderne" Großeltern und Enkel verstehen einander.

**B2** 1) Stefan ist ein Medizinstudent in
München, der bei einer Seniorin gegen
Hilfeleistungen zur Untermiete wohnt. –
2) Ida Neuhaus ist eine Seniorin, die ein
Zimmer in ihrem Häuschen an Studenten
vermietet. – 3) Sie sprechen – jeder aus
seiner Sicht – über das Zusammenleben
in ihrer „WG".

**B3 a)** 1) vierzehn Stunden im Monat –
2) einkaufen gehen, zum Arzt fahren –
3) 70 €; für Gas, Wasser und Strom –
4) Frau Neuhaus ist locker und tolerant,
sie hat Feingefühl, es gab von Anfang an
klare Regeln, Verständnis für einander –
5) ab 22 Uhr Nachtruhe, Rauchen nur
draußen – 6) vor dem Besuch: Vorurteile:
sie konnten sich nicht vorstellen, mit
einer 56 Jahre älteren Frau zusammenzuleben; nach dem Besuch: sie konnten
sich selbst davon überzeugen, wie gut
das Zusammenleben funktioniert.

**B3 b)** 1) Weil sie hofft, dadurch noch lange in ihrem Haus wohnen zu können. –
2) Humor und Respekt – 3) Es hält sie
selbst jung (Internet, Norah Jones). –
4) Sie finden es gut und verwöhnen
Sebastian sehr.

**B4 a)** der Quadratmeter – b) die Neben-
kosten – c) das Obergeschoss – d) die
Wohnfläche – e) die Miete – f) der Mitbe-
wohner – g) günstig – h) vermieten –
i) ausgezogen / ausziehen

**B5 a)** 2) zusammenzuleben – 3) abzu-
bauen – 4) wohnen zu können – 5) zu
mögen – 6) zusammenzuwohnen –
7) zu verlassen

**B5 b)** Verben: vorstellen, versuchen,
scheinen
Nomen + Verb: Angst haben, (kein) Interesse haben

**B7 b)** Lösungsvorschlag: Wer hatte die
Idee zu dem Projekt? – Wie funktioniert
das Projekt? – Wie sind die Erfahrungen
mit dem Projekt? – In welchen Städten /
Ländern gibt es das Projekt? Etc.

**B8** 1b – 2c – 3a – 4b – 5b – 6b
**C2** Berufswahlpatenschaft
**C3 a)** 1) Berufswahlpaten begleiten junge Leute auf dem Weg in den Beruf. Sie helfen bei der Suche nach einer Ausbildungsstelle oder einem Praktikumsplatz, zeigen ihnen neue Möglichkeiten auf und motivieren sie bei Misserfolgen. – Weil Eltern und Berufsberatern oft die Zeit fehlt, die Jugendlichen ausführlich und individuell zu beraten.
2) Irene Schranz ist 70 Jahre alt und Rentnerin. Sie betreut seit zwei Jahren Jugendliche auf ihrem Weg in den Beruf. Zurzeit betreut sie Nadine; sie recherchiert mit ihr gemeinsam im Internet und unterstützt sie bei der Vorbereitung auf Vorstellungsgespräche.
3) Nadine ist eine 16-jährige Schülerin und besucht die 10. Klasse. Sie hat schon viele Bewerbungen geschrieben, aber nur Absagen bekommen; deshalb geht sie nun weiter zur Schule. – Weil sie weiß, dass jemand da ist, der ihr helfen kann und helfen will.

## Lektion 42

**A2** 1) das Semester, die Universität, das Seminar – 2) die Firma, der Arbeitsplatz
**A3** 1) a) Mathematik – b) Englisch – c) Wirtschaft – 2) a) Sport – b) Chemie – c) Chemie
**A4** 1M – 2T – 3T – 4M – 5M – 6M – 7T – 8T
**A5** 1) Schulabschluss, Schulfächer, Schuljahr, Schulberater, Schulwahl – 2) Berufsberater, Berufswahl, Berufspraxis, Berufswahltest, Berufswunsch
**A6 a)** 1) bis – 2) während **A6 b)** Die Handlungen finden gleichzeitig statt: Satz 1: *während* – Eine Handlung endet, eine andere beginnt: Satz 2: *bis*
**A7** 2) Ich habe viel mit Freunden über die Zukunft geredet, bis ich zu einem Berufsberater gegangen bin. – 3) Während ich auf einen Studienplatz gewartet habe, bin ich im Ausland gewesen. – 4) Ich habe oft Recherchen im Internet gemacht, während ich im letzten Schuljahr gewesen bin.
**A8 a)** im Lager: technische Geräte vorbereitet und geprüft – in der Berufsschule: intensiv mit der Tontechnik beschäftigt – am Ende des 1. Jahres: an einer Produktion (Open-Air-Konzert) teilgenommen
**A8 b)** 8.00 Uhr: Kaffee trinken – 9.00-12.00 Uhr: Teambesprechung – 12.00-14.00 Uhr: Mittagspause – ab 14.00 Uhr: Arbeit am Computer – gegen 18.00 Uhr: Feierabend
**A9 a)** 1) kontrollieren – 2) bedenken – 3) besser kennenlernen – 4) mit einer Person zusammentreffen – 5) entscheiden, benutzen **A9 b)** 1) der Betrieb – 2) die Abteilung – 3) die Kantine – 4) die Anleitung

**B2** richtig: 1b (Z. 7–8) – 2b (Z. 18–20) – 3a (Z. 21–22) – 4a (Z. 23–24) – falsch: 1a, 2a, 3b, 4b
**B3 a)** 1) in der Vergangenheit – 2) das Angebot – 3) die Informationsgesellschaft – 4) die Tendenz / Entwicklung – 5) das Ziel – 6) die Kombination
**B3 b)** 1) aktiv werden – 2) beinhalten – 3) größer / mehr werden – 4) passieren
**B4** Frage 1: Trends und Entwicklungen: 1) mehr Berufe im Laufe des Lebens – 2) mehr Arbeitgeber; Folgen: 1) Berufsleben für längere Zeit zu planen, wird schwieriger – 2) größere Freiheit / Flexibilität
Frage 2: Zukunft der Arbeit: 1) wechselnde, mobile Teams – 2) unregelmäßig – 3) zu Hause, unterwegs, im Büro
Frage 3: Empfehlungen / Rat des Trendforschers: a) uns Spaß macht – b) unsere Leidenschaften liegen; Begründung: c) Quereinsteiger – d) gemischte Teams; Folge: e) in einem anderen Beruf arbeiten
**B5** In der Regel benutzt man im Deutschen Präsens + Temporalangabe: Satz 1 – Aber bei Voraussagen / Prognosen benutzt man oft Futur 1: *werden* + Infinitiv: Satz 2
**B6** 1) Man wird nur in Gruppen lernen und Projekte machen. – 2) Man wird im Unterricht mal im Klassenraum, mal draußen sein. – 3) Man wird einen persönlichen Lehrer bekommen. – 4) Man wird Klassenarbeiten virtuell von zu Hause aus schreiben. – 5) Man wird von montags bis sonntags arbeiten. – 6) Man wird sich selbst Arbeit und Freizeit einteilen. – 7) Man wird im Hotel oder im Cafe arbeiten. – 8) Man wird ein Mindesteinkommen haben.
**B7 a)** 1) Sie erzählen von ihren Zukunftsvisionen, wo sie sich selbst in 15 Jahren sehen. – 2) Sie gehen noch zur Schule und lernen gerade für ihre Abiturprüfung.
**B7 b)** ~~Neubau~~: Altbau – ~~studiere noch~~: habe studiert – ~~wegen des Geldes~~: nicht wegen des Geldes – ~~für teure Autos oder Uhren aus Gold und Silber~~: für normale Dinge wie Kleidung, Möbel und Arbeitsmaterialien **B7 c)** a) Traumberuf – b) Menschen – c) Welt – d) Mädchen – e) Computern – f) Junge – g) Geld – h) Kinder – i) Karriere – j) romantisch
**B7 d)** Beruf: sie ist sich noch nicht sicher – Ziele / Wünsche: nicht jeden Tag das Gleiche machen, neue Länder und fremde Kulturen kennenlernen (Irland, New York, Australien, Spanien), interessanten Menschen begegnen – Geld: genügend Geld verdienen, um sich die Reisen finanzieren zu können – Familie: Kinder schon, aber nicht unbedingt einen Mann
**B8** 2) Wegen der Karriere / der Wichtig-

keit ihrer Karriere möchte Katja ledig bleiben. – 3) Wegen des guten Wetters möchte Franz ans Mittelmeer ziehen. – 4) Wegen des guten Verdienstes möchte Simon Manager werden. – 5) Wegen der besseren Chancen auf einen Ausbildungsplatz als Elektroniker durch gute Noten will Alexander weiter fleißig lernen. – 6) Wegen des Wunsches, viele Kinder zu haben, will Claudia keine Karriere machen.
**C1** A: 1) in einer kleinen Wohnung eines Hochhauses in der Großstadt – 2) in Tunneln unter der Erde – 3) multimediale Steuerung: Kleidung kommt per Post, Lebensmittel kommen automatisch in den Kühlschrank B: 1) Familie ist nicht so wichtig – die Freiheit ist wichtiger als eine feste Bindung. – 2) Sie sind da, aber man ist unabhängig von ihnen. – 3) Soziales Engagement wird abgelehnt.

## Lektion 43

**A2 a)** 2F – 3A – 4E– 5B – 6C – 7G
**A2 b)** *Lösungsvorschlag*: Wohnen: Sie haben in Pfahlbauhäusern gewohnt. Sie hatten keinen Strom und kein fließendes Wasser. – Ernährung: Sie haben Nahrung im Wald gesucht, zum Beispiel Pilze und Beeren. – Kleidung: Sie haben ihre Kleidung selbst genäht. – Werkzeuge: Sie hatten nur einfache Werkzeuge.
**A3** Essen zubereiten – Feuer machen – Kleidung nähen – Wäsche waschen – Wetter – Werkzeug reparieren – Geschirr spülen
**A4** 1f – 2r – 3r – 4r – 5f – 6f – 7r – 8f – 9r – 10f
**A5** 1b – 2a
**A7 a)** 1a – 2b **A7 b)** 1) Im Aktivsatz steht im Mittelpunkt die Person. – 2) Im Passivsatz steht im Mittelpunkt die Handlung / der Prozess. **A7 c)** 1) Die Tiere werden (von Ronja) gefüttert. – 2) Beeren und Pilze werden (von den Kindern) gesammelt. – 3) Das Getreide wird (von allen) geerntet. – 4) Das Korn wird (von Britta) mit Reibsteinen gemahlen. – 5) Die Wäsche wird (von Ronja) mit Seifenkraut gewaschen. – 6) Das Feuer wird (von den Steinzeitmenschen) mit Feuerstein angezündet.
**A8** *Lösungsvorschlag*: Die Karotten müssen geerntet werden. Dann müssen Nüsse oder Beeren gesammelt und die Getreidekörner gemahlen werden. Die Nüsse oder Beeren werden klein geschnitten. Danach müssen alle Zutaten gemischt werden. Honig wird zum Süßen dazugegeben. Schließlich ...
**B2** 1) Er möchte durch die ganze Welt reisen, v.a. in die USA, nach Asien und Australien. – 2) Sie haben eine lange Reise hinter sich: Sie sind von ausländischen

Firmen erfunden worden und oft auch in anderen Ländern hergestellt worden. – 3) Es ist immer einfacher und billiger geworden, Waren über weite Strecken zu transportieren und in andere Länder zu verkaufen, weil keine hohen Zölle mehr bezahlt werden müssen. – 4) Die Idee stammt von Apple aus Amerika und die Herstellung geschieht in China. – 5) die Qualität und Kreativität

**B3** 1) die Ware – 2) der Hersteller – 3) der Zoll – 4) die Marke

**B5 a)** *Jugend forscht* (Jufo) ist ein Wettbewerb für junge Forscherinnen und Forscher im Bereich Naturwissenschaften und Technik. – Es können Jugendliche zwischen 14 und 21 Jahren daran teilnehmen. – Deutschland hat bereits 19 Mal den ersten Preis gewonnen.

**B6** Matthias Schnaubelt ist einer der Gewinner des „Jugend forscht"-Wettbewerbs: Er hat dieses Jahr zwei Preise gewonnen, einen 2. Platz im Bereich Technik und den Preis für die beste Arbeit im Bereich Robotik.

**B7** 1b – 2b – 3c – 4c – 5c – 6b – 7c – 8b

**B8** *So* steht meist zusammen mit *dass* im Nebensatz: Satz 2 – Gibt es im Hauptsatz ein Adjektiv oder Adverb, steht *so* beim Adjektiv / Adverb: Satz 1

**B9** 1) Matthias hat für das Projekt so viel gearbeitet, dass er jetzt länger Ferien machen darf. – 2) Matthias hat den Roboter zu Hause entwickelt, sodass es in seinem Zimmer nun wie in einem Forschungslabor aussieht. – 3) Matthias' Bruder war so beeindruckt von dem Erfolg, dass er jetzt auch bei *Jugend forscht* mitmachen möchte. – 4) Matthias wird mit dem Studium anfangen, sodass er weniger Zeit für seinen Roboter haben wird.

**C2** Lösung im Kursbuch S. 64.

## Lektion 44

**A2** 1c – 2a – 3b

**A3** Anna: 1f (Schwester) – 2r – 3f (fühlt sich unwohl) – 4r – 5r – 6 f (behält sie nicht)
Lars: 1f (trägt sie so lange, bis sie wirklich kaputt sind) – 2r – 3r – 4f (Cousin) – 5r
Erica: 1r – 2r – 3f (trägt fast nur selbst genähte Kleider) – 4f (Holzkiste und Bücherregale) – 5r

**A4** a) gebrauchten – b) gesammelten – d) beste – e) gelesenen – f) schönsten

**A5 a)** 1a – 2b **A5 b)** Satz 2 drückt aus, wie man etwas macht. – Satz 1 drückt aus, dass man etwas nicht macht.

**A5 c)** 1) Ich verkaufe meine Sachen, indem ich sie ins Internet stelle. – 2) Ich gebe meine Klamotten meiner jüngeren Schwester, anstatt dass sie ewig lange in meinem Schrank liegen. – 3) Ich lasse kaputte Sachen reparieren, anstatt sie

sofort wegzuschmeißen. – 4 Ich kann meine Sachen sehr lange verwenden, indem ich immer auf sie aufpasse und sie regelmäßig sauber mache. – 5) Wir können auf unsere Umwelt aufpassen, indem wir unsere Sachen wieder verwenden, anstatt ständig neue Produkte zu kaufen.

**A7** a2 – b1 – c3

**A8** a) langes – b) hellbraunen – c) großen – d) neue – e) schönes

**B2** a3 – b1 – c2

**B3** 1c – 2b – 3d – 4f – 5e – 6a

**B4 a)** 1) erkennen – 2) lehnen ... ab – 3) weigern sich – 4) folgen **B4 b)** 1c – 2e – 3a – 4b – 5d

**B5** a) einer – b) einer (ihrer) – c) ihres (eines) – d) ihrer – e) einer – f) eines – g) ihrer

**B6 a)** a **B6 c)** 1) Je mehr Taschengeld Jugendliche bekommen, desto mehr Geld geben sie für Markenprodukte aus. – 2) Je kreativer und lustiger Werbung ist, desto lieber kaufen wir das Produkt. – 3) Je mehr Werbung kostet, desto teurer sind die Produkte. – 4) Je öfter wir eine Werbung sehen, desto wichtiger erscheint uns die Aussage der Werbung.

**B7** 1f – 2r – 3r – 4r

**B8** 1a – 2b – 3b – 4a

**C2** 1) Im Text geht es um die Entwicklung der Marke Birkenstock. – 2) Die Geschichte von Birkenstock geht von 1897 bis heute. – 3) Johann Adam Birkenstock (als Begründer der Familientradition), Konrad Birkenstock (entwickelte das gewölbte Fußbett), Karl Birkenstock (entwickelte die Birkenstock-Sandale)

**C3** 1f – 2e – 3c – 4b – 5a – 6d

## Lektion 45

**A1** 1) Stille Helden: Menschen, die eher unauffällig / im Hintergrund etwas Großes Bewirken – Laute Helden: Menschen, die im Fokus der Öffentlichkeit stehen und dort Veränderungen bewirken.

**A2 a)** A) entschlossen, ehrgeizig – B) verantwortungsvoll, mutig – C) intelligent, mutig – D) idealistisch, entschlossen

**A2 b)** Jessica Watson: 1, 5 – Willy Brandt: 2, 8 – Tante Marianne (Ärztin): 3, 6 – Che Guevara: 4, 7

**A3** 2a – 3b – 4c

**A4 a)** Geburtsland: Eritrea – Geburtsjahr: 1978 – Mannschaften: MTV Stuttgart – TSG Tübingen

**A5** 1c – 2b – 3b – 4c – 5b

**A6** 1) angeschnallt sein – 2) explodieren – 3) stoßen – 4) behindern

**A7** 2 ) das – 3 ) die – 4) die

**A8** a) der – b) die – c) die – d) den – e) die

**B2** 1b – 2a

**B3** 1f – 2r – 3f – 4r – 5r – 6r – 7f – 8f

**B4** Dativ: dem (m) – dem (n) – der (f) – denen (Pl)

**B6** 1) Wenn man den Mut hat, sich einzumischen und nicht wegzuschauen, wenn andere Personen durch Gewalt bedroht sind. 2) Helft, ohne euch selbst in Gefahr zu bringen! – Sprecht andere Personen an! – Beobachtet alles ganz genau und merkt euch den Täter! – Organisiert Hilfe! – Kümmert euch um das Opfer! – Helft dem Opfer und der Polizei!

**B7 a)** 1) der Fluchtweg – 2) das Verbrechen – 3) die Einzelheit – 4) die Gewalt

**B7 b)** 1) duzen – 2) beleidigen – 3) alarmieren – 4) anfassen **B7 c)** 1) gebührenfrei – 2) praktisch – 3) wirkungsvoll

**B8** 1) den Täter nicht anfassen – den Täter siezen – genau hinschauen und sich Gesicht, Kleidung und Fluchtweg des Täters merken – 2) dem Opfer direkt in die Augen schauen – das Opfer ansprechen 3) andere Personen ansprechen und um Hilfe bitten – die Notbremse ziehen – den Busfahrer alarmieren – die Polizei oder den Rettungsdienst rufen – sich bei der Kripo melden – sich als Zeuge zur Verfügung stellen

**B9 a)** a) Helft – b) benutzen – c) anfassen – d) solltet **B9 b)** im Konjunktiv II: Satz 3 – Imperativ: Satz 1 – Infinitiv: Satz 2

**C2** 1) Janosch, deutsch – 1978 – braungelbes Spielzeug aus Holz, auf vier Rädern, hat die Form einer Ente und Streifen wie ein Tiger 2) Tim und Struppi – 1929 – junger, mutiger Reporter und sein treuer Foxterrier 3) die Simpsons – Matt Groening, amerikanisch – Vater Homer (faul), Mutter Marge (moralisch), Kinder Bart (respektlos), Lisa (talentiert) und Maggie (ein Jahr alt)

## Lektion 46

**A3** 2K – 3K – 4P – 5K – 6P – 7P – 8K

**A4** Pro: 4 – 1 – 6 – 7; Kontra: 5 – 8 – 3 – 2

**A5** 1) Qualität – 2) Mehrheit – 3) Gesellschaft – 4) Möglichkeit – 5) Entscheidung

**A6** 2) Erwachsene verstehen zwar oft wenig von Politik, aber sie dürfen trotzdem wählen. – 3) Für die politische Bildung sind nicht nur die Eltern sondern auch die Schule verantwortlich. – 4) Jugendliche wollen nicht nur ihre Meinung äußern sondern auch mitentscheiden können. – 5) Ich kenne zwar die Programme der verschiedenen Parteien noch nicht so gut, aber ich würde mich vor der Wahl auf jeden Fall informieren.

**A7** A2 – B4 – C1 – D3

**A8** b

**A9** 1c – 2f – 3e – 4b – 5d – 6a

**A10 a)** 1) Du brauchst nicht so früh aufzustehen. – 2) Du brauchst nicht in die Schule zu gehen. – 3) Du brauchst keine Tests zu schreiben. – 4) Du brauchst

nur samstagvormittags deinen Eltern im Haushalt zu helfen. – 5) Du brauchst nicht so früh ins Bett zu gehen. – 6) Du brauchst nur das Geschirr zu spülen. – 7) Du brauchst nur die Hausaufgaben für Montag zu machen.
**B2** 1) c, e – 2) a, d – 3) d, a – 4) e, b – 5) b, c
**B3** Lisa: c, g – Felix: d, h – Marion: i – Andreas: a, b – Johanna: e, f
**B4** 2) a) sowohl – b) als auch – 3) a) weder – b) noch – 4) a) sowohl – b) als auch
**B5** 1) Wähler – 2) Bundestag – 3) Bundeskanzler / in – 4) Landtag – 5) Ministerpräsident / in – 6) Bundespräsident / in – 7) Bundesrat
**C2** 1c – 2a – 3d – 4b

## Lektion 47

**A2** *Lösungsvorschlag*: 2) Mark: mind. ein gemeinsames Interesse – 3) Andrea: über Probleme sprechen, zuhören können, Verständnis haben, trösten, Mut machen – 4) Alex: ehrlich sein, nicht lügen müssen – 5) Paul: vertrauen können, sich auf ihn verlassen können, zuverlässig – 6) Maria: Stärken und Schwächen akzeptieren, auch mal verschiedener Meinung sein
**A3** 1) mit – 2) für – 3) bei – 4) über – 5) auf
**A4** 1) a) an den man gerne denkt – b) mit dem man zusammen viel lacht – c) bei dem man sich wohlfühlt – d) auf den man Rücksicht nimmt 2) a) auf die man sich immer freut – b) über die man sich viele Gedanken macht – c) für die man immer Zeit hat – d) mit der man sich gern amüsiert
**A6** *richtige Reihenfolge*: 1) Wer Freunde hat, hat ein besseres Immunsystem. – 2) Wir können einen guten Freund in drei Minuten erkennen. – 3) Nur guten Freunden kann man seine Gedanken und Gefühle zeigen. – 4) Unser „Gehirn" kann nur wenige gute Freunde haben.
**A7** 1a – 2a – 3a – 4a
**A8** (n): dessen – (f): deren – (Pl): deren
**A9** a) dessen – b) dessen – c) dessen
**B3 a)** Elliot: 10 Jahre, fühlt sich einsam, leidet unter der Trennung seiner Eltern – E.T.: klein, fühlt sich einsam, möchte nach Hause, hilflos – Asterix: klein, schlau, er bestimmt, was gemacht werden soll – Obelix: groß, dick, naiv **B3 b)** 1) Elliot übernimmt Verantwortung, Elliott erfährt, dass Freundschaft weh tun kann: er möchte E.T.'s Wunsch erfüllen, zu seinen Verwandten zurückzukehren. – 2) Obelix ist immer bereit, mit seinem Freund Abenteuer zu erleben, die beiden ergänzen sich gut, sie haben manchmal unterschiedliche Meinungen, aber können sich nicht lange böse sein, zusammen sind sie das beste Team.

**B4** 1) sehenswert – 2) fremd – 3) tief – 4) fern – 5) feindlich
**B5 a)** 2) was – 3) was – 4) was – 5) was – 6) wo **B5 b)** Relativsätze mit *wo* stehen bei Ortsangaben: Sätze 1, 6 – Relativsätze mit *was* beziehen sich auf Indefinitpronomen: Sätze 4, 5 – auf einen ganzen Satz: Satz 2 – auf Superlative als Substantive: Satz 3
**B6 a)** 1) was – 2) wo – 3) was – 4) was – 5) was – 6) wo
**B8** der Gegenwart: Satz 1 – der Vergangenheit: Satz 2
**B9** 1) Es sieht so aus, als ob die beiden sich gut verstehen würden. – 2) Die beiden machen den Eindruck, als ob sie sich ziemlich gestritten hätten. – 3) Die beiden benehmen sich so, als ob sie ein Geheimnis hätten. 4) Es sieht so aus, als ob die beiden schon stundenlang miteinander telefoniert hätten.
**B10** Hätte ich ihm (dem Freund) doch bloß zugehört! – Hätte ich ihm doch bloß vertraut! – Hätte ich ihn doch bloß ausreden lassen! – Hätte ich ihn doch bloß nicht beleidigt! – Hätte ich doch bloß nicht geschimpft! – Wäre ich doch bloß entspannt geblieben!
**C1 a)** 1c – 2d – 3e – 4a – 5b
**C2** zwei Personen: A – B – A – B – A; B – A – B – A – B
**C3** *Lösungsvorschlag*: 1) Z. 2-8 beschreibt eine Idee von Freundschaft, bei der man bereit ist, für den Freund immer alles zu tun, ihm absolut treu zu sein und sogar sein Leben für ihn zu opfern; Z. 13–18 beschreibt die Ausnahme von Z. 2–8: Man ist bereit, für den Freund alles zu tun, aber man sieht auch die Möglichkeit, das einmal nicht zu tun. – 2) Person B meint, dass sie Person A als Freund möchte, auch wenn A nicht verspricht, sich immer für B aufzuopfern.

## Lektion 48

**A1 a)** 1A – 2F – 3E – 4C – 5B – 6D
**A1 b)** Auf Bild B sieht man eine Klasse in der Schule. Die Schüler bekommen eine Klassenarbeit zurück. Der Schüler rechts ist traurig wegen seiner schlechten Note (4), die Schülerin neben ihm freut sich über ihre Eins. – Auf Bild C sieht man ein Mädchen mit einem Teller Essen. Auf dem Essen sitzt eine Fliege. Das findet das Mädchen unappetitlich. – Bild D zeigt ein Fußballfeld. Ein Junge hat sich bei Fußballspielen verletzt und der Arzt behandelt sein Knie, ein zweiter Junge schaut zu. – Bild E: Ein Mann und ein Junge springen mit dem Fallschirm. Sie fliegen gerade in der Luft. Über ihnen sieht man ein Flugzeug. – Auf Bild F ist eine Situation in der Fahrschule: Ein Mädchen sitzt am Lenkrad, der Fahrlehrer gratuliert ihr.

**A2** Gespräch 1: F – Gespräch 2: A – Gespräch 3: D – Gespräch 4: C
**A3** 1r – 2f – 3r – 4f – 5r – 6f – 7r – 8f
**A4 a)** Auf Bild C sieht man Rebekka mit einem Teller in der Hand. Auf dem Teller liegen zwei Klöße und ein Stück Fleisch (Ente) mit Soße. Rebekka steht am Büffet. Auf Bild A sieht man Hajo vor dem schwarzen Bildschirm. **A4 b)** 1e – 2d – 3f – 4b – 5c – 6a
**A5** 2) Ich habe es gar nicht glauben wollen. – 3) Ich habe nicht mehr aufstehen können.
**A7 a)** 1c – 2a – 3b – 4d **A7 b)** sobald: sofort wenn – solange: in dem Zeitraum
**A10** 1) laute Musik: macht munter; leise Musik: wirkt beruhigend – 2) Damit sich die Kunden wohl fühlen und mehr kaufen. – 3) Weil der Körpergeruch genetisch bedingt ist, und jeder Mensch unterschiedliche Gene hat. – 4) Weil sie andere Gene haben als wir selbst, und weil die Natur möchte, dass möglichst unterschiedliche Gene zusammenkommen. – 5) warm: Rot; kalt: Blau 6) Grau: neutral, nüchtern; Orange: aktiv, lebensfroh; Schwarz: Traurigkeit, Hoffnungslosigkeit; Weiß: Ehrlichkeit, Unschuld.
**B2** *Ziffern von oben nach unten*: 2 – 4 – 3 – 1 – 5; *richtige Reihenfolge*: 2) Träumen wir, um unsere Gefühle zu verarbeiten? – 3) Ist es schwierig, die richtige Bedeutung zu erkennen? – 4) Wie kann man die Träume festhalten? – 5) Kann man Träume selbst deuten?
**B3 a)** 1e – 2a – 3d – 4b – 5h – 6c – 7f – 8g **B3 b)** Frage 1: 1, 2, 5 – Frage 2: 2, 3, 4 – Frage 3: 6, 8 – Frage 4: 7 – Frage 5: 8
**B4** 1) *sein* + *zu* + Infinitiv drückt eine Möglichkeit aus *(können)*. – 2) *haben* + *zu* + Infinitiv drückte eine Notwendigkeit aus *(müssen)*.
**B5 a)** a) Psychologen – b) Spezialisten – c) Menschen – d) Patienten **B5 b)** a) Menschen – b) Studenten – c) Psychologen – d) Patienten
**B6** 1f – 2r – 3r – 4f – 5r – 6r – 7f
**B7** 1) hinunter – 2) herunter
**C2** glücklich, ruhig, schwebend, lebendig, stark, mutig, voll Freude
**C3** 1) Strophe 1: glücklich, gelassen sein; klare Gedanken; vieles wahrnehmen, erinnern; Strophe 2: „schweben", sorglos, frei sein; verzeihen, niemandem böse sein; die Welt in ihren Zusammenhängen verstehen; aktiv leben, sich selbst dabei zuschauen (Selbstreflexion); Strophe 3: stark und mutig sein; Freunde haben; ohne Grund fröhlich sein; Strophe 4: Tag und Nacht genießen; singen; in sich selbst ruhen. – 2) Dass beide Gefühlsausdrücke, Lachen und Weinen, zusammenhängen.

## Lektion 37

**1.** Kommunikation – Laptop – Telefon – Headset – Faxgerät – Webcam

**2.** b) Computer – c) Telefon – d) Brief

**3.** 2e – 3d – 4c – 5a

**4.** b) die Telefonkarte – c) die Telefonzelle – d) die Karte – e) das Telefon – f) das Fax – g) das Päckchen

**5.** b) wenn er sich mit ihnen verabreden möchte – c) wenn er eine Bestelleung aufgibt – d) wenn sie Preise vergleichen will – e) wenn seine Mutter das von ihm verlangt

**6.** a) der Nachbar, die Freundin des Bruders – b) der Onkel, die Tante, der Cousin – c) die Freude, der Ärger, die Angst

**7.** b) Jugendliche – c) Arbeitslose – d) Freiwillige – e) Fremden

**8.** b) Armen – c) Neuen – d) Deutschen – e) Falsche – f) Blonde – g) Erwachsenen

**9.** 1c – 2b – 3a – 4d

**10.** b) Krieg – c) Anrufe – d) Ehe

**11.** b) bis zu – c) nach – d) zum – e) in

**12.** b) Seit einem – c) Vor vier Stunden – d) Seit zehn Tagen – e) Vor einer Minute

**13.** b) Seit wann – c) Wie lange – d) Wann – e) Bis wann

**14.** b) ihm – c) ihnen – d) sie – e) ihm – f) ihn

**15.** 2a – 3a – 4b

**16.** b) sie mir – c) ihn ihnen – d) sie ihr – e) es mir – f) es Ihnen

**17.** a) sie dir – b) ihn mir – c) sie mir – d) sie dir – e) es dir – f) ihn dir – g) es mir

**18.** 2) den Brief in den Briefumschlag legen – 3) den Briefumschlag zumachen – 4) die Briefmarke auf den Briefumschlag kleben – 5) den Brief zur Post bringen

**19.** b) Multi-User-Spiel – c) Online-Netzwerk – d) Chatraum – e) Instant Messenger – f) E-Mail – g) Festnetz

**20.** b) gestalten – c) unterhalten – d) verschicken – e) besuchen

**21.** b) Festnetz – c) Unterschied – d) Notiz

**22.** d – f – h – i

**23.** b) Viele Eltern denken, dass sie sich nur noch in Chaträumen unterhalten. – c) Viele Eltern vermuten, dass sie oft peinliche Fotos im Internet austauschen. – d) Viele Eltern nehmen an, dass sie virtuelle Freunde mit richtigen Freunden verwechseln. – e) Es ist auch möglich, dass sie zu viele persönliche Daten ins Netz stellen.

**24.** freie Übung

**25.** b) durchschnittlich – c) gleichzeitig – d) gleichmäßig – e) privat

**26.** b) Zugang – c) Forschung – d) Kommunikation – e) Bundesland – f) Bedeutung – g) Verhalten – h) Unterhaltung

**27.** b) gilt – c) senden – d) vertreten

**28.** b) mehr – c) wie – d) weniger – e) schlimmsten – f) lieber – g) als – h) interessantesten – i) besser – j) als – k) meisten

**29.** b) Drei Viertel – c) Gut die Hälfte – d) ein Zehntel – e) Fast drei Viertel

**30.** a) der – b) den – c) der – d) der – e) den

**31.** b) einen Monat – c) Minuten – d) Jahre – e) Wochen – f) Tage

**32.** b) sieht fern – c) hören Musik – d) lesen Bücher – e) nutzen Handy

**33.** b) sitzen die Jungen etwas häufiger vor dem Fernseher – c) gibt es zwischen Mädchen und Jungen fast keinen Unterschied – d) Musik hören für die Jungen und die Mädchen eine große Bedeutung hat – e) verbringen die Jungen mehr Zeit mit Computerspielen

**34.** Die Grafik gibt Informationen über die Wichtigkeit der Medien bei Mädchen und Jungen. – Für die Mädchen und Jungen sind Musik, Internet und Handy besonders wichtig. – Für Bücher und Tageszeitungen.

**35.** b) Ich habe nicht gedacht – c) Es wundert mich – d) Es überrascht mich – Aber ich finde es irgendwie seltsam

## Lektion 38

**1.** Schweiz: Frau: Schweizerin; Sprache: Deutsch, Italienisch – Österreich: Mann: Österreicher; Sprache: Österreichisches Deutsch – Deutschland: Mann: Deutscher; Frau: Deutsche; Sprache: Deutsch – England: Mann: Engländer; Frau: Engländerin; Sprache: Englisch – Russland: Mann: Russe; Frau: Russin; Sprache: Russisch – Frankreich: Mann: Franzose; Frau: Französin; Sprache: Französisch – Spanien: Mann: Spanier; Frau: Spanierin; Sprache: Spanisch – Europa: Mann: Europäer; Frau: Europäerin

**2.** b) Journalist – c) Professorin – d) Model – e) Moderator – f) Wissenschaftlerin

**3.** b) Themen – c) Verständnis d) Vorliebe e) Angebote – f) Umgebung

**4.** a) Ich kann ... – b) Kennst du ..., Ich kenne ..., ... sie kann, Sie spricht Rumänisch, weil ..., Deutsch spricht sie, weil ..., ... an einer französischen Schule in Berlin gelernt

**5.** a) Muttersprache – b) mehrsprachig – c) Fremdsprache – d) Amtssprache – e) Umgebungssprache – f) Mehrsprachigkeit

**6.** b) mehrsprachig – c) Fremdsprache – d) Amtssprache – e) Umgebungssprache – f) Mehrsprachigkeit

**7.** b) die, sprachlich – c) der, menschlich – d) der, unterschiedlich – e) die, wirtschaftlich – f) die, wissenschaftlich – g) der, beruflich – h) die, persönlich

**8.** traditionell – individuell – virtuell

**9.** b) existieren – c) beherrschen – d) reichen – e) vermischen – f) steckt – g) übernehmen – h) aufnehmen – i) beschäftigt

**10.** b) Grund – c) Null – d) Verständigung – e) Vorurteile – f) Bürger – g) Gesellschaft – h) Gehirn

**11.** a) auf – b) auf – c) von – d) um – e) an – f) von, in – g) an – h) mit, über – i) für – j) über

**12.** 2a – 3c – 4e – 5b

**13.** b) auszuwandern – c) zu können – d) zu erlernen – e) kennenzulernen – f) zu dürfen

**14.** b) um eine besserer Arbeit zu finden – c) um sich auf ihr Praktikum in Polen vorzubereiten – d) um mit seinem Freund aus Moskau Russisch sprechen zu können – e) um sich mit ihrer Nachbarin zu unterhalten – f) um an einem internationalen Workshop teilzunehmen

**15.** b) morgens – c) mittags – d) anfangs – e) samstags – f) vormittags – g) abends – h) mittwochs

**16.** b) zweifelt – c) behauptet – d) feststellt – e) zustimmen

**17.** b) Erwartungen – c) Kultur – d) Blick – e) Strukturen

**18.** b) Subjekte: Alexander, er; Alexander wandert nach Australien aus, um mit seiner Frau zusammenleben zu können. – c) Subjekte: Herr Ntoutsi, seine Kinder – d) Subjekte: Annika, sie; Annika muss sich ein Visum besorgen, um in die USA auswandern zu können.

**19.** b) Um meine Aussprache zu verbessern. – c) Damit wir am Wochenende frei haben. – d) Um das Sprechen zu üben. – e) Damit sich mein Gehirn erholen kann.

**20.** b) um eine andere Perspektive zu bekommen – c) weil Englisch nicht immer reicht – d) damit er kein Heimweh bekommt – e) um die Strukturen anderer Sprachen besser verstehen zu können – f) weil ich eine Vorliebe für Fremdsprachen habe

**21.** freie Übung

**22.** b) Der Grund ist ganz einfach – c) Außerdem finde ich Sprachenlernen sehr anstrengend und schwierig – d) Also ich glaube – e) Es ist sehr wichtig, weil – f) man lernt Sprachen auch, um

**23.** 2d – 3b – 4a – 5c

**24.** b) dramatisch – c) emotional – d) beunruhigend

**25.** 2c – 3a – 4b

**26.** b) normalerweise – c) ständig –
d) hingegen – e) früher – f) später
**27.** a) nennen – c) erzählt – d) festgestellt
– e) unterhalten – f) geplaudert
**28.** b) nachschlagen – c) besichtigen –
d) zusehen – e) beobachten
**29.** b) Treffen wir uns später zum Trainieren? – c) Wir haben nie Zeit zum Plaudern. – d) Nein, ich benutze das Internet
eigentlich nur zum Chatten. – e) Das Licht
war zu schlecht zum Fotografieren. –
f) Haben wir noch genug Geld zum Einkaufen? – g) Aber jetzt ist es schon zu
spät zum Anrufen.
**30.** freie Übung
**31.** a) verliebt – b) hat ... geheiratet; verheiratet – c) hat ... getrennt; getrennt
**32.** Schwierigkeiten – Schwiegereltern –
festen – unterschiedliche
**33.** b) inzwischen c) früher, ständig –
d) inzwischen
**34.** a) Subjekt: Ich; Ich reise nie in ein
Land, ohne die Landessprache sprechen
zu können. – b) Subjekt: Jana, ihre Eltern;
Jana geht in die Disco, ohne dass ihre
Eltern davon wissen. – c) Subjekt: Lenas
Mutter; Es vergeht kein Tag, ohne dass
Lenas Mutter anruft. – d) Subjekt: Die
Schwiegereltern; Die Schwiegereltern
kommen nie zu Besuch, ohne einen Kuchen mitzubringen.
**35.** b) ohne seine Partnerin vorher zu
fragen – c) ohne dass seine Freunde mit-
kommen – d) ohne Geld zu haben –
e) ohne dass seine Frau ihm hilft –
f) ohne dass ihr Mann es weiß – g) ohne
fernzusehen
**36.** a) Britta lernt Sprachen, ohne dass es
besonders anstrengend für sie ist. –
b) Sara heiratet Georg, ohne dass ihre
Eltern einverstanden sind. – c) Familie
Jaramillo schickt ihre Kinder auf eine
internationale Schule, damit die Kinder
mehrsprachig aufwachsen. – d) Peter
wandert nach Australien aus, ohne ein
Wort Englisch zu sprechen. – e) Man
muss mehrere Fremdsprachen beherrschen, um im Beruf erfolgreich zu sein.
– f) Das Gehirn kann mehrere Sprachen
aufnehmen, ohne sie zu vermischen. –
g) Es muss eine gemeinsame Sprache
geben, damit die Verständigung klappt.

## Plateau, Modul 13

**Hören**
**5.** 1f
**7.** 2r – 3f – 4r – 5f

## Lektion 39

**1.** a) Arbeitslose – b) angestellt –
c) selbstständig, die, Selbstständige –
d) die Kreativität – e) die Möglichkeit –
f) die Schwierigkeit

**2.** a) Du schreibst sehr schön. – b) Rosa
tut etwas für die Gesellschaft. – c) Ich
muss zwölf Mal im Jahr Miete bezahlen. –
d) Jan hat sich eine Geschichte überlegt.
**3.** 2g – 3b – 4d – 5c – 6a – 7e
**4.** b) dem Schwerpunkt – c) Stelle –
d) Institutionen – e) mein erster Kunde
– f) Aufträge – g) Leistung – h) der Gedanke – h) künstlerischen – i) eine hohe
Position
**5.** b) leisten – c) ausruhen – d) verraten –
e) verdienen – f) einfallen
**6.** a) Beiträge, Kosten – b) Druck, Bro-
schüre
**7.** waagrecht: 1) Neffe – 2) Rente –
3) Preis – 4) unabhängig – 5) Nichte –
6) wählen – 7) Maler – 8) Vorteil –
9) Einkommen; senkrecht: Versicherung
**8.** b) uns, euch – c) sich – d) sich –
e) euch – f) sich – g) mich, dich
**9.** b) Du freust dich sicher schon auf das
Wochenende. – c) Klaus kümmert sich
um die Gäste. – d) Ich erinnere mich gut
an die Kindheit. – e) Ihr kennt euch mit
Computern aus.
**10.** Praktikant – Grafikprogramme – bewerben – aussuchen
**11.** b) dir – c) sich – d) euch – e) sich –
f) mir – g) sich – h) sich
**12.** b) meinen Urlaub; mir – c) ein Spiel;
sich – d) ein Thema; sich – e) so viele
Klamotten; euch – f) eine Meinung; mir
– g) die Hände; dir – h) kein neues Auto;
uns
**13.** b) sich – c) uns – d) dir – e) mich –
f) sich – g) dir – h) mir – i) sich – j) mich –
k) dich – l) euch – m) mich
**14.** a) Informier dich vorher über die
Firma. – b) Denk dir ein paar wichtige
Fragen aus. – c) Kauf dir eine Krawatte.
d) Zieh dich schick an. – e) Stell dich am
Anfang mit deinem Namen vor. – f) Kon-
zentriere dich auf deinen Gesprächspartner. – g) Mach dir ein Bild von der Firma.
**15.** b) Vollzeit – c) abwechslungsreich –
d) -chancen – e) Überstunden – f) -bedin-
gungen
**16.** b) Ich bin davon überzeugt, dass
Künstler kritisch sein sollen. – c) Ich
stehe auf dem Standpunkt, dass man
sich Kunst nicht auf der Straße, sondern
im Museum anschauen soll. – d) Ich bin
der Ansicht, dass jeder seine Umgebung
selbst gestalten darf. – e) Meiner Meinung
nach machen Graffiti-Künstler die Stadt
ein bisschen bunter. – Ich bin mir nicht
sicher, ob Sprühen wirklich illegal ist.
**17.** b) Strafe – c) Schaden – d) Kriminelle
– e) Kriminaloberkommissarin, bearbeitet,
klärt ... auf
**18.** b) Öffentlichkeit – c) Erlaubnis –
d) reinigen – e) Aufklären – f) leiten –
g) Zerstörung
**19.** b) legal – c) ehrenamtlich – d) Dosen
– e) Denkmäler

**20.** b) den Staat, die Steuern – c) Ge-
sundheitssystem – d) Normen – e) einer
Fläche, Werke – f) Eigentum, Besitz
**21.** 2e – 3a – 4b – 5d
**22.** b) hätte gern – c) hätte gern –
d) könntest – e) könnten, hätten gern –
f) könnte – g) hätte gern – h) hättest gern
– i) könntet
**23.** a) würden – b) würdet, wäre; wären,
würden – c) könnten, hätten – d) müsste,
würde – e) würdest, würdest
**24.** a) hätte – b) würdest, wären –
c) wäre, würde – d) würden, könnten –
e) würde, müssten
**25.** hätte, würde kaufen – wären, würden
gehen
**26.** b) Wenn Sie an einem Kurs für kreatives Schreiben teilnehmen würden, wären
Ihre Texte interessanter. – c) Wenn Tobias
Architekt wäre, würde er schöne Häuser
entwerfen. – d) Wenn du Künstler wärst,
müsstest du nicht jeden Tag ins Büro
gehen. – e) Wenn ihr als Schauspieler
arbeiten würdet, müsstet ihr viele Texte
lernen. – f) Wenn wir berühmte Graffiti-
Künstler wären, würden unsere Graffitis
im Museum hängen.
**27.** a) Wenn der Zeitdruck nicht so groß
wäre, würde Jan etwas einfallen. –
b) Wenn ich ein berühmter Künstler
wäre, würde ich mit meinen Bildern
Geld verdienen. – c) Wenn Marias Arbeit
abwechslungsreich wäre, würde sie sich
nicht langweilen. – d) Wenn die Bedin-
gungen nicht schlecht wären, könnten
sich Künstler entwickeln. – e) Wenn wir
uns kein Konzept ausdenken müssten,
hätten wir Zeit für die Mittagspause. –
f) Wenn ihr die Strafe nicht bezahlen
könntet, müsstet ihr ins Gefängnis. –
g) Wenn du dich konzentrieren würdest,
würdest du keine Fehler machen. –
h) Wenn man alle Mauern bemalen dürfte, wäre die Stadt bunt.
**28.** b) Grundsätzlich – c) erhöhen –
d) widersprechen – e) geeinigt –
f) öffentlichen
**29.** 2) Das ist keine schlechte Idee, aber
ich würde lieber am Wochenende daran
arbeiten. – 3) Das ist eine gute Idee.
Mein Vorschlag wäre, wir treffen uns am
Samstag. 4) Bis Samstag haben wir nicht
mehr viel Zeit. Ich habe einen besseren
Vorschlag. Wir treffen uns erst in zwei
Wochen und jeder überlegt sich schon
mal, wie wir die Titelseite verändern
können. – 5) Wären alle damit einverstanden, wenn wir uns am Samstag in
zwei Wochen treffen?
**30.** zustimmen: c, e, – dagegen sein: a, g,
i – zu einer Lösung kommen: d, f, h
**31.** b) Man müsste die Strafen – c) Ihnen
aber widersprechen – d) einen besseren
Vorschlag – e) man müsste – f) Es kommt

doch darauf an – g) schlage einen Kompromiss – h) könnten wir uns vielleicht einigen
**32.** freie Übung

## Lektion 40

**1.** b) der Krimi – c) der Roman – d) die Literatur – e) der Autor – f) der Dichter
**2.** a) an der – b) beim – c) in der – d) auf dem – e) bei – f) im – g) auf dem – h) an der – i) am – j) bei der – k) im, auf der – l) im
**3.** 2a – 3e – 4b – 5d
**4.** b) erschienen – c) halten – d) gemerkt – e) herausgekommen
**5.** b) vertrauen – c) vereinbaren – d) verarbeiten – e) süchtig – f) greifen – g) veröffentlichen – h) ausverkauft
**6.** b) handelt –c) einen Eindruck – d) herausgekommen – e) Erzählungen – f) Lieder
**7.** nie – kaum – manchmal – häufig – fast immer
**8.** ziemlich sicher: b, d – nicht so sicher: c, e, f
**9.** a) da – b) liest, hat; da, weil – c) liest, ist; denn – d) ist ausverkauft, kommt; darum, deshalb, deswegen
**10.** b) stelle ich meine Artikel ins Internet – c) ich meine Erfahrungen beim Schreiben besser verarbeiten kann – d) finde ich Blogs so interessant – e) im Internet kann ich interessante Diskussionen mit meinen Lesern führen – f) ich nicht so gerne schreibe – g) ich dort schon oft interessante Informationen gefunden habe
**11.** a) Ich lese gern Erzählungen, weil sie nicht so lang sind. – b) Julian schreibt Tagebuch, denn er erlebt viel. – c) Krimis sind spannend, deshalb lese ich sie gerne. – d) Da viele junge Leute Schriftsteller werden wollen, greifen sie zu Stift und Papier. – e) Peter findet die Liedtexte von der Band „Wir sind Helden" gut, deswegen hört er gern ihre Musik. – f) Petra ist süchtig nach Modezeitschriften, darum kauft sie ständig neue.
**12.** b) gemerkt – c) geschrien – d) umgedreht – e) aufgeben – f) mitteilen
**13.** b) beißen – c) schreien – d) die Hoffnung – e) mitteilen
**14.** b) wenigstens – c) allmählich – d) höchstens – e) wenigstens
**15.** regelmäßige Verben: sagte – fragte – erinnerte – teilte mit – machte – passte – stimmte
Unregelmäßige Verben: war – hatte – konnte – wollte – dachte – brachte – gab auf – schrie – flog – biss
**16.** war – war – flog – kam – wartete
**17.** a) war – b) griff – c) hatte – d) fühlte – e) machten – f) verarbeitete – g) erschienen – h) verkauften – i) vertraute – j) schrieb – k) herauskam – l) konnte

– m) veröffentlichte – n) war – o) bekam – p) malte
**18.** freie Übung
**19.** b) möglichst bald, möglichst kurz – c) möglichst günstig – d) möglichst groß
**20.** 2c – 3e – 4a – 5b
**21.** -titel, der – -laden, der – -handlung, die – -messe, die – das Koch- – das Lieder- – das Schul- – das Tage-
**22.** der Absender – der Empfänger – der Teilnehmer – der Leser – der Zeichner
**23.** b) Reihe – c) halten – d) Händen – e) beachten – f) Diskussion – g) Zufall – h) Schritt, Schritt
**24.** 2a – 3e – 4d – 5f – 6b
**25.** b) Bevor – c) Seitdem/Seit – d) Seitdem/Seit – e) Nachdem – f) Bevor
**26.** b) Seit/Seitdem ich einen Blog habe, schreibe ich jeden Tag. – c) Bevor ich einen Artikel für unsere Schülerzeitung schreibe, sammle ich Ideen und notiere sie. – d) Seit/Seitdem es in der Nähe eine Bibliothek gibt, leihe ich mir viele Bücher aus.
**27.** (...)ge...(e)t: hat mitgeteilt – hat gesucht – hat kennengelernt – hatte gehabt – hat umgedreht – hat durchgeführt – hat geführt – hat gemerkt – hat ausgerechnet – hat (sich) hingesetzt
(...)ge...en: hat gelesen – hat gefunden – ist umgezogen – ist gewesen – hat aufgegeben – hat geschrien – hat gebissen
...(e)t: hat beachtet – hat erklärt – hat vertraut – hat veröffentlicht – hat beantwortet – ist passiert
...en: hat erhalten – ist erschienen
**28.** b) ist – c) hatten – d) ist – e) hatte – f) hatte
**29.** b) wollte, gekauft hatte – c) gelesen hatte, ging – d) aufgestanden war, griff – e) taten, gesessen war – f) kennengelernt hatte, flog
**30.** a) Bevor Herta Müller von ihrem Geburtsort Nitzydorf in die Stadt Temeswar zog – b) Nachdem sie das Abitur gemacht hatte – c) Bevor sie 1987 nach Deutschland ausreiste – d) Seit/Seitdem sie in Deutschland lebt – e) Nachdem die Medien berichtet hatten – f) Bevor sie 2009 den Nobelpreis erhielt – g) Seit/Seitdem es den Nobelpreis gibt
**31.** a) zentrale – c) Tätigkeit – d) begegnet – e) verurteilt
**32.** freie Übung

## Plateau, Modul 14

**Lesen**
**2.** A-F – B-D – C-G – E-H
**7.** Text 1: A – Text 2: D – Text 3: C – Text 4: H

## Lektion 41

**1.** b) der Wohnblock – c) das Erdgeschoss – d) die Stadtmitte
**2.** b) Feiertagen – c) Witz – d) tot – e) gestorben – f) traurig – g) Stock
**3.** b) schwierig – c) freundlich – d) optimistisch – e) fröhlich – f) lustig – g) traurig – h) kritisch – i) egoistisch – j) natürlich – k) romantisch – l) neugierig
**4.** b) hilflos – c) liebevoll – d) hoffnungsvoll – e) problemlos
**5.** b) bewegen – c) ernst
**6.** b) das Kätzchen – c) das Flüsschen – d) das Vögelchen – e) das Bettchen – f) das Mäuschen
**7.** b) das Moped – c) das Boot – d) das Kostüm – e) das Dach
**8.** b) nach Unsinn – c) ein Zeugnis – d) eine Brille – e) auf das Wasser – f) ein Aprikoseneis
**9.** b) wollte – c) musste – d) durfte
**10.** b) sollten – c) wolltest – d) mochte – e) mochtest
**11.** b) Wenn ich Oma im Haushalt helfe – c) wenn ich mit Oma und Opa einen Ausflug machen kann – d) Wenn ich die Ferien bei Oma und Opa verbringe
**12.** b) als – c) als – d) wenn – e) Als – f) wenn
**13.** b) Immer wenn mein Opa Moped fahren durfte, hat er sich gefreut. – c) Als ich einmal auf den Dachboden geklettert bin, habe ich Omas alte Liebesbriefe entdeckt. – d) Immer wenn meine Oma Zeit hatte, hat sie neue Rezepte mit mir ausprobiert. – e) Als ich meinen Opa das letzte Mal besucht habe, konnte er sich noch gut bewegen. – f) Immer wenn ich bei meiner Oma war, durfte ich in ihrem Lieblingssessel sitzen.
**14.** b) Fabrik – c) Bauer – d) Stall – e) Arzt – f) Praxis
**15.** b) Verhältnis – c) Rolle – d) Geschichten – e) Meinungen
**16.** b) behandelt – c) wechselt – d) ernst nimmt
**17.** 2a – 3e – 4f – 5b – 6c
**18.** b) zueinander – c) miteinander – d) miteinander – e) einander
**19.** b) zueinander – c) füreinander – d) miteinander – e) miteinander
**20.** 2) Hi, Luca, vielleicht später, ich bin gerade auf dem Weg zu meinen Großeltern, die sind ja jetzt beide im Altenheim, hier in der Stadt. Schade, früher haben wir viel zusammen unternommen, das hat sich leider geändert. – 3) Aha, was habt ihr denn früher alles gemacht? – 4) Also, wir sind z.B. oft zusammen gewandert oder haben Sachen gebastelt. – 5) Gebastelt? War dein Opa denn Handwerker oder Mechaniker? – 6) Nein, er war Bauer, aber er hat viel selbst repariert. Stell dir vor: Als ich einmal bei ihm

war, hat er tatsächlich allein ein Moped zusammengebaut! – 7) Cool. Und konnte man damit fahren? – 8) Klar. Es war nicht sehr schnell, aber ich fand es einfach nur fantastisch.

**21.** freie Übung

**22.** b) abwaschen – c) abtrocknen – d) Rasen – e) Briefkasten

**23.** b) Quadratmeter – c) Gas – d) Dame

**24.** b) scheint – c) vermiete – d) gelungen – e) herrscht

**25.** b) Gas, Wasser und Strom – c) Mieter an die Vermieter – d) Mitbewohnern – e) Quadratmetern

**26.** b) kein Wort zu verstehen – c) mich bald besser mit ihnen unterhalten zu können – d) mein Zimmer einzurichten – e) Bilder aufzuhängen – f) mich mal zu besuchen – g) bald von euch zu hören

**27.** b) abzuwaschen – c) nehmen zu können – d) auszupacken – e) teilen zu müssen – f) anzurufen

**28.** b) Es stört mich nicht, ab und zu einkaufen zu gehen. – c) Meine Vermieterin freut sich, nicht mehr alles alleine machen zu müssen. – d) Ich habe genug Zeit, mich mit meinen Freunden zu treffen. – e) Ich hoffe, noch ein paar Jahre in dieser WG verbringen zu können.

**29.** 2a – 3b – 4b

**30.** ist, zu haben – ist, teilzunehmen

**31.** b) zusammen neue Kuchenrezepte auszuprobieren – c) die Wünsche und Träume der jungen Leute besser kennenzulernen – d) nicht mehr alleine frühstücken zu müssen – e) Geld zu sparen – f) dafür ein paar Aufgaben im Haushalt übernehmen zu müssen – g) mit dem Hund von Herrn Joss spazieren zu gehen

**32.** b) zu – c) - – d) - – e) zu – f) -

**33.** freie Übung

## Lektion 42

**1.** 2) Hi, Malte, gut. Ich bin gerade auf dem Weg zum Berufsberater. Hast du schon eine Idee, was du nach dem Abi machst? – 3) Ja, ich möchte auf jeden Fall Englisch und Spanisch studieren. – 4) Klar, Englisch ist ja auch dein Lieblingsfach. Ich könnte mir vorstellen, dass du ein guter Lehrer wärst. – 5) Nein, unterrichten möchte ich nicht, aber vielleicht übersetzen. Und du? Du bist doch so gut in Mathe! – 6) Stimmt, Mathe finde ich schon interessant, aber ich finde andere Fächer auch sehr spannend, z.B. Wirtschaft, Musik oder Sport. Ich kann mich einfach nicht entscheiden. – 7) Na dann ist es eine gute Idee, zum Berufsberater zu gehen!

**2.** b) bewerben – c) verdienen – d) schreiben – e) suchen – f) studieren – g) teilnehmen

**3.** das Seminar – das Semester – die Firma

**4.** 2d – 3a – 4c

**5.** b) Berufswahltest – c) Lieblingsfach – d) Arbeitsplatz – e) Recherche

**6.** b) deinen Schulabschluss – c) Berufswunsch – d) einen Praktikumsplatz – e) keine Berufspraxis

**7.** b) ein Semester – c) Teilzeit – d) einen Eindruck – e) eine Firma – f) die Erfahrung

**8.** b) bis – c) während – d) bis – e) während – f) während

**9.** b) seitdem – c) bis – d) Während – e) nachdem

**10.** b) Birgit muss noch warten, bis sie das Ergebnis von ihrem Berufswahltest bekommt. – c) Hubert macht noch immer Recherchen zum Thema „neue Ausbildungsberufe", während Pia ihren Artikel über Schwierigkeiten bei der Berufswahl fast fertig hat. – d) Anke will ein Praktikum absolvieren, bis sie im Herbst an der Universität mit ihrem Architekturstudium anfängt. – e) Der Berufsberater hört Kathrin aufmerksam zu, während sie von ihren Erfahrungen im Praktikum erzählt.

**11.** b) am – c) von, bis – d) vor – e) nach

**12.** b) während – c) gegen – d) zwischen – e) ab

**13.** a) um – b) von – c) gegen – d) während des Film – e) ab – f) zwischen

**14.** b) während der Semesterferien – c) Während des Workshops – d) während der Sprachprüfung – e) während des Seminars

**15.** 2d – 3a – 4f – 5b – 6e

**16.** b) Kantine – c) Betrieb – d) Abteilungen – e) Auszubildende

**17.** b) Anleitung – c) Materialien – d) Elektroniker – e) Produktionen

**18.** b) vorstellen – c) passt – d) gefallen

**19.** b) Mischung – c) Arbeitgeber – d) Industrie – e) Nachfrage – f) Informationsgesellschaft – g) Zweck

**20.** b) enthalten – c) gelingt – d) handelt – e) teilnehmen

**21.** b) umgeht – c) zugenommen – d) geschieht – e) enthalten – f) handeln

**22.** 2d – 3a – 4c

**23.** b, d, e, f

**24.** b) Sie wird Ihnen zeigen, wie man Bestellungen macht. – c) Später werden Sie im Lager arbeiten. – d) Dort werden Herr Dold und Herr Witter Sie mit bestimmten Maschinen vertraut machen. – e) Sie werden alle Abteilungen kennenlernen.

**25.** b) Freitag begrüße ich den Auszubildenden. Freitag werde ich den Auszubildenden begrüßen. – c) Ich schließe die Recherche bald ab. Ich werde die Recherche bald abschließen. – d) Übermorgen mache ich früher Feierabend. Übermorgen werde ich früher Feierabend machen. – e) Nächste Woche rufe ich den Elektriker an. Nächste Woche werde ich den Elektriker anrufen. – f) Dienstag

sprechе ich mit dem Chef. Dienstag werde ich mit dem Chef sprechen.

**26.** b) leisten – c) gründen – d) passieren – e) einziehen – f) machen

**27.** a) Ich werde im Unterricht öfter aufpassen. – b) Ich werde einen Termin bei der Bundesagentur für Arbeit machen. – c) Ich werde mich über Praktikumsplätze informieren. – d) Ich werde an einem Berufsseminar teilnehmen. – e) Ich werde in den Ferien jobben.

**28.** b) Der Tisch ist aus Holz. – c) Die Bücher sind aus Papier. – d) Der Ring ist aus Silber. – e) der Ring ist aus Gold. – f) Der Schlüssel ist aus Metall.

**29.** b) tagsüber – c) tagsüber – d) täglich – e) tagsüber

**30.** b) der Probleme – c) der Renovierung – d) des Termins – e) des Fußballspiels – f) der Praktikanten

**31.** b) Wegen der Vorteile möchte sie ein duales Studium machen. – c) Wegen des Klimas will er nach Florida gehen. – d) Wegen des Hundes möchte sie nicht Vollzeit arbeiten. – e) Wegen der Veranstaltung kann er heute nicht in der Unibibliothek lernen. – f) Wegen des Regens findet die Veranstaltung nicht statt.

**32.** 1c – 3d – 4a – 5b

**33.** freie Übung

## Plateau, Modul 15

**Hören**

**5.** 1r – 2f – 3f – 4r – 5r – 6r – 7f – 8r – 9f – 10f

## Lektion 43

**1.** 2f – 3e – 4g – 5d – 6a – 7c

**2.** zum Essen: das Korn – das Getreide – die Beere – die Kräuter; zum Anzünden: das Streichholz – das Feuerzeug – der Feuerstein; zum Nähen für die Kleidung: die Nadel – der Faden – das Leder – die Wolle; zum Waschen: die Seife – das Seifenkraut – fließend Wasser

**3.** b) der Stein – c) die Ernte – d) Ernährung – e) keine Stimmung – f) Ernährung

**4.** c – e – g – h

**5.** a) Wie war's? – c) Ja, es war anstrengend, aber auf jeden Fall spannend. – d) Das war ganz schön schwierig. – e) Zum Waschen benutzten sie ... – f) Also, ich finde das interessant ...

**6.** b) Nach dem Essen putze ich mir die Zähne. – c) Bevor ich aus dem Haus gehe, schminke ich mich. – d) Ich möchte mir einen neuen Computer kaufen. – e) Kannst du dir so ein teures Auto wirklich kaufen? – f) Im Urlaub habe ich mich richtig gut erholt. – g) Du musst dich besser konzentrieren. – f) Kannst du dir vorstellen, in einer WG zu wohnen?

**7.** Ofen – Herd – rasieren, kämmen

**8.** andere Leute: b – d – f; er/sie selbst: c – e – g

**9.** b) Wir lassen unseren Hund untersuchen. – c) Lässt du es reparieren oder kaufst du ein neues? – d) Ihr lasst euch die Getränke für die Party bringen. – Ich lasse mir von einer Freundin ein cooles Kleid nähen.

**10.** b) er lässt sich von seiner Mutter die Wäsche waschen. – c) lässt er sich vom Pizzaservice eine Pizza bringen. – d) Er lässt sich von seiner Schwester die Koffer packen – e) Er lässt sich von seiner Oma den Gitarrenkurs bezahlen – f) Er lässt sich von seiner Freundin das Fahrrad reparieren – g) lässt er sich von einem Freund sogar die Mathehausaufgaben machen.

**11.** b) muss ich ein Passfoto machen lassen. – c) den muss ich erst reinigen lassen. – d) Ich muss sie mir schneiden lassen. – e) Ich muss mir eine neue machen lassen.

**12.** Bilder: d – e – b – f – c; Passivsätze: f2 – b3 – d4 – e5 – a6

**13.** a) Werdet, werden mitgenommen – b) wird gefüttert – c) werden geschnitten – d) Wirst geschminkt – e) werde angerufen – f) werde kontrolliert

**14.** wird repariert

**15.** b) Dann wird das Feuer angezündet. – c) Danach werden Würste und Brot gegrillt. – d) Schließlich wird gegessen und getrunken. – e) Es werden oft Lieder gesungen. – f) Manchmal wird auch getanzt.

**16.** b) Möbel werden seit 20 Jahren von dieser Firma hergestellt. – c) Man lädt mich nie zum Essen ein. – d) Der Kuchen wird von mir gebacken. – e) Man baut ständig neue Autobahnen. – f) Man fotografiert uns. – g) Der Park wird um 20 Uhr abgeschlossen. – h) Der Chef informiert den Mitarbeiter nicht.

**17.** Nomen: die Zutaten – die Karotten – die Nüsse – der Honig; Verben: mischen – backen – dazugeben – schneiden

**18.** b) wird, geerntet – c) werden, gemacht – d) werden, repariert

**19.** b) müssen, gewaschen werden – c) müssen, geschnitten werden – d) muss, vermischt werden – e) muss, dazugegeben werden – f) muss, gemacht werden – g) kann, gestellt werden

**20.** b) Aus einfachen Steinen kann Werkzeug hergestellt werden. – c) Mit Farben aus der Natur können Wände bemalt werden. – d) Mit Steinen kann Korn gemahlen werden. – e) Aus Getreidebrei kann eine gesunde Mahlzeit zubereitet werden. – f) Es kann sogar in einem Pfahlbauhaus übernachtet werden.

**21.** b) Die Wäsche muss gewaschen werden. – c) Aber leider kann nicht alles in der Waschmaschine gewaschen werden. – d) Ab und zu müssen auch die Fenster geputzt werden. – e) Nach dem Essen muss das Geschirr gespült werden. – f) Der Mülleimer muss dreimal die Woche ausgeleert werden.

**22.** b) Die Pilze sollen nicht gewaschen, sondern nur mit einem Tuch sauber gemacht werden. – c) Jemand muss den Braten noch in Stücke schneiden. – d) Ich muss die vielen Töpfe auf dem Fußboden noch spülen.

**23.** freie Übung

**24.** der Kontinent – der Import – die Globalisierung – global

**25.** b) Hersteller – c) Ware – d) lächeln – e) ausländische – f) produziert – g) vorkommen – h) Zoll

**26.** b) verkauft – c) entwickelt – d) erfunden

**27.** b) Mein Auto wurde in Italien konstruiert. – c) Mein MP3-Player wurde in China produziert. – d) Meine Hose wurde in Indien genäht. – e) Mein Computer wurde in Japan hergestellt.

**28.** b) wurden ... gebracht – c) ist ... vorgestellt worden – d) sind ... verkauft worden – e) ist ... hergestellt worden

**29.** werden: c – d – g; worden: b – e – f – h

**30.** b) Die Produkte werden nicht direkt an den Kunden verkauft. – c) Es müssen ständig neue Produkte erfunden werden. – d) Die Möbelfirma Ikea wurde 1943 in Schweden gegründet. – e) Der Kaffe wurde im Geschäft gemahlen. – f) Viele soziale Projekte können aus finanziellen Gründen nicht realisiert werden. – g) Die Kosten werden nicht richtig ausgerechnet. – h) Der Auftrag wird angenommen.

**31.** a) gebiet – b) nebenbei – c) bestehen – d) Motor – e) vorwärts – f) senkrecht nach, senkrecht nach unten

**32.** b) sodass wir einen Ausflug machen können. – c) sodass wir auch dort übernachten könnten. – d) sodass er sich vorwärts und rückwärts bewegen kann. – e) sodass du mich anrufen kannst.

**33.** b) Der Motor ist so laut, dass man nichts anderes mehr hört. – c) Justus ist so krank, dass er im Bett bleiben muss. – d) Der Mathetest war so schwer, dass ich viele Aufgaben nicht lösen konnte. – e) In den Ferien ist Paul so dick geworden, dass ihm seine neue Hose nicht mehr passt.

**34.** freie Übung

## Lektion 44

**1.** a) besonders – b) nicht so – c) überhaupt keine – d) echt – e) ziemlich

**2.** b) achten – c) hängt ... ab – d) ausge-ben – e) tauschen – f) wegzuschmeißen – g) weiterverwenden

**3.** Materialien: der Stoff –Spielsachen: die Puppe, der Teddybär – Kleidung: die Unterwäsche, die Socken

**4.** a) Löchern – b) Garderobe – c) Brettspiel – d) Spielesammlung – e) meinetwegen – f) gleichfalls

**5.** b) Guck – c) nennt – d) aufheben – e) behalten – f) weggeworfen – g) fühle – h) entscheidest – i) enthält – j) ziehe

**6.** b) besten – c) schlechtere – d) schwächeren – e) schönstes – f) coolste – g) bekannteren

**7.** a) kreativere – b) beste – c) spannendere – d) größten – e) peinlichsten – f) kleinere

**8.** b) wärmste – c) längeren – d) ältesten – e) meisten – f) besser

**9.** b) geöffnete – c) bestellte – d) renovierten – e) gezeichneten – f) gebackenen

**10.** b) getragene – c) gelesenen – d) gebasteltem – e) Reparierte

**11.** b) anstatt dass wir im Klassenzimmer bleiben müssen. – c) anstatt dass wir ihr nur ab und zu einen Brief schreiben. – d) anstatt dass der Lehrer alles bestimmt. – e) anstatt dass es nur einen Ausflug im Schuljahr gibt. – f) anstatt dass er nur mit dem Buch arbeitet. – g) anstatt dass wir nur aus Büchern lernen.

**12.** b) nein – c) ja – d) nein – e) nein – f) ja

**13.** Ich bringe mal die Kisten in den Keller, anstatt sie hier stehen zu lassen. – Ich spare ab jetzt, anstatt mein ganzes Taschengeld auszugeben.

**14.** b) Meine kleine Schwester spielt lieber mit ihrer Puppe, statt mit mir zu spielen. – c) Ich kaufe Klamotten lieber auf dem Flohmarkt, statt in Kaufhäuser zu gehen. – d) Ich ziehe lieber bunte Socken an, statt schwarze Socken zu tragen. e) Ich achte leider zu oft auf das Aussehen der Kleidung, statt auf den Preis zu schauen.

**15.** besuchst – fernzusehen

**16.** b) indem – c) indem – d) indem – e) anstatt – f) anstatt

**17.** b) Ich engagiere mich für die Natur, indem ich Müll im Park sammle. – c) Wir werfen Gemüsereste nicht weg, indem wir sie zu einem Bauernhof bringen. – d) Wir fahren meistens mit dem Zug in Urlaub, anstatt das Flugzeug zu nehmen. – e) Ich bemühe mich, etwas für die Umwelt zu tun, indem ich möglichst wenig mit dem Auto fahre.

**18.** a) Anstatt ... zu – b) ohne ... zu – c) damit – d) um zu – e) ohne dass

**19.** b) kleine – c) letzten – d) neuesten – e) ganzen – f) guter

**20.** b) fremder – c) unnötige – d) kritischem – e) Neue

**21.** b) Kleiner, tollem, kostenlose – c) gutem – d) Spannendes, Bester, Nähere – e) Internationales, englische, spanische, jungen – f) Große, alten
**22.** freie Übung
**23.** 2) Hallo, Katja. Ja, mich stört das auch. Für mich ist eine Jeans eine Jeans, und es ist mir total egal, ob das eine bekannte Marke ist oder nicht. – 3) Ja, das finde ich auch. Ich verstehe auch nicht, warum das Interesse an Sportkleidung so zugenommen hat und die meisten nur noch Marken-Turnschuhe tragen. Ist das bei euch zu Haus auch so? – 4) Ja, ich denke. Sportmarken sind auch bei und ein großes Thema. Die meisten Jugendlichen wollen Turnschuhe von Nike, Adidas, Puma oder Converse. Diese Marken sind auch bei uns in Südamerika total beliebt. – 5) Dann ist der Unterschied also gar nicht so groß zwischen Europa und Südamerika? – 6) Nein, bei uns würde sicher auch Nike an erster Stelle stehen. Das ist nicht anders als in Deutschland.
**24.** b) wert dein – c) sein – d) haben – e) haben – f) haben
**25.** a) verteilen – b) weigern – c) erkennen – d) folgt – e) beobachten
**26.** b) treu – c) umsonst – d) günstig
**27.** b) meines – c) meiner – d) unserer – e) meiner
**28.** b) unserer Lage – c) unseres Obstes – d) unserer Angestellten – e) unserer Mitarbeiter – f) unseres Unternehmens
**29.** b) Die meisten Kunden achten auf die Verpackung ihrer Nahrungsmittel. – c) Ein Werbespot mit Musiktiteln hat auch Einfluss auf den Erfolg des Musiktitels. – d) Die Qualität der Ware hängt nicht immer vom Preis ab. – e) Computerspiele sind nicht immer auf die Bedürfnisse Jugendlicher abgestimmt. – f) Die intensive Farbe eines Nahrungsmittels spielt eine wichtige Rolle beim Kauf.
**30.** 2d – 3e – 4b – 5a
**31.** b) Je früher Kinder Werbung ansehen – c) desto besser kann ich mich an ihn erinnern. – d) Je länger die Werbung dauert
**32.** a) Je dümmer die Markenwerbung ist, desto schneller lehne ich die Marke ab. – b) Je häufiger ein Promi Werbung für ein Produkt macht, desto peinlicher finde ich ihn. – c) Je weniger meine Klassenkamerden über Marken sprechen, desto sympathischer sind sie mir. – d) Je unabhängiger ich von der Werbung werde, desto zufriedener bin ich. – e) Je öfter ich Trends ignoriere, desto besser fühle ich mich.
**33.** b ) Sonderangebote – c) Hinweis – d) Aufzug – e) Sicherheit
**34.** a) Nach – b) außer – c) außer – d) nach – e) Außer – f) Nach
**35.** b) außer – c) für – d) mit

## Plateau, Modul 16

### Hören
**5.** 1) Anzeige: A – 2) Anzeige: B – 3) Anzeige: C – 4) Anzeige: E – 5) Anzeige: F

## Lektion 45

**1.** b) deshalb ist er für mich ein Vorbild. – c) Für mich ist – d) eine Heldin, denn – e) gibt auch Stille Helden – f) weil sie Menschen in Not helfen.
**2.** 2) still – 3) entschlossen – 4) ehrgeizig – 5) mutig – 6) gerecht/fair
**3.** 1d – 2d – 3a – 4b – 5c – 6e
**4.** b) in den Filmen von Soderbergh die Rolle von Che gespielt hat. – c) den jungen Che Guevara stark beeinflusst hat. – d) der Fotograf Alberto Korda 1960 von Che gemacht hat.
**5.** b) die – c) der – d) das, die – e) die
**6.** b) Willy Brandt war ein deutscher Politiker, der sich für ein besseres Verhältnis zu den osteuropäischen Staaten eingesetzt hat. – c) Mutter Theresa war eine Frau, die in Indien armen Menschen geholfen hat. – d) Die New Yorker Feuerwehrleute werden als Helden gefeiert, die am 11. September 2001 vielen das Leben gerettet haben. – e) Das Fußball-Weltmeisterschaftspiel 1954 wird auch das „Wunder von Bern" genannt, das die deutsche Mannschaft überraschend gewonnen hat.
**7.** national – das Koma – die Droge – die Attacke – der Rekord
**8.** b) Nationalmannschaft – c) Bundesliga – d) Tor – e) Meister – f) Rekord – g) bejubelten – h) Zuschauer – i) Attacken – j) Schiedsrichter
**9.** b) die Landesliga – c) verbrannt – d) blind, Mut, erobert – e) künstlich, wiegt, Schluck für Schluck – f) des Lärms – g) Betreuer
**10.** b) auf dem Fahrrad – c) die Verantwortung – d) die Attacke
**11.** b) der – c) den – d) der – e) den – f) den
**12.** b) die – c) das – d) den – e) die – f) den – g) der
**13.** a) die ein Sportler in einer Sportart erreicht. – b) die sich eine Veranstaltung anschauen. – c) den die beste Mannschaft oder der beste Sportler bekommt. – d) der nicht sehen kann. – e) der sich um Kinder oder Kranke kümmert. – f) die in Afrika ungefähr 26 Millionen Menschen haben. – g) der die Herzen vieler Fans erobern kann. – h) den Ärzte wieder beenden können.
**14.** 2b – 3e – 4a – 5c
**15.** freie Übung
**16.** b) wegschauen – c) sich einmischen – d) der Täter – e) der Dieb – f) der Zeuge – g) das Opfer

**17.** a) Das wichtigste ist – b) zuerst würde ich andere Personen um Hilfe bitten – c) Wir würden natürlich nicht wegschauen – d) Als Zeuge wäre ich vorsichtig
**18.** b) Typ, geht ... an – c) macht ... aufmerksam – d) regeln – e) beschlossen – f) aufgefordert – g) Gewissen – h) Eile
**19.** b) uns – c) Schwachen Schülern – d) dir – e) mir – f) meinen Eltern – g) unserem Lehrer – h) dem Lehrer – i) meiner Freundin – j) einem netten Mädchen – k) meiner Freundin – l) uns – m) mir – n) dem Physiklehrer – o) einem Schüler
**20.** 2d – 3a – 4b
**21.** b) der – c) der – d) dem – e) dem – f) denen – g) dem – h) denen
**22.** b) Wie heißt eigentlich das kleine Kind der Nachbarn, dem du immer irgendwelche Fragen beantworten musst? – c) Kennst du eigentlich den Mann im Erdgeschoss, dem der süße Hund gehört? – d) Kennst du die beiden Studentinnen aus dem fünften Stock, denen letzte Woche ein Unfall passiert ist – e) In welchem Stock wohnt die Frau, der du immer beim Einkaufen hilfst? – f) Wer sind diese unsympathischen Leute, denen wir vorher im Treppenhaus begegnet sind? – g) Wie heißt die Frau aus dem dritten Stock, der immer irgendein Witz einfällt? – h) Wie heißt der Junge aus dem ersten Stock, dem du dein Fahrrad geliehen hast?
**23.** a) denen ich alles erzählen kann; die ich leider nicht so oft sehe. – b) die sich immer in alles einmischt; die ich nicht so gerne mag; der ich oft helfen muss. – c) den ich meistens erst abends sehen; dem inzwischen meine Hosen passen; der mir immer meine Süßigkeiten wegnimmt; dem man nicht alles verraten darf, weil er alles unseren Eltern erzählt.
**24.** a) Der Dieb, den der Zeuge beobachtet hat, war ungefähr 1,70 Meter groß. – b) Der Jugendliche, den die Polizei aufgefordert hat, nicht mit dem Skateboard auf der Straße zu fahren, ist einfach weitergefahren. – c) Eine Nachbarin, die sich in einen Nachbarschaftsstreit eingemischt hat, hat die Polizei gerufen. – d) Die Jugendlichen, denen man das laute Musikhören verboten hatte, machten trotzdem laute Musik. – e) Die Schäden, die durch Graffiti entstehen, sind ziemlich hoch. – f) Die Polizei sucht den Zeugen, dem ein rotes Auto gehört. – g) Das Opfer, dem ein Zeuge geholfen hat, hat den Dieb erkannt. – h) Die Frau, der der Dieb die Handtasche wegnehmen wollte, hat schnell reagiert.
**25.** b) die Waffe – c) die Unterstützung – d) die Bremse – e) die Kriminalpolizei – f) der Rettungsdienst
**26.** b) widersprochen – c) ansprechen – d) zuschauen – e) anschauen – f) wegschauen

27. a) Lebensgefahr – b) Alarm –
c) Fluchtweg – d) geeignet – e) Hinweis –
f) berühren – g) Gewalt
28. a) Verbrechen, Gefängnis – b) Einzelheiten – c) Macht
29. a) wirkungslos – b) mutlos, mutig –
c) verantwortungslos, verantwortungsvoll
– d) machtlos, machtvoll, mächtig –
e) praktisch
30. b) Bitte den Müll in den Mülleimer
werfen! – c) Ihr sollt auf dem Schulhof
nicht Fußball spielen! – d) Werft keine
Schneebälle! – e) Ihr sollt die Tische nicht
bemalen! – f) Bitte keine Kaugummis
unter die Stühle kleben! – g) Ihr sollt bei
Schlägereien Hilfe holen!

## Lektion 46

1. b) Wahlberechtigten – c) Wahl –
d) Bundesrepublik – e) vollendet
2. b) vernünftig – c) verantwortlich –
d) reif – e) radikal – f) üblich – g) wesent-
lich
3. 2d – 3e – 4a – 5c – 6b
4. b) Einige Menschen können durch die
Medien manipuliert werden – c) Geträn-
keflaschen aus Glas können mehrmals
verwendet werden. – d) Die Politik
kann durch Wähler zu wenig beeinflusst
werden. – e) Computer ohne Anti-Viren-
Software können über das Internet ange-
griffen werden. – f) Dieses Projekt kann
finanziell nicht realisiert werden.
5. b) essbar – c) dankbar – d) lesbar –
e) bezahlbar – f) erreichbar – g) bewohn-
bar – h) haltbar
6. b) die Bestellung – c) die Leistung –
d) die Unterhaltung – e) die Bedeutung –
f) die Zerstörung
7. b) die Wirtschaft – c) die Mehrsprachigkeit – d) die Verantwortung – e) die
Freiheit – f) die Öffentlichkeit – g) die
Qualität – h) die Wissenschaft – i) die
Minderheit – j) die Völkerverständigung –
k) die Mehrheit
8. 2d – 3a – 4b
9. b) zwar ... aber – c) nicht nur ... sondern
auch – d) zwar ... aber – e) zwar ... aber –
f) nicht nur ... sondern auch
10. a) Zwar dürfen Jugendliche in
Deutschland mit 16 Bier und Wein kaufen,
aber sie dürfen nicht wählen. – b) Zwar
können Jugendliche erst ab 18 wählen,
aber sie haben andere Möglichkeiten,
sich politisch zu engagieren. – c) Nicht
nur die Schule ist dafür verantwortlich,
dass sich Jugendliche nicht für Politik
interessieren, sondern auch die Eltern.
– d) Zwar kann man unter 16 noch nicht
Mitglied einer Partei werden, aber man
kann bei einer Organisation wie Green-
peace mitmachen. – e) Nicht nur in
Österreich dürfen junge Leute ab 16
wählen, sondern auch in einigen latein-

amerikanischen Ländern. – f) Engagierte
junge Leute setzen sich nicht nur für eine
bessere Ausbildung ein, sondern auch für
mehr politische Mitbestimmung.
11. die Opposition – die Demonstration
– die Organisation – die Diskussion – die
Koordination
12. a) Bürgerinitiative – b) Bundestagswahl – c) Sitzen – d) Opposition –
e) Stimmen – f) die Regierung –
g) regierte
13. b) Mitbestimmung – c) beschweren
– d) Vertreter – e) Gewissen – f) Ausrede
– g) anstrengen
14. b) nur – c) keine – d) nie – e) nur
15. b) Du brauchst mich nicht anzurufen
– c) Sie brauchen nur 5 Euro Eintritt zu
bezahlen – d) Du brauchst dich nur bei
der nächsten Klassenarbeit anzustrengen – e) Ich brauche keine Zeitung mehr
zu kaufen – f) brauchst du nur die ersten
zehn Seiten zu lesen.
16. b) Ich brauche nur die Schule zu
besuchen. – c) Ich brauche keine Steuern
zu zahlen. – d) Ich brauche mir nicht zu
überlegen, welche Partei ich wähle. –
e) Ich brauche nicht die volle Verantwortung zu übernehmen. – f) Ich brauche
keine Miete zu zahlen. – g) Ich brauche
nicht immer vernünftig zu sein. – h) Ich
brauche nur pünktlich zum Essen da zu
sein.
17. 1) b) Das ist auch sinnvoll, wenn –
c) Ich habe da so meine Zweifel. – d) Es
hat gar keinen Sinn – e) Man muss auch
berücksichtigen, dass – 2) a) Ich bin
dafür, weil – b) Man darf nicht vergessen,
dass – c) Dagegen spricht nach meiner
Meinung
18. freie Übung
19. b) Eigenverantwortung – c) Freiheit –
d) Gerechtigkeit – e) Christentum
20. konservativ – ökologisch – sozialis-
tisch – christlich – demokratisch – sozial-
demokratisch
21. a) jugendlich – b) das Erwachsen, die
Erwachsenen – c) die Armut, arm – d) der
Reichtum, die Reichen
22. a) Reichtum – b) Kohlekraftwerke
– c) niedriger – d) Konzerne – e) Kernenergie
23. a) niedrige Steuern – b) Schulden –
c) die Meinung – d) Geldbeutel
24. 2d – 3a – 4c
25. b) Parteien müssen sich sowohl
für den Umweltschutz als auch für eine
starke Wirtschaft einsetzen. – c) Es sollen
sowohl Kinder aus reichen Elternhäusern
als auch Kinder aus Familien mit weniger
Geld studieren können. – d) Man sollte
weder die Hauptschule abschaffen noch
die Grundschulzeit verlängern.
26. a) Geschäfte sollen sowohl an Wo-
chentagen als auch sonntags geöffnet

sein. – b) Man soll weder in Restaurants
noch in anderen öffentlichen Gebäuden
rauchen dürfen. – c) Die Regierung soll
nicht nur Autobahnen bauen, sondern
auch das öffentliche Verkehrsnetz verbessern. – d) Alkohol soll zwar überall
verkauft werden dürfen, aber Jugendliche
sollen davor geschützt werden. – e) Zwar
sollen die Preise für Lebensmittel niedrig
sein, aber bei der Produktion soll trotzdem auf Tier- und Umweltschutz ge-
achtet werden. – f) Weder die Preise für
Energie noch die Steuern sollen hoch
sein. – g) Nicht nur Männer, sondern auch
Frauen sollen große Konzerne leiten. –
h) Sowohl Kindergärten als auch Univer-
sitäten sollen für alle kostenlos sein.
27. 1a – 2b – 3a – 4b – 5a – 6a
28. b) Bundespräsident – c) Bundeskanzler – d) Bundesrat – e) Bundesregierung
– f) Bundesland – g) Bundestagswahl
29. b6 Diese – c5 Dieser – d7 Dieses – e1
diesem – f4 Diesen – g3
30. b) Ministerpräsident – c) Königin

## Lektion 47

1. a) Erwartung, Erinnerung, Sicherung
– b) Freiheit, Sicherheit – c) Gemeinsam-
keit, Gerechtigkeit
2. b) zuverlässig – c) ehrlich – d) not-
wendig
3. 2e – 3d – 4b – 5a
4. b) von dem – c) mit dem – d) auf den
– e) an die
5. b) ohne – c) von – d) für – e) von –
f) mit
6. b) denen – c) der – d) die – e) dem –
f) den
7. b) von; Er ist ein cooler Typ, von dem
viele Mädchen träumen. – c) auf; Er ist
ein zuverlässiger Mensch, auf den ich nie
warten muss. – d) auf; Er hat einen Hut,
auf den er besonders stolz ist. – e) mit;
Er ist ein Freund, mit dem ich über alles
Möglich lachen kann.
8. an die ich gedacht habe – mit dem ich
im Kino war
9. b) sich ... amüsiert – c) Rücksicht nehmen – d) sich ... verlassen
10. b) Kontakte – c) unter Stress – d) an
Grenzen
11. b) Der Junge – c) Der Rucksack –
d) Der Lehrer – e) Die Räume – f) Der Junge
12. b) Ich habe eine Nachbarin, deren
Schwester noch mit 80 Jahren bei einem
Marathon mitläuft. – c) Ich kenne Zwillin-
ge, deren Lehrer sie ständig verwechselt.
– d) Mein Bruder hat einen Bekannten,
dessen Vater ein berühmter Politiker ist.
– e) Mein Vater hat mal von zwei Brüdern
erzählt, deren Ehefrauen auch Geschwis-
ter waren. – f) Die „Sportfreunde Stiller"
haben ein Lied veröffentlicht, dessen
Titel „Ungewöhnlich" heißt.

**13.** 1) a) der – b) dessen – c) der mit – d); 2) a) deren – b) die – c) denen, 2) a) die – b) auf die – c) mit der

**14.** freie Übung

**15.** 2) Hallo, Kevin. Welchen denn? – 3) Der Film heißt young@heart. In dem Film geht es um einen Chor von Leuten, die über 75 Jahre alt sind. – 4) Hm, eine Rentner-Band. Und was singen die so? – 5) Genau das ist der Punkt. Die singen Rock- und Punklieder, total cool! – 6) Echt? Das ist wirklich untypisch für alte Leute. Und hat er dir gefallen, der Film? – 7) Klar, den Film würde ich auf jeden Fall weiterempfehlen, weil er zugleich lustig und traurig ist.

**16.** a) die Waffe – b) die Fremde, der Ausländer – c) der Wortschatz, der Dialekt, – d) die Küste, der Strand – e) die Bevölkerung, der Bewohner

**17.** b) gelandet – c) übersetzt – d) verzichten – e) erfüllt

**18.** b) fremd – c) feindliche – d) sehenswert – e) fern – f) tiefe

**19.** b) was – c) wo – d) was – e) wo – f) was

**20.** b) alles – c) Das Schlimmste – d) vieles – e) Dort

**21.** b) was mir gerade einfällt – c) was mich an ihm stört – d) wo wir uns kennengelernt haben – e) was uns verbindet – f) wo wir zusammen Skilanglauf machen

**22.** b) die – c) mit denen – d) dessen – e) wo – f) dem – g) was

**23.** b) verlässt – c) erkennt – d) verzeiht

**24.** b) Vergangenheit – c) Gegenwart – d) Vergangenheit – e) Gegenwart – f) Gegenwart – g) Vergangenheit

**25.** b) Sonst hätte ich auch noch die Kinos verwechselt. – c) Ich wäre nämlich fast in die falsche U-Bahn gestiegen. – d) Fast wäre ich wieder nach Hause gefahren. – e) Sonst hätte ich nichts von dem Film gesehen. – f) Wahrscheinlich hätte ich mich mit ihm gestritten. – g) Bei einem langweiligen Film wäre sie bestimmt eingeschlafen.

**26.** b) gemacht hätte – c) interessieren würde – d) geschlafen hättest – e) regnen würde – f) geschneit hätte

**27.** b) sie bald wegfahren würde – c) sie noch die letzten zwei Karten bekommen hätten – d) er ziemlich viel gegessen hätte – e) sie immer noch frieren würde – f) er den Bus verpasst hätte – g) sie in Urlaub fahren würden

**28.** a) Axel tut so, als ob er oft neue Rezepte ausprobieren würde. – b) Stefan tut so, als ob er sich schon immer gerne mit Politik beschäftigt hätte. – c) Miriam tut so, als ob sie nicht in Leon verliebt wäre. – d) Sabine tut so, als ob sie keine Lust auf Sport hätte. – e) Tom tut so, als hätte er in den letzten Wochen nur gelernt. – f) Lukas tut so, als ob er sich nicht vorbereitet hätte.

**29.** b) Hätte ich nur seinen Geburtstag nicht vergessen! – c) Wäre ich nur nicht zu stolz gewesen! – d) Wäre ich doch nur zu Hause geblieben! – e) Wäre ich nur auf seiner Party gewesen! – f) Hätte ich nur mit ihm gesprochen!

**30.** b) Hätte doch Tom Selleck die Rolle als Indiana Jones nicht abgelehnt! – c) Hätte man doch Daniel Craig früher gefragt – d) Hätte doch Daniel Radcliffe neben Harry Potter noch mehr andere Rollen angenommen. – e) Wäre doch Brad Pitt Angelina Jolie schon früher begegnet. – f) Hätte doch Judi Dench noch öfter in Filmen mitgespielt.

**31.** freie Übung

## Lektion 48

**1.** b) Ärgerlich – c) Knie, springen

**2.** b) Oh je – c) Iii – d) Boah – e) Aua – f) Juhu

**3.** Was fehlt dem Patienten?: schlecht werden – Husten haben – zittern; Wie behandelt der Arzt?: einen Gips machen – eine Spritze geben; Was macht man, wenn man sich schwer verletzt hat oder plötzlich krank geworden ist?: den Rettungsdienst anrufen – in die Notaufnahme eines Krankenhauses gehen – einen Krankenwagen holen

**4.** a) gefoult – b) speichern, Festplatte, ausgerechnet – c) tanken – d) Musiker, Bedienung, Beilagen, Nachspeise

**5.** b) Beitrag – c) Besteck – d) Klavier – e) Glocke – f) fröhlich

**6.** b) aufgeregt – c) starten – d) einparken – e) überholt – f) war ... dran

**7.** b) Präteritum – c) Präsens – d) Perfekt – e) Präsens – f) Perfekt – g) Präteritum

**8.** b) habe ... können; Die Straße war sehr eng, deshalb konnte ich nicht überholen. – c) Hast ... müssen; Musstest du für die Prüfung viel lernen? – d) habt ... können; Wie konntet ihr die Festplatte reparieren? – e) hat ... müssen; Der Verletzte musste ziemlich lange vor der Notaufnahme warten.

**9.** b) Andreas hat heute ziemlich lange arbeiten müssen. – c) Meine Schwester hat mir nie bei den Hausaufgaben helfen wollen. – d) Mit 16 habe ich das erste Mals in die Disco gehen dürfen. – e) Ich habe noch einen Aufsatz fertig schreiben müssen.

**10.** a) Aber ich habe nicht kommen können. Denn ich bin krank gewesen und habe im Bett bleiben müssen. – b) Eigentlich habe ich zu deiner Party kommen wollen. Aber ich habe nicht ausgehen gedurft. Ich habe das ganze Wochenende für die Mathearbeit am Montag lernen müssen. – c) Du hast mir doch beim Kochen helfen wollen. Aber du bist nicht da gewesen, deshalb habe ich alles alleine machen müssen.

**11.** b) Sobald – c) solange – d) Sobald – e) Solange – f) sobald – g) Sobald

**12.** b) Sobald man eine SMS erhält, erscheint auf dem Handy ein Briefsymbol. – c) Solange mein Notebook bei der Reparatur ist, darf ich am Rechner meines Vaters arbeiten. – d) Solange das Virenprogramm aktualisiert wird, darf man kein anderes Programm öffnen. – e) Sobald das Programm einen Fehler entdeckt, erscheint eine Fehlermeldung am Display.

**13.** 1e; Solange es am Büffet noch Ente gibt, müssen wir zugreifen. – 2a; Sobald die Tankstelle morgens öffnet, kommen die ersten Kunden. – 3f; Sobald meiner Oma kalt ist, fängt sie zu zittern an. – 4d; Solange ich keine neue Festplatte habe, kann ich keine Daten mehr speichern. – 5c; Solange die Ente noch im Ofen ist, muss ich die Beilagen fertig machen. – 6b; Sobald ich 18 bin, ziehe ich von zu Hause aus. – 7e; Solange der Husten nicht besser wird, kannst du nicht trainieren.

**14.** b) nicht eklig – c) nicht ärgerlich – d) unabhängig – e) unangenehm – f) nicht nüchtern

**15.** b) beruhigen – c) verhindern – d) strahlt ... aus – e) beweisen – f) bemerkt

**16.** b) Tatsache – c) Fakt – d) Geruch – e) Kälte – f) Schuld

**17.** 2c – 3e – 4b – 5a

**18.** entweder ... oder

**19.** b) Wir gehen entweder – c) Entweder möchte Greta Musikerin werden – d) Ich kaufe mir von meinem ersten Gehalt entweder ein Fahrrad – e) Entweder schreibe ich dir eine E-Mail

**20.** b) Entweder fährst du jetzt gleich tanken, oder wir müssen bei der nächsten Tankstelle anhalten. – c) Der Arzt gibt dir entweder eine Sprite, oder du bekommst Tabletten – d) Entweder rauchen die Gäste auf dem Balkon, oder die ganze Wohnung riecht morgen nach Rauch. – e) Entweder bringt die Bedienung bald die Rechnung, oder wir gehen, ohne zu bezahlen.

**21.** b) Der Geruch von, sobald ich – c) Sobald ich – d) Bei dieser

**22.** freie Übung

**23.** a) Ich kann mich fast nie an meine Träume erinnern. – b) Ich erinnere mich nur an meine Träume – c) Normalerweise sind meine Träume aber nicht so furchtbar.

**24.** b) deuten – c) alltäglichen – d) fürchten – e) einschlafen, gewöhnen – f) bewusst – g) schuldig

**25.** b) Ursachen – c) Ereignis – d) Spezialisten – e) Voraussetzung – f) hinterher

**26.** b) sind ... zu deuten; Viele Träume können oft nicht gedeutet werden. – c) sind ... zu sehen; Die Unterschiede zwischen Alltagswelt und Traumwelt können nicht deutlich gesehen werden. – d) ist ... zu lesen; Dieser Artikel über Träume kann in kurzer Zeit gelesen werden. – e) sind ... zu finden; Die Ursachen für Schlafprobleme können oft nicht gefunden werden.

**27.** b) hat ... festzuhalten; Der Patient muss seine Träume in einem Tagebuch festhalten. – c) haben ... zu sein; Die Kinder müssen um acht Uhr im Bett sein. – d) hat ... zu bleiben; Der Hund muss draußen bleiben. – e) haben ... zu verlassen; Die Schüler müssen in der Pause das Klassenzimmer verlassen.

**28.** b) Kinder sind durch Werbung sehr leicht zu beeinflussen. – c) Die Bedienung hat freundlich zu den Gästen zu sein. – d) Der Notarzt hat so schnell wie möglich am Unfallort zu sein. – e) Die Tür ist nur mit einem Spezialschlüssel zu öffnen. – f) Du hast das Gedicht bis morgen auswendig zu lernen. – g) Das weinende Kind ist nicht mehr zu beruhigen.

**29.** a) Die Hausaufgaben sind von euch zu machen – b) Ihr habt die Musik auszumachen. – c) Auf dem Foto bist du fast nicht zu erkennen. – d) Der See ist nur zu Fuß zu erreichen. – e) Kriminalität kann nicht immer verhindert werden. – f) Ihr habt eure Bücher immer in den Unterricht mitzubringen.

**30.** 2a – 3e –4b – 5d

**31.** b) Herren – c) Kollege – d) Psychologen – e) Mensch – f) Patienten – g) Herzen – h) Student – i) Spezialisten

**32.** b) Jungen – c) Wissenschaftler – d) Patienten – e) Schüler – f) Menschen – g) Autor, Spezialist – h) Psychologen – i) Kollegen, Chef – j) Freund, Herzen

**33.** b) hören – c) biegen – d) einsperren – e) schneiden – f) klopfen – g) finden – h) verhalten

**34.** b) am – c) gegen – d) durch – f) an mir vorbei – g) durch

**35.** b) an einer ... vorbei – c) gegen eine – d) durch die – e) Bis zur – f) um das ... herum – g) um die

**36.** b) herein – c) herunter – d) hinunter – e) hinaus – f) herauf – g) hinein – h) heraus

## Plateau, Modul 18

**Hören**

**4.** 1b – 2a – 3a – 4b – 5c

# Lösungsschlüssel zu den Tests

## Lektion 37

**1.** a) das Päckchen b) der Rechner/der Computer c) der Anrufbeantworter d) der Brief e) das Handy
**2.** a) Verwandter b) Bekannter c) Deutschen d) Jugendlichen e) Verwandte
**3.** a) mit / ~~seit~~ ... Jahren b) seit / ~~vor~~ ... Jahren c) Seit / ~~Über~~ einem Jahr d) ~~vor~~ / über ... Stunden e) ~~Vor~~ / Mit ... Jahren
**4.** a) Ich will es ihr kaufen. b) Ich habe sie ihnen geschickt. c) Ich schicke sie ihm.
**5.** a) Ruth gibt der Verkäuferin das Geld. b) Lukas zeigt dem Lehrer die Datei. c) Peter schreibt seiner Mutter Briefe.
**6.** a) gestalten b) führen c) verschicken
**7.** a) finde b) nehme c) Glaubst d) wundert e) finde f) vermute

## Lektion 38

**1.** a) Er hat zuerst Latein gelernt, um die Strukturen anderer Sprachen zu verstehen. b) Das Wort „beschäftigen" habe ich nicht verstanden, können Sie mir das noch einmal erklären? c) Britta lernt Deutsch, damit ihre deutsche Tante ihre Briefe lesen kann. d) Kannst du das bitte wiederholen? Ich habe es nicht gehört. e) Es ist so: „Sich mit etwas beschäftigen" bedeutet „etwas als Interesse haben".
**2.** a) treibt b) absolviert c) anfangen d) aufnehmen
**3.** a) Um mit ihnen zu sprechen. b) Damit ihre Eltern zufrieden sind. c) Um in Saudi-Arabien zu arbeiten.
**4.** a) unterschiedlich b) herzlos c) dramatisch d) ständig e) emotional
**5.** a) Suna trifft ihre Freunde zum Plaudern. b) Chris lädt oft Leute zum Kochen ein. c) Suzanna geht zum Trainieren ins Fitnessstudio. d) Youssef geht zum Lesen in die Bücherei.
**6.** a) Paul fährt mit seiner Freundin in den Urlaub, ohne dass seine Eltern davon wissen. b) Eleni ist nach Deutschland gekommen, ohne viel über das Land zu wissen. c) Xiao versucht Deutsch zu lernen, ohne einen Kurs zu machen. d) Gestern habe ich Marta getroffen, ohne dass wir uns verabredet hatten. e) Man kann Marta nie treffen, ohne dass ihre Familie dabei ist. f) Olivia entscheidet immer sehr schnell, ohne lange zu überlegen.

## Lektion 39

**1.** a) ~~die Aufgabe~~ b) ~~der Auftrag~~ c) ~~der Kunde~~ d) ~~der Manager~~ e) ~~der Kompromiss~~
**2.** a) mir b) dir c) mir d) mich e) mich f) mich g) mir h) mich

**3.** a) ... Graffiti Kunst ist. b) ... es Zerstörung ist oder nicht. c) ... mehr legale Sprühflächen freizugeben. d) ... einen Brief ans Rathaus schreiben. e) ... vielleicht einigen.
**4.** a) zerstören b) bestraft c) reinigen d) zahlen e) realisiert
**5.** a) ... hätte sie viele Fototermine. b) ... würde er einen Hit schreiben. c) ... wäre sie Designerin. d) ... müsste sie kein Atelier mieten. e) ... dürfte er die Hauswand besprühen. f) ... würde er viel/oft zeichnen. g) ... müsste sie Rechnungen schreiben.

## Lektion 40

**1.** a) der Dichter b) die Buchhandlung c) die Erzählung d) die Auflage e) der Autor f) die Literatur
**2.** a) Nachdem b) Bevor c) Nachdem d) Bevor e) Seitdem
**3.** a) Nachdem ich seine Homepage gefunden hatte, ... b) Nachdem sie das Buch fertig gelesen hatte, ... c) Gleich nachdem Conny und Ralf den Büchertipp bekommen hatten, ... d) Nachdem er nach Hause gegangen war ...
**4.** a) Am liebsten lese ich Romane. b) Beim Lesen kann ich mich entspannen, das tut mir gut. c) Mindestens eine halbe Stunde, manchmal auch länger. d) Normalerweise lese ich abends im Bett. e) Meine Lieblingsautorin ist Mascha Kaleko.
**5.** a) Mir hat das Schreiben immer großen Spaß gemacht, deswegen habe ich zum Stift gegriffen und ein Buch geschrieben. b) Aber ich dachte, es ist nicht gut genug, deswegen wollte ich es keinem Verlag zeigen. c) Zwei meiner Freunde fanden das Buch aber sehr gut, deswegen habe ich es trotzdem an einen Verlag geschickt. d) Und ich hatte Glück, da das Buch dann nach einem halben Jahr erschienen ist. e) Es war ein komisches Gefühl, da ich mich nie für einen so guten Autor gehalten habe.

## Lektion 41

**1.** a) Als b) wenn c) wenn d) Als e) wenn f) wenn g) als
**2.** a) Stock b) 35 Quadratmeter c) Erdgeschoss d) Mieter e) Stadtmitte
**3.** a) ... mir beim Aufräumen zu helfen? b) ... das Geschirr abzuspülen und abzutrocknen? c) ... einmal pro Monat den Rasen von unserer Nachbarin zu mähen? d) ... einem älteren Menschen Gesellschaft zu leisten?

**4.** a) einander/sich b) miteinander c) einander/sich d) sich
**5.** a) liebevoll b) gedankenlos c) kostenlos d) arbeitslos
**6.** a)) musste b) durften c) musste d) mochte e) wollte f) sollte

## Lektion 42

**1.** a) passieren b) begegnen c) prüfen d) abschließen
**2.** a) werde b) wirst c) wird d) werden e) werden
**3.** a) ... und auch unregelmäßiger. b) ... nicht mehr so existieren, wie er früher war. c) ... nicht das zu machen, was einen interessiert. d) ... man sollte herausfinden, was einem Spaß macht. e) ... erfolgreicher, als nach den Prognosen zu handeln.
**4.** a) ~~Ab~~ / Während des Studiums b) zwischen / ~~gegen~~ den Semestern c) Während / ~~Zwischen~~ der Sommermonate d) ~~gegen~~ / ab dem Jahr 2017
**5.** a) ~~die Industrie~~ b) ~~die Nachfrage~~ c) ~~das Semester~~ d) ~~der Trend~~
**6.** a) während b) bis c) während d) während

## Lektion 43

**1.** a) nach oben b) vorwärts c) rückwärts d) nach unten
**2.** a) ... lässt das Kleid/es nähen b) ... lässt sich die Haare/sie schneiden c) ... lassen sich ihr neues Haus bauen. d) ... lasse die Fotos/sie machen e) ... lassen den Computer/es reparieren.
**3.** a) ... alles noch einfach. b) ... es war ganz schön schwierig. c) ... aber auch sehr spannend. d) ... ein interessantes Erlebnis.
**4.** a) Die Pilze werden gesammelt. b) Freunde werden zum Essen eingeladen. c) Ein gutes Rezept wird ausgesucht. d) Die Pilze müssen geputzt werden. e) Die Pilze werden in kleine Stücke geschnitten. f) Die Pilze werden gebraten. g) Das Essen kann serviert werden.
**5.** a) Zuerst kauft Tim die einzelnen Teile für den Roboter. b) Dann baut er den Roboter zusammen c) Schließlich ist der Roboter fertig und kann herumfahren.
**6.** a) füttern b) anzünden c) mahlen d) besorgen
**7.** a) Das Wetter war tagelang so schlecht, dass alle schlechte Laune hatten. b) Wir hatten Probleme, das Feuer anzuzünden, sodass wir oft stundenlang frieren mussten. c) Die Arbeit war so hart, dass alle abends immer total müde waren.

## Lektion 44

**1.** a) davon / ~~damit~~ b) aus / ~~mit~~ c) ~~an~~ / mit d) ~~darüber~~ / darauf e) darauf / ~~darum~~ – f) ~~für~~ / aus

**2.** a) Kilian verwendet alte Kleidung wieder, anstatt sie wegzuschmeißen. b) Peter spart Geld, indem er seine Sachen sehr lang benutzt. c) Franka verdient ein bisschen Taschengeld, indem sie ihre alten Sachen im Internet anbietet. d) Hannah gibt ihre alten Klamotten ihrer kleinen Schwester, anstatt sie auf dem Flohmarkt zu verkaufen.

**3.** a) älteste b) gebrauchte c) getragene d) neue e) meiner f) ihres g) billigen

**4.** a) Ordner b) treu c) Deo d) abstimmen e) folgen

**5.** a) Je schlechter die Werbung ist, desto seltener sieht man sie an. b) Je besser die Werbung ist, desto mehr Menschen wollen das Produkt kaufen. c) Je mehr Geld Jugendliche haben, desto mehr Dinge kaufen sie. d) Je öfter man die Werbung sieht, desto wichtiger findet man das Produkt.

**6.** a) total viele b) gar keine c) nicht so viele d) ziemlich viele

## Lektion 45

**1.** a) Das ist eine arme Frau, der die Ärztin der Hilfsorganisation geholfen hat. b) Die Ärztin, die ich meine, ist eine stille Heldin. c) Das ist der blinde Fußballspieler, der sehr gut spielt. d) Kennst du das Mädchen, das alleine um die Welt gesegelt ist? e) Das sind Menschen, denen nichts zu schwierig war.

**2.** a) die b) der c) das d) die e) denen f) der g) das h) die i) der j) die

**3.** a) duzen b) wegschauen c) helft d) einzumischen e) ignorieren

**4.** a) das Opfer b) der Lärm c) der Frieden

**5.** a) das Verbrechen b) berühren

**6.** a) ... Waffen. b) ... Täter nicht an. c) ... helfen, ohne euch selbst in Gefahr zu bringen. d) ... Gesicht und Kleidung des Täters. e) ... die Situation nicht zu ignorieren.

## Lektion 46

**1.** a) dieser b) Dieses c) diesen

**2.** a) Meinung b) Zweifel c) denke d) finden e) interessiert

**3.** a) Und ich brauche deshalb kein schlechtes Gewissen zu haben. b) Denn ich brauche am Samstag keine Hausaufgaben zu machen. c) Ich brauche auch nicht mein Zimmer aufzuräumen, wenn ich keine Lust habe. d) Samstags brauche ich überhaupt nichts zu machen, was ich nicht machen will!

**4.** a) die Minderheit b) die Regierung c) die Persönlichkeit

**5.** a) hörbar b) beeinflussbar

**6.** a) ... zwar ... aber ... b) ... nicht nur ... sondern auch ... c) ... weder ... noch ... d) ... nicht nur ... sondern auch ...

**7.** a) Bundesländer b) Landesregierung c) Bundeskanzlerin d) Bundestag

## Lektion 47

**1.** a) lügen b) sich amüsieren c) landen

**2.** a) tief b) fern c) feindlich

**3.** a) der beiden Filme. b) es um zwei Freunde. c) sich bei der Arbeit kennen. d) nur weiterempfehlen.

**4.** a) was b) wo c) was d) was e) wo

**5.** a) den b) der c) die d) dessen e) der f) deren g) dem h) der

**6.** a) Die beiden benehmen sich so, als ob sie ganz allein wären. b) Es sah so aus, als ob Peter und Joseph sich gelangweilt hätten. c) Gustav verhält sich, als ob er ein Geheimnis hätte.

**7.** a) Wäre ich nur früher gekommen! b) Hätte er nur gestern angerufen! c) Hätte ich nur mehr gelernt! d) Wären wir nur am See!

## Lektion 48

**1.** a) Aber ich habe sie niemandem erzählen wollen. b) Ich habe dann immer lügen müssen, ... c) Und er hat gar nicht glauben können, ...

**2.** a) Sobald b) Solange c) solange d) sobald

**3.** a) Ich habe sowohl Lust, dich zu besuchen, also auch ins Café zu gehen. b) machen entweder heute unsere Hausaufgaben, oder wir machen sie am Sonntag. c) Bernhard will weder Fußball noch Handball spielen.

**4.** a) Ich habe dazu nichts mehr zu sagen. b) Wir haben noch viel zu tun. c) Die anderen sind nicht zu sehen. d) Die Musik ist immer noch zu hören.

**5.** a) -en b) -n c) -en d) -en e) -en f) -

**6.** a) gegen die b) durch das c) um das ... herum d) bis zur e) an der ... entlang

**7.** a) herunter b) hinunter c) herauf d) hinauf e) herein